Wie ein junger Anwalt Tausende Juden rettete

Robert Lackner

Wie ein junger Anwalt Tausende Juden rettete

Die abenteuerliche Geschichte des Willy Perl

KREMAYR & SCHERIAU

Inhalt

Prolog

März 1938: Nur wenige Tage, nachdem die deutsche Wehrmacht in Österreich einmarschiert ist, werden Vertreter der jüdischen politischen Organisationen des Landes von den neuen Machthabern vorgeladen. Einer von ihnen ist Willy Perl, Anfang dreißig und Anwalt. Er spricht an diesem Tag für die Partei der Revisionistischen Zionisten, deren eigentliche Anführer noch vor dem deutschen Einmarsch geflohen sind. Und vermutlich schwant ihm bereits, was ihm und den anderen Teilnehmern des Treffens droht. Denn es ist keine wohlgemeinte Zusammenkunft, im Gegenteil. Es ist ein Verhör. Perl ist als Erster an der Reihe. Und der Mann in der schwarzen Uniform, der ihm in einem kleinen Raum Fragen stellt, ist niemand anders als SS-Offizier Adolf Eichmann – der „Stellvertreter des Teufels", wie er von den Juden Wiens bereits genannt wird.

Eichmann befiehlt Perl, sich ganz knapp vor eine Wand zu stellen, dann will er den Aufenthaltsort eines gewissen Blumenfeld wissen. Als der Anwalt beteuert, er kenne niemanden mit diesem Namen, zückt Eichmann, den der Staat Israel im Jahr 1962 für seine Verbrechen hinrichten wird, seine Pistole. Er droht, Perl einen zusätzlichen Bauchnabel zu verpassen, und wiederholt seine Frage, doch Perl bleibt bei seiner Antwort. „Umdrehen", knurrt der SS-Mann und presst seinem wehrlosen

Gegenüber die Pistole ins Kreuz. Dem für gewöhnlich redegewandten Juristen, der alles andere als ein Feigling ist, verschlägt es vor Angst die Sprache. Doch Eichmann lässt nicht locker und verhöhnt sein Opfer: Entweder macht Perl den Mund auf oder er bekommt ein „zweites Arschloch".

Ehe sein Peiniger abdrückt, beeilt Perl sich, doch noch zu reden. Aber was Eichmann zu hören bekommt, ist nicht die Antwort auf seine Frage, sondern geht in eine Richtung, mit der er wohl am wenigsten gerechnet hat. Perl stellt ihm genau das in Aussicht, was Eichmann als künftiger Leiter der *Zentralstelle für jüdische Auswanderung* für Adolf Hitler erreichen soll: Wien „judenrein" zu machen.

Eichmann glaubt, sich verhört zu haben. Also erlaubt er Perl, sich wieder umzudrehen, um ihn besser verstehen zu können. Perl hofft, Eichmanns Interesse geweckt zu haben, der aber ist weiterhin skeptisch. Er hält das Angebot für einen „jüdischen Trick", mit dem sich der Advokat aus der Affäre ziehen will. Doch Perl lässt sich nicht mehr einschüchtern und bleibt dabei: Wenn Eichmann will, schafft er ihm die jüdische Bevölkerung der Stadt vom Hals. Dann beschreibt er in kurzen, präzisen Sätzen das Unternehmen, das er mit einigen Weggefährten vor knapp eineinhalb Jahren ins Leben gerufen hat.

Ein Unternehmen, das Tausende Jüdinnen und Juden vor der Ermordung durch die Nationalsozialisten retten wird.

Und das Perls Leben für immer verändert.

* * *

Im Herbst 2015 ging ich über den geschäftigen Campus der *George Washington University* im Herzen der US-Hauptstadt. Ich betrat das Gebäude der *Gelman Library* und fuhr mit dem

Aufzug in den sechsten Stock. Dort befindet sich die Abteilung für Spezialsammlungen, mit der ich zuvor Kontakt aufgenommen hatte, und ich war guter Dinge, dass alles für meinen Besuch vorbereitet sein würde. Und so war es auch. Nachdem ich Jacke und Tasche im dafür vorgesehenen Spind verstaut hatte, nahm ich – ausgestattet mit Notebook und Kamera – an einem der Lesetische Platz und blätterte bald aufgeregt im Nachlass eines ehemaligen US-Soldaten. Auf den Namen des gebürtigen Österreichers war ich in Militärakten im Nationalarchiv in College Park, Maryland, gestoßen. Ich arbeitete damals an einem Buch über aus Österreich vor dem NS-Regime Geflüchtete, die während des Zweiten Weltkriegs vom Nachrichtendienst der US-Armee in einem geheimen Camp in den malerischen Blue Ridge Mountains ausgebildet worden waren. Nach ihrer Zeit im *Military Intelligence Training Center* in Camp Ritchie wurden sie unter anderem für die Befragung deutscher Kriegsgefangener eingesetzt. Und Willy Perl, dessen Nachlass an diesem Herbsttag im Jahr 2015 vor mir auf dem Bibliothekstisch lag, war einer davon. Ich wollte mir damals vor allem diejenigen Dokumente mit Bezug zu seiner Arbeit als Verhörspezialist ansehen. Doch schon allein der Blick auf das Inhaltsverzeichnis des umfangreichen Bestands machte mir bewusst, dass die Zeit in Uniform bei Weitem nicht die einzige spannende Episode in Perls bewegtem Leben gewesen war.

Also begann ich, ein wenig zu recherchieren, und spielte bald mit dem Gedanken, mich eingehender mit diesem umtriebigen, durchaus ambivalenten Menschen zu beschäftigen. Doch meine Studie über Camp Ritchie hatte natürlich Vorrang, und nach ihrem Abschluss verlangten andere Projekte, beruflich wie privat, meine Aufmerksamkeit. Der Wunsch, mich Perl abseits seiner Militärkarriere zu widmen, löste sich indes nie ganz auf, und so machte ich mich schließlich doch noch ans Werk.

Dieses Buch versteht sich nicht als vollständige Biografie, die Perls gesamtes Leben aufarbeitet. Es konzentriert sich auf die Jahre zwischen 1937 und 1940, in denen der „Moses of the Holocaust", wie Perl einmal verklärend genannt wurde, versuchte, Tausende jüdische Menschen vor der Verfolgung durch die Nationalsozialisten zu retten.[1] Es handelt von einer Reise, die Perl von Wien nach England und Italien führte, auf den Balkan und in die griechische Inselwelt, nach Portugal, Afrika und schließlich um die halbe Welt bis nach Amerika. Und es erzählt die Geschichte eines Mannes, der wild entschlossen war, trotz aller Fährnisse des Lebens niemals den Mut zu verlieren.

1 — Aufwachsen in stürmischen Zeiten

Zwei Erlebnisse aus seiner Kindheit hatten sich tief in Willy Perls Gedächtnis eingebrannt. Die erste Begebenheit trug sich auf einem Wiener Spielplatz zu, wo andere Kinder sich weigerten, mit ihm zu spielen. Er fragte nach dem Grund und erhielt als Antwort: „Weil du Jesus getötet hast." Erstaunt und voller kindlicher Naivität entgegnete er, er habe niemanden getötet. Das zweite Ereignis war, als Perl Zeuge wurde, wie einer seiner nicht-jüdischen Spielgefährten einen ihm unbekannten jüdischen Buben mit Schläfenlocken verprügelte. Perl schritt nicht ein, wofür er sich später schämte, doch seine kindliche Rechtfertigung war simpel: Der Schläger war sein Freund, der fremde Jude nicht.

Beide Vorfälle waren Symptome einer sich innerhalb der Wiener Gesellschaft zu Beginn des 20. Jahrhunderts ausbreitenden antijüdischen Stimmung.[2] Geschuldet war diese nicht zuletzt dem politischen Kalkül von Bürgermeister Karl Lueger, der antisemitische Hetze als Mittel zur Mobilisierung der Massen eingesetzt hatte – und dabei so weit gegangen war, dass sich Kaiser Franz Joseph zunächst sogar geweigert hatte, Luegers Wahl in das oberste Amt der Stadt anzuerkennen.

Trotz dieser Entwicklungen erlebte Willy Perl nach eigener Aussage zunächst eine schöne, unbeschwerte Kindheit. Noch richtete sich die unverhohlene Ablehnung vor allem gegen die durch Aussehen und Gebräuche leicht erkennbaren orthodoxen Juden aus Osteuropa, nicht gegen assimilierte Juden wie Perls Familie. Sein Großvater Solomon stammte zwar auch aus einem jüdischen Stetl im Osten der heutigen Slowakei nahe der polnischen Grenze, war aber als junger Mann auf der Suche nach einem besseren Leben nach Prag übersiedelt. Dass er seinem Sohn – Willys Vater – den deutschen Namen Rudolf gegeben hatte, zeugt vom Bestreben, sich für den sozialen Aufstieg an die deutsche Sprache und Kultur anzupassen und die Provinz hinter sich zu lassen.

Solomon Perl hatte ein Pfandhaus gegründet, aus dem später eine Bank entstanden war, und es so zu Wohlstand gebracht. Auch Perls Vater Rudolf, der als Handelsreisender für eine Textilfirma tätig war, hatte sich eine schicke Wohnung in der Prager Altstadt und eine Bedienstete leisten können. Willy Perl, am 21. September 1906 geboren, wuchs daher in einem wohlhabenden und modernen Umfeld heran. Das änderte sich auch nicht, als sein gesamter Familienverband – 60 bis 70 Personen – vier Jahre später aus ökonomischen Gründen in die Hauptstadt des Habsburgerreichs umzog. Der Schritt machte sich für Perls Vater bezahlt, denn er wurde bald zum Eigner einer der größten Großhandelstextilfirmen der Monarchie. Die Familie bewohnte ein Appartement in der Paracelsusgasse im gehobenen dritten Wiener Gemeindebezirk und leistete sich eine Pferdekutsche und später sogar ein Automobil – erst einen gelben Audi, danach einen Puch – samt Fahrer.

Doch das Glück sollte nicht von langer Dauer sein, denn die Katastrophe des Ersten Weltkriegs ließ auch die Welt der

Perls aus den Fugen geraten. Während des Krieges strömten massenhaft mittellose orthodoxe Jüdinnen und Juden aus Galizien und der Bukowina auf der Flucht vor der russischen Armee nach Wien. Ihre Ankunft war Wasser auf den Mühlen antisemitischer Agitatoren, deren Hetze gegen die Flüchtlinge sich auch auf die assimilierten Juden auswirkte. Es folgte der Untergang der Donaumonarchie, der der Stellung der jüdischen Bevölkerung in dem geschrumpften, instabilen Gebilde, das Restösterreich nach dem Friedensvertrag von Saint-Germain darstellte, ebenfalls nicht zuträglich war. Die junge Republik schlitterte zudem in eine schwere Währungskrise und die Inflation stieg in schwindelerregende Höhen.

Unter den Opfern der Geldentwertung befand sich auch Willy Perls Vater Rudolf. Er hatte sich beim Import von italienischen Textilien verspekuliert und verlor sein Vermögen. Die Familie musste die Wohnung in der Paracelsusgasse aufgeben und bezog eine kleinere Bleibe in der nahe gelegenen Kollergasse. Möglicherweise waren diese Verwerfungen im Leben des jungen Perl einer der Gründe, warum er ein Rabauke und Disziplin ein Fremdwort für ihn war. Sein ungezügeltes Verhalten hatte allerdings schwerwiegende Folgen. Weil er sich im Gymnasium von seinem Griechischlehrer ungerecht behandelt fühlte und auf eine Frage mit „Leck mich am Arsch“ antwortete, wurde er beinahe der Schule verwiesen. Sein Vater konnte zum Glück erreichen, dass es bei einer Beurlaubung blieb, und Willy Perl wiederholte daraufhin das siebte Schuljahr. Mitte 1925 schloss er das Bundesgymnasium in der Kundmanngasse mit einem Jahr Verspätung – und mit mäßigen Noten – ab und schrieb sich im darauffolgenden Herbst an der Universität Wien ein.

Seinen ursprünglichen Wunsch, Medizin zu studieren, hatte Perl aufgeben und sich stattdessen für ein Studium der Rechtswissenschaften entschieden. Als angehender Anwalt interessierte er sich vor allem für Kriminologie und auch für Psychologie. Insofern war es von Vorteil, dass sein Vater ein Bekannter Sigmund Freuds war. So konnte der junge Student den berühmten Psychoanalytiker mehrmals in dessen Wohnung in der Berggasse besuchen. Zudem schrieb sich Perl an der Hochschule für Welthandel ein. Dieser Ehrgeiz, der im krassen Gegensatz zu seinen schulischen Leistungen stand, war vielleicht dem Verlangen geschuldet, unbedingt erfolgreich zu sein, um seinen gescheiterten Vater finanziell zu unterstützen. Rudolf Perl hatte sein Geschäft zwar wieder aufgebaut, war aber erneut in den Bankrott geschlittert. Weitere Pleiten folgten, und ohne sich jemals von den Rückschlägen zu erholen, ging er zurück nach Prag, wo er 1935 als gebrochener Mann an Krebs starb.

Seine Zeit an der Universität war nicht nur in beruflicher Hinsicht prägend für Willy Perl. Dem sozialen Aspekt kam eine ebenso wichtige Rolle zu. Perl hatte zwar auch nicht-jüdische Freunde, es waren aber vor allem Juden, mit denen er in diversen jüdischen Organisationen Umgang pflegte. Im Sportverein *Hakoah* spielte er Fußball, später trat er den Verbindungen *Emunah* und *Ivria* bei. Vor allem der *Ivria*, für die er mehrere Jahre als Schriftführer im Vorstand tätig war, fühlte er sich sehr verbunden. Mehrmals pro Woche besuchte er die „Bude" – das Vereinslokal – und focht auch zwei Duelle, beide Male als Herausforderer. Bei der ersten dieser Mensuren trug er eine Narbe auf der linken Wange davon und musste wegen der Verletzung aufgeben, wie im dazugehörigen Protokoll nachzulesen ist: „Perl nach 3 Schlägen kampfunfähig."[3]

Willy Perl (zweite Reihe, Erster von rechts) und Verbindungsbrüder, 1923

Seinen Erfahrungen und der Sozialisierung in der *Ivria* maß Perl einen hohen Stellenwert für seinen weiteren Lebensweg bei. Denn die *Ivria* war nicht nur Ort studentischer Umtriebe, sie war auch eine Selbstschutzorganisation. Gerade die Universität Wien war eine Hochburg des Deutschnationalismus. Regelmäßig kam es zu Übergriffen auf jüdische Studenten und es wurde versucht, sie aus den Hörsälen zu werfen. Im Verband waren sie jedoch in der Lage, sich zu wehren, auch wenn sie sich in der Unterzahl befanden. Schlägereien waren an der Tagesordnung. Perl selbst, von Natur aus ein Draufgänger, benötigte die Unterstützung der anderen nicht immer: Im Vorfeld eines Aufmarschs deutschnationaler Burschenschafter trat er deren Anführer allein gegenüber und ohrfeigte ihn. Eine handfeste Prügelei war die Folge, bei der Perl gründlich sein Fett abbekam. Wie schon zu seinen Schulzeiten hatte auch dieser Vorfall weitreichende Konsequenzen und hätte beinahe zu seinem

Verweis von der Universität geführt. Die Anschuldigung, öffentlichen Aufruhr verbreitet zu haben, konnte er in einem persönlichen Gespräch mit dem Rektor gerade noch entkräften.

An dieser Episode zeigt sich, dass Perl wenig geneigt war, Konfrontationen aus dem Weg zu gehen. Vielmehr war er bereit, hohe persönliche Risiken für seine Überzeugungen auf sich zu nehmen. In den Mittelpunkt dieser Überzeugungen rückte ab Mitte der 1920er-Jahre eine noch relativ junge Ideologie, die vor allem vom österreichischen Journalisten Theodor Herzl maßgeblich geprägt worden war: der Zionismus.

Auch wenn Perl in einem säkularen Umfeld aufgewachsen war, hatte das Judentum von Anfang an eine gewisse Rolle in seinem Leben eingenommen. Seine Familie feierte die traditionellen Feste und besuchte die Synagoge, und sein Vater hatte ihm und seinem 1910 geborenen Bruder Walter oft Geschichten aus der hebräischen Bibel erzählt, die seine Fantasie beflügelten. An einem großformatigen Buch mit einem Einband aus Zedernholz und Illustrationen von Jerusalem und dem Heiligen Land, das er in der Familienbibliothek entdeckt hatte, hatte Perl besonderen Gefallen gefunden. Sein Interesse an der Geschichte des jüdischen Volkes wurde also schon in Kindestagen geweckt, und möglicherweise waren es diese Geschichten, die in ihm den ersten Funken des Zionismus entfachten.

Dieser war für Perl sozusagen eine Familienangelegenheit. Verwandte von ihm hatten 1897 am von Theodor Herzl initiierten ersten Zionistenkongress in Basel teilgenommen, auf dem die Zionistische Weltorganisation gegründet worden war. Deren Ziel war die „Schaffung einer öffentlich-rechtlich gesicherten Heimstätte in Palästina für diejenigen Juden, die sich an ihren jetzigen Wohnorten nicht assimilieren können oder wollen."[4] Perl selbst besuchte mit seinem Vater 1923 den 13. Kongress, der Anfang August im tschechoslowakischen Karlsbad stattfand. Er war also schon als Jugendlicher und noch vor seiner Studienzeit Zionist gewesen, wenn auch kein besonders engagierter, wie er selbst von sich sagte; Sport und seine erste Freundin seien ihm wichtiger gewesen. Auch als Mitglied einer jüdischen Studentenverbindung blieb sein Engagement noch moderat. Es beschränkte sich im Großen und Ganzen auf den jährlichen Marsch zu Theodor Herzls Grab – 1904 verstorben und im Wiener Bezirk Döbling beigesetzt – an dessen Sterbetag, an dem alle zionistischen Organisationen der Stadt teilnahmen.

Willy Perl, 1926

Mit seinem Abschluss an der Hochschule für Welthandel 1928 und der Promotion zum Doktor der Rechte zwei Jahre später sollte sich Perls Verhältnis zum Zionismus jedoch ändern.

Nachdem er von zu Hause ausgezogen war und sein Gerichtsjahr am Bezirksgericht Leopoldstadt absolviert hatte, war der junge und schlecht bezahlte Rechtsanwaltsanwärter häufig Gast im Café Kristall. Das Lokal am damaligen Aspernplatz beim Donaukanal lag nur etwa einen halben Kilometer entfernt von der kleinen Einzimmerwohnung in der Postgasse, die er sich von seinem bescheidenen Gehalt leisten konnte. Die Nähe allein war aber nicht ausschlaggebend für Perls beinahe allabendlichen Besuche. Das Kristall war auch der Treffpunkt einer speziellen Gruppierung innerhalb des Zionismus.

Ihr Anführer war ein russischer Journalist namens Wladimir Zeev Jabotinsky, ein begnadeter Redner und Initiator der sogenannten *Jewish Legion,* die im Ersten Weltkrieg auf Seiten Großbritanniens im Nahen Osten gegen das Osmanische Reich gekämpft hatte. Nach dem Krieg war Jabotinsky eine Zeit lang Mitglied im Leitungsgremium der in London angesiedelten *World Zionist Organization* (WZO) gewesen, hatte dieses 1923 jedoch wieder verlassen und zwei Jahre später in Paris seine eigene Bewegung gegründet: den *Bund der Revisionistischen Zionisten.* Der Grund war, dass die WZO unter dem aus dem heutigen Weißrussland stammenden Chaim Weizmann – wie Jabotinsky fand – nicht energisch genug gegen die Politik Großbritanniens protestierte, dem das ehemals osmanische Palästina vom Völkerbund als Mandat unterstellt worden war. Um die arabische Bevölkerung zu besänftigen, hatten die Briten nicht nur die zunehmende jüdische Einwanderung beschränkt, sondern 1922 auch das gesamte Gebiet östlich des Jordans von Palästina abgetrennt und in ein autonomes Emirat mit Namen „Transjordanien" umgewandelt. In den Augen Jabotinskys war dies ein Sakrileg, denn seiner Meinung nach sollte der künftige jüdische Staat die Ausmaße des biblischen

Landes Israel – *Erez Israel* – haben und damit Gebiete auf beiden Seiten des Jordans umfassen. Seine neue Bewegung forderte eine Revision der britischen Entscheidung sowie eine Rückbesinnung auf die eigentlichen, von Herzl ausgegebenen Ziele des Zionismus, die die WZO unter Weizmann, so Jabotinskys Standpunkt, nicht vehement genug verfolgte.[5]

Erste Kontakte zu den Revisionisten hatte Perl bereits als Student geknüpft. Der als Exzentriker geltende Jurist und Historiker Paul Diamant, der bei den alljährlichen Prozessionen zu Herzls Grab auf einem weißen Pferd zu reiten pflegte und bei der Gründung von Jabotinskys neuer Bewegung in Paris dabei gewesen war, hatte einmal einen Vortrag bei der *Ivria* gehalten. Mit der revisionistischen Version des Zionismus hatte er die Zuhörer begeistern können, unter ihnen Perl. Dieser besuchte 1931 den 17. Zionistenkongress in Basel, auf dem Jabotinsky aus Missfallen über die Politik der WZO wutentbrannt seinen Delegiertenausweis zerriss und aus dem Saal stürmte. Danach zählte Perl mit einer Handvoll Verbindungsbrüdern zum Kern der Wiener Revisionisten unter der Führung des Arztes und Journalisten Wolfgang von Weisl.[6] Ein Jahr später hielt Perl seine erste öffentliche Rede im Vorfeld der Wahlen zum Vorstand der Israelitischen Kultusgemeinde.[7] „Assimilation ist tot!", verkündete er hitzig und unterstrich Jabotinskys Forderung nach einem eigenen jüdischen Staat in Palästina. Zudem wollte der junge Revoluzzer, als den ihn die etablierten jüdischen Politiker wohl wahrnahmen, mit seinen Gesinnungsgenossen die Führung der Kultusgemeinde übernehmen.

Perls politische Mitbewerber kamen aber nicht nur aus den anderen Strömungen innerhalb des Zionismus: religiöse Zionisten, links gerichtete Arbeiterzionisten und die Mehrheit der bürgerlich-liberalen Allgemeinen Zionisten unter Weizmann, die sich keinem Lager anschließen wollten. Die Zionisten stellten insgesamt nur einen kleinen Teil des jüdischen politischen Spektrums dar.[8] Dieses war – wie die heutige Parteienlandschaft in Israel – stark fragmentiert: Auch außerhalb des Zionismus gab es liberale, sozialistische, nationalistische und religiös-orthodoxe Parteien, die allesamt ihre eigene Agenda verfolgten. Lange hatten die Liberalen, die für Assimilation eintraten und dem Bürgertum entstammten, die Wiener Kultusgemeinde dominiert. Doch der Zionismus drohte an der liberalen Vormachtstellung zu rütteln. Nach der ersten Wahl nach Kriegsende 1920 setzte sich die Kultusgemeinde noch aus 20 Assimilierten, 13 Zionisten und drei Orthodoxen zusammen.[9] Doch zwölf Jahre und drei Wahlen später gelang es – unter Perls Mithilfe – einem Wahlbündnis aus Allgemeinen Zionisten und Revisionisten, die relative Mehrheit zu erobern.[10]

Zu einem politischen Kurswechsel kam es in diesen Jahren aber nicht nur in der Wiener Kultusgemeinde. In Österreich führte die Ausschaltung des Parlaments durch Bundeskanzler Engelbert Dollfuß zum Ende der Ersten Republik und der Gründung des austrofaschistischen Ständestaates, während im Nachbarland Deutschland die Nationalsozialisten an die Macht kamen. Deren Aufstieg hatte Perl seit seinen Studententagen aufmerksam über die Presse mitverfolgt. Nun fuhr er sogar von Salzburg, wo er zwischenzeitlich eine Stelle in einer Kanzlei angenommen hatte, ins bayerische Rosenheim, um einer Rede Hitlers beizuwohnen. Perl wollte sich mit eigenen Augen ein Bild von dem Demagogen machen und holte sich damit einen Vorgeschmack auf das, was er wenige Jahre später auch in Österreich erleben sollte. Fortan engagierte er sich als Mitglied der *Aktion*, einer radikalen Fraktion innerhalb der Wiener Revisionisten, gegen das NS-Regime, indem er sich für den Boykott deutscher Waren in Österreich einsetzte, um die deutsche Wirtschaft zu schwächen.

In Palästina trieben Hitlers Aufstieg, die Nürnberger „Rassengesetze" von 1935 und der immer stärker werdende Antisemitismus in Zentraleuropa trotz verschiedener Gegenmaßnahmen der Briten die Zahl der jüdischen Immigranten immer weiter in die Höhe. Zwischen 1930 und 1939 würden rund 250.000 Jüdinnen und Juden ins Land strömen, womit die rund halbe Million Juden, die nun auf dem Mandatsgebiet lebte, bereits ein Drittel der Gesamtbevölkerung stellte. Als Reaktion darauf kam es 1936, dem stärksten Einwanderungsjahr mit an die 60.000 Neuankömmlingen, zum Arabischen Aufstand. Bei seiner Niederschlagung sahen sich die Briten gezwungen, mit jüdischen Milizen zusammenzuarbeiten, um der Lage Herr zu werden.[11] Allerdings wusste die britische Mandatsmacht, dass sie um ihrer kolonialen Interessen willen die Araber beruhigen musste. Palästina war als Landverbindung zwischen Ägypten und dem Mittleren Osten mit seinen Ölfeldern sowie aufgrund der Nähe zum Sueskanal von zu großer strategischer Bedeutung für das britische Weltreich. Die Einwanderungszahlen gingen daher bereits ab 1937 wieder zurück, ehe das sogenannte White Paper von 1939 die Immigration auf maximal 75.000 jüdische Neuankömmlinge innerhalb der folgenden fünf Jahre limitierte. Auch der Zweite Weltkrieg und der Holocaust würden an dieser Politik nichts ändern.

Tausenden Jüdinnen und Juden blieb damit nur die heimliche und aus britischer Sicht illegale Einreise nach Palästina, um Verfolgung und Tod zu entkommen.

Und Willy Perl sah für sich eine neue Aufgabe.

2 — Die Anfänge der *Aktion*

Im Herbst 1936 betrat ein gedrungener junger Mann mit schwarzen Haaren und olivfarbener Haut die Rechtsanwaltskanzlei, in der Willy Perl arbeitete. Sein Name war Moses Krivoshein, und er kam nicht mit leeren Händen. Das Empfehlungsschreiben, das er bei sich hatte, veranlasste Perl, den ihm Unbekannten sofort zu empfangen. Wenn Wolfgang von Weisl als Vorsitzender der österreichischen Revisionisten ihn geschickt hatte, musste es sich zweifellos um eine wichtige Angelegenheit handeln.[12]

Perl hörte seinem Besucher also aufmerksam zu. Krivoshein stammte wie Jabotinsky aus Russland, war aber nach Palästina ausgewandert und hielt sich derzeit als Student in Italien auf. Nun wollte er etwas gegen die restriktive Einwanderungspolitik der Briten in Palästina unternehmen und hatte sich dazu seine Gedanken gemacht. Zur Umsetzung benötigte er allerdings Hilfe und hatte dabei an Jabotinsky gedacht, den er bewunderte und der sich aufgrund der unüberbrückbaren Differenzen endgültig von Weizmanns WZO abgespalten hatte. Mit der im Vorjahr in Wien gegründeten und in London ansässigen *New Zionist Organization* (NZO) verfügte Jabotinsky mittlerweile auch über seine eigene Partei, um seine politischen Ziele zu verfolgen.

In der Hoffnung auf Unterstützung hatte Krivoshein sich zunächst vertraulich an von Weisl gewandt, der wiederum die NZO in London hinter vorgehaltener Hand über den gewagten Vorschlag informiert hatte. Jabotinskys neue Organisation stand diesem allerdings sehr negativ gegenüber und wollte damit nichts zu tun haben – zumindest nicht, solange der Erfolg von Krivosheins Vorhaben nicht gesichert war. Aus diesem Grund hatte von Weisl Krivoshein schließlich an die *Aktion* verwiesen, die für ihre Risikobereitschaft bekannt war und die mit der NZO offiziell nichts zu tun hatte. Dasselbe galt auch für Perl, der dem *Bund der Revisionistischen Zionisten* nicht länger angehörte und auch kein Mitglied der NZO war.[13]

Krivoshein schlug ihm nun vor, ein Schiff in einem italienischen Hafen zu chartern, um damit nach Nordafrika zu reisen und die *Fiera internazionale di Tripoli* zu besuchen. Doch die Messe, die seit 1927 in der damaligen italienischen Kolonie Libyen stattfand und für die Mussolini-Regierung Touristen und Investoren in die Region locken sollte, war nur ein Vorwand. Bei den Passagieren an Bord würde es sich weder um Touristen noch um Investoren handeln, sondern um Mitglieder des *Betar,* einer 1923 ebenfalls von Jabotinsky gegründeten Jugendbewegung, die sich in ganz Osteuropa, aber auch in Österreich und Deutschland großer Beliebtheit erfreute. Krivoshein wollte mit der Aktion erreichen, dass die Welt ihren Blick auf das Leid der Zionisten richtete. Denn wie verzweifelt mussten diese harmlosen und unschuldigen jungen Leute sein, dass sie bereit waren, ein Schiff in ihre Gewalt zu bringen und auf diese Weise die Landung in Palästina zu erzwingen? Dies, so sein Kalkül, würde die britische Palästina-Politik in ein schlechtes Licht rücken und Unterstützung für die zionistische Sache schaffen.

Perl war begeistert, auch wenn er seine eigenen Schlüsse aus Krivosheins Vorschlag zog. Für ihn war nicht der erhoffte Propagandaeffekt der springende Punkt, sondern vielmehr die Besatzung des gecharterten Schiffs. Denn dessen gewaltsame Übernahme durch die Mitglieder des *Betar* würde laut Krivosheins Plan nur gespielt sein und die Crew bestünde in Wahrheit aus griechischen Schmugglern, zu denen Krivoshein aufgrund dubioser Geschäfte Kontakte unterhielt und die während der Prohibition illegal Alkohol in die Vereinigten Staaten transportiert hatten. Dieser Teil von Krivosheins Idee war übrigens ein Grund, wieso die NZO seinen Vorschlag abgelehnt hatte: Sie zweifelte an der Vertrauenswürdigkeit der Griechen und wollte erst Informationen über deren Verlässlichkeit einholen – worauf von Weisl lakonisch entgegnet hatte, dass man sich über den Leumund eines Schmugglers wohl kaum bei der Polizei erkundigen könne.[14]

Perl stand der Zusammenarbeit mit den Schmugglern aufgeschlossener gegenüber, er wollte jedoch gewissermaßen das Gegenteil dessen tun, was Krivoshein beabsichtigte: Anstatt ins Rampenlicht zu drängen, sollten die Betarim, wie die Mitglieder des *Betar* genannt wurden, mit Hilfe der griechischen Seeleute zunächst versuchen, unbemerkt die Küste Palästinas zu erreichen.[15] Sollte es auf dem Weg dorthin der *Royal Navy* gelingen, das Schiff abzufangen, konnte immer noch auf Krivosheins ursprünglichen Plan zurückgegriffen und eine Landung bei Haifa mit Waffengewalt zu Demonstrationszwecken erzwungen werden.[16]

Die Idee der heimlichen Einreise nach Palästina war im Herbst 1936, als Krivoshein bei Perl auftauchte, keineswegs neu. Bereits nach den britischen Einreisebeschränkungen der frühen 1920er-Jahre war es zu illegalen Grenzübertritten gekommen. Diese hatten sich jedoch auf Versuche einzelner Personen oder kleiner Gruppen über den Landweg beschränkt, die mangels ausreichender Logistik oftmals mit der Verhaftung durch die Briten endeten. Eine andere Variante war die

Einreise mit einem Touristenvisum, um danach auf die Heimreise einfach zu „vergessen“. Auch wurde versucht, unter dem Vorwand einer Weiterreise nach Persien oder in den Irak an ein Transitvisum zu gelangen oder durch Vorlage von Empfehlungsschreiben renommierter Firmen an ein Geschäftsvisum, um angeblich Niederlassungen in Palästina zu gründen oder Geschäftsbeziehungen zu knüpfen.[17] Größere und vor allem erfolgreiche heimliche Einwanderungsaktionen hatte es bis zum Besuch von Krivoshein bei Perl allerdings nur zwei gegeben. Im Sommer 1934 hatten die in Griechenland ausgelaufenen Schiffe *Velos* und *Union* zusammen knapp 450 jüdische Einwanderinnen und Einwanderer nach Palästina gebracht. Aber schon auf ihrer zweiten Reise, dieses Mal vom bulgarischen Varna aus, wurde die *Velos* von den Briten aufgebracht und in den Hafen von Piräus zurückgeschickt. So fanden die illegalen Transporte ein Ende.

Willy Perl, 1932

Perl, von seinem Freund und Weggefährten Reuben Hecht später einmal als der „praktische Erfinder" der illegalen Einwanderung nach Palästina bezeichnet, hatte sich mit dem Thema spätestens seit 1935 beschäftigt.[18] Auf dem Gründungskongress der NZO in Wien hatte er ein Referat über die illegale Einwanderung nach Palästina gehalten – wohl vor dem Hintergrund, dass die Mitglieder der revisionistischen Bewegung seit dem Bruch mit der WZO keinen Anspruch mehr auf die in ihrer Zahl stark limitierten Zertifikate hatten, die für eine legale Einwanderung notwendig waren. Diese waren in mehrere Kategorien unterteilt, deren Vergabe unterschiedlich streng gehandhabt wurde. So gab es in der Kategorie A für Personen mit eigenem Vermögen unter anderem die sogenannten „Kapitalistenzertifikate", für die ein Nachweis über ein Eigenkapital von 1000 Palästina-Pfund erbracht werden musste. Nur diese wurden direkt von den Briten über ihre Konsulate vergeben, während alle anderen Zertifikate über die Palästina-Büros der *Jewish Agency* zu erhalten waren.[19] Diese war der operative Arm der WZO in Palästina sowie das offizielle Vertretungsorgan der dortigen jüdischen Bevölkerung und damit der alleinige Ansprechpartner der britischen Mandatsmacht. Für Jabotinskys Revisionisten war die illegale Einreise daher in den meisten Fällen der einzige Weg nach Palästina, da sie in der Regel wenig Geld hatten und von der *Jewish Agency* nach dem endgültigen Bruch mit der WZO nur mehr wenige Zertifikate zugewiesen bekamen.

Perl als rational denkender Mensch war sich auch der Tatsache bewusst, dass die heimliche Immigration nur dann eine ernstzunehmende Option sein konnte, wenn sie von erfahrenen Seeleuten durchgeführt wurde, um Fehlschläge zu vermeiden. Erfahrung in heimlichen Operationen auf See konnte man den griechischen Schmugglern schwerlich absprechen, also erklärte er sich bereit, Krivosheins Vorhaben den anderen Mitgliedern der *Aktion* zu weiteren Beratungen vorzustellen. Nachdem Krivoshein den von Perl vorgeschlagenen Änderungen zugestimmt hatte, kontaktierte Perl umgehend seine Freunde und noch am selben Abend fand ein Treffen in einem kleinen Lokal statt. Bei einem Glas Bier wurde nicht nur die Ausführung von Krivosheins Plan in Perls abgeänderter Version beschlossen, sondern auch gleich ein Motto für die Geheimunternehmung entworfen. Man einigte sich auf die hebräischen Worte *Af Al Pi* – „Trotz allem".

Perl versetzte der Gedanke, Hunderten Juden auf einen Schlag die Einreise nach Palästina zu ermöglichen, in grenzenlose Euphorie. Den anderen Teilnehmern an der Zusammenkunft wie Paul Haller, dem eigentlichen Gründer der *Aktion*, und Erich Deutsch, mit dem Perl im vergangenen Sommer einen Urlaub im Baskenland verbracht und dabei den Ausbruch des Spanischen Bürgerkriegs beobachtet hatte, dürfte es ähnlich ergangen sein. Doch als sich diese anfängliche Begeisterung gelegt hatte, wurden sie schnell auf den Boden der Tatsachen zurückgeholt. Die ersten Probleme ließen nicht lange auf sich warten.

Die vorgebliche Reise zur Messe nach Tripolis sollte als Pilotprojekt genutzt werden, um die Zusammenarbeit mit den griechischen Schmugglern und die generellen Herausforderungen eines derartigen Unternehmens auszuloten. Doch Perl und seine Mitstreiter stellten rasch fest, dass sich in Österreich dafür kaum „Versuchskaninchen" finden ließen: Trotz des inländischen Antisemitismus und der Bedrohung, die sich jenseits der Landesgrenze auf deutschem Boden abzeichnete, wollte sich niemand auf das Wagnis einer derartigen Reise einlassen. Perl machte dafür den relativen Wohlstand der heimischen Juden verantwortlich. Also musste die *Aktion* ihren Blick nach Osten richten, wo wegen weitverbreiteter Armut unter der jüdischen Bevölkerung eine höhere Bereitschaft zur Emigration bestand.

Diese Änderung stellte die Gruppe vor einen Finanzierungsengpass. Ursprünglich hatte der Plan vorgesehen, dass die Passagiere die Kosten von rund sechs britischen Pfund oder 30 US-Dollar pro Person selbst übernehmen sollten. Aber selbst diese relativ geringe Summe war den mittellosen jüdischen Gemeinden im Osten der Tschechoslowakei, in der Karpatenukraine und in Polen, die die *Aktion* kontaktierte, kaum zuzumuten. Daher mussten andere Geldquellen erschlossen werden. Perl und seinen Gefährten gelang es, den jüdischen Geschäftsmann Hans Perutz als Hauptfinancier zu gewinnen, und auch die Israelitische Kultusgemeinde Wien steuerte einen Teil bei – wobei allerdings auf größte Geheimhaltung Wert gelegt wurde. Offiziell wurde das Geld der Kultusgemeinde als Unterstützung für Durchreisende auf ihrem Weg nach Palästina verwendet.

Nachdem also die finanzielle Frage für den Anfang geklärt war, wurden die notwendigen logistischen Schritte eingeleitet. Der überwiegende Teil der aus dem Osten herbeigerufenen Juden hatte keinerlei Papiere und übte sich damit schon beim Überschreiten der österreichischen Grenze in „illegaler Einreise". Diejenigen, die dabei von den österreichischen Ordnungskräften verhaftet wurden, konnte Perl als redegewandter Strafverteidiger mit Kontakten zu Justiz und Polizei gegen das Versprechen, sie schleunigst außer Landes zu schaffen, rasch wieder auslösen. Danach ging die Reise weiter ins 30 Kilometer südlich von Wien gelegene Kottingbrunn. Dort hatte die

Aktion ein leerstehendes Gebäude aufgetrieben, das als Sammelpunkt für die Ausreisewilligen diente. Dass dies aus Gründen der Geheimhaltung geschah, erscheint aus heutiger Sicht zwar seltsam, da Fremde in einem verhältnismäßig kleinen Ort wie Kottingbrunn eher auffallen mussten als in der Metropole Wien. Jedoch hatte die *Aktion* beschlossen, nie mehr als drei Personen auf einmal in ihre Kottingbrunner „Burg" zu bringen. Sicher dort angekommen, erhielten die osteuropäischen Juden eine Ausbildung, die sie auf ihr neues Leben vorbereiten sollte. Auf dem Stundenplan standen neben jüdischer Geschichte und Philosophie sowie Hebräisch auch Exerzieren und der Umgang mit Handfeuerwaffen. Die jungen Männer wurden auf ihre Mission geradezu eingeschworen und sahen sich längst nicht mehr nur als Emigranten. Vielmehr hatte, wie Wolfgang von Weisl es nannte, ein „Kreuzfahrergeist" von ihnen Besitz ergriffen.[20]

Zu Beginn des Jahres 1937 erteilte die *Aktion* der ersten kleinen Gruppe den Marschbefehl und 16 Männer machten sich auf den Weg nach Palästina. Verworfen wurde allerdings die Idee, die Messe in Tripolis als Vorwand für die Reise zu nehmen. Stattdessen reiste Perls „Vorhut" per Zug über die Balkanhalbinsel nach Athen. Dort wurde sie von Krivoshein in Empfang genommen, der schon zuvor nach Griechenland gefahren war und mit den Schmugglern die Konditionen der Schiffspassage ausverhandelt hatte. Wie improvisiert diese erste Unternehmung der *Aktion* war, zeigt die Ankunft der Gruppe in Palästina. Als Zielort hatte Krivoshein, der sich mittlerweile den hebräischen Namen „Moshe Galili" zugelegt hatte, eine Stelle in der Nähe des E-Werks von Haifa gewählt. Dort schwamm er in einer mondlosen Nacht und bei äußerst frischen Wassertemperaturen an Land, um in einer nahen jüdischen Siedlung Unterstützung für seine 16 Schützlinge zu organisieren. Denn bislang hatte die *Aktion* keinerlei Vorkehrungen in Palästina selbst getroffen. Groß muss daher die Erleichterung in Wien gewesen sein, als am 14. April 1937 und damit einen Tag nach der Ankunft der Gruppe vor Haifa ein Telegramm in Wien eintraf und vom erfolgreichen Ausgang der Operation berichtete.

Perl und die *Aktion* hatten in Österreich bereits eine gewisse Infrastruktur aufgebaut und ihnen war klar, dass auch am anderen Ende der „Lieferkette" etwas Entsprechendes dringend erforderlich war. Die Suche nach einem Partner in Palästina dauerte nicht lange, denn es gab dort eine Organisation, die für das Vorhaben der *Aktion* wie geschaffen war, nämlich die *Irgun Zwai Leumi*. Bei dieser handelte es sich um eine Untergrundmiliz, die den Revisionisten nahestand und aus der ersten landesweiten jüdischen Selbstverteidigungsorganisation in Palästina hervorgegangen war, der *Hagana*. Tatsächlich konnte Krivoshein, der sich ihr später anschließen und in einen Bombenanschlag in Rom verwickelt werden sollte, die *Irgun* zu einer Zusammenarbeit bewegen, sodass diese sich fortan um die Anlandung der von ihm nach Palästina geleiteten Flüchtlinge kümmerte.

Im August verließ er mit 68 Personen Wien per Zug in Richtung Griechenland, vier Monate später folgte eine fast doppelt so große Gruppe. Wieder stammte der überwiegende Teil der Passagiere aus Osteuropa. Um ausreichend Freiwillige für das Projekt der *Aktion* zu finden, sah Perl sich sogar gezwungen, persönlich in die Karpatenukraine und die Tschechoslowakei zu reisen und die Werbetrommel zu rühren. Dass ausgerechnet ihm diese Aufgabe zufiel, lag daran, dass er aufgrund seiner beruflichen Tätigkeit und seiner Redegewandtheit der „Außenminister“ und damit das „Gesicht“ der *Aktion* war. Nur sein Name war denjenigen, die sich für eine Auswanderung nach Palästina interessierten, bekannt.

In Wien selbst wurde die Suche nach Teilnehmenden auch deswegen verkompliziert, weil sich dort mittlerweile der erste Widerstand gegen die Transporte formiert hatte. Dieser ging allerdings nicht von den Briten aus, die in dieser Phase noch gar nichts davon wussten.[21] Vielmehr hatte das jüdische Establishment begonnen, der *Aktion* Probleme zu bereiten. Denn was der „Unruhestifter“ und „Revoluzzer“ Perl tat, hatte sich innerhalb der jüdischen Gemeinde herumgesprochen und wurde bei Weitem nicht von allen gutgeheißen. Vertreter der Kultusgemeinde befragten ihn zu seinen Tätigkeiten und verständigten die Eltern junger Männer und Frauen, um sie explizit vor ihm und seinen riskanten, illegalen Umtrieben zu warnen. Die Ereignisse im März 1938 führten dann allerdings rasch zu einem Umdenken.

Doch bevor die Nacht sich verhängnisvoll über Österreich senkte, erlebte Perl noch eine Begegnung mit langfristigen Konsequenzen – im positiven Sinn. Im Frühsommer des Jahres 1937, kurz bevor sich der zweite Transport der *Aktion* auf den Weg nach Palästina machte, unternahm er in einer schlaflosen Nacht einen Spaziergang durch den Wiener Stadtpark. Dort traf er auf eine lange Reihe verwaister Stühle, die vermutlich von einem Promenadenkonzert übriggeblieben waren. Doch nicht alle waren leer. Auf einem saß eine junge Frau und sie erregte Perls Aufmerksamkeit. Nach einigem Zögern sprach er sie an – und handelte sich prompt einen Korb ein. Doch er ließ sich davon nicht entmutigen und verwickelte die Unbekannte doch noch in ein Gespräch. Dem Gespräch folgten mehrere

Verabredungen, und schließlich wurden der Jude Willy Perl und die Katholikin Leonore Marie Rollig, genannt Lore, ein Paar. Sogar das Thema Heirat wurde schnell spruchreif, jedoch wieder verworfen, weil Perl sich nur eine Jüdin als Frau vorstellen konnte und Lore nicht konvertieren wollte. Also trennten sie sich wieder, doch über Weihnachten 1937, als Perl einen Urlaub in Afrika verbrachte, beschloss er, für seine Liebe zu kämpfen. Der Tod seiner Mutter Camilla im darauffolgenden Januar bestärkte ihn darin. Er nahm das Werben um Lore wieder auf, die diesmal nachgab und einem Übertritt zum Judentum zustimmte. Wieder vereint, erlebten sie wenig später gemeinsam, wie die Wehrmacht die Grenze zu Österreich überschritt und Hitler die „Heimholung" seines Geburtslandes ins Deutsche Reich verkündete.

3 — Devisenbeschaffung

Am 15. März 1938 stand Willy Perl am Fenster seines Büros und blickte auf den Wiener Stubenring. Erst im vergangenen November hatte er endlich getan, worauf er seit seinem Studienbeginn 1925 hingearbeitet hatte: Er hatte seine eigene Kanzlei eröffnet.[22] Doch noch ehe seine Karriere als Jurist richtig begonnen hatte, war sie auch schon wieder so gut wie zu Ende. Jüdischen Anwälten würde die Ausübung ihres Berufs bald verboten sein. Verantwortlich dafür war der Mann, der an diesem Tag in Wien eingetroffen war: Adolf Hitler. Wohl mit einer Mischung aus Angst und Wut beobachtete Perl die Menschenmassen unten auf der Straße, die sich mit Hakenkreuzfahnen und Armbinden auf den Weg zum Heldenplatz machten, wo ihr „Führer" in Kürze eine Rede halten sollte.

Vier Tage zuvor, am 11. März, hatte Perl beim Abendessen die Radioansprache von Bundeskanzler Kurt Schuschnigg mitverfolgt, der das Ende Österreichs als eigenständiger Staat verkündet hatte. Wenige Stunden danach waren deutsche Truppen ins Land einmarschiert. In derselben Nacht hatten führende Köpfe der österreichischen Revisionisten die Flucht angetreten, unter ihnen Wolfgang von Weisl. Er war per Zug ausgerechnet nach Deutschland gereist und von dort weiter nach Frankreich. Das war nicht unklug gewesen, denn schon vor dem „Anschluss" war es zu ersten Ausschreitungen gegen jüdisches Hab und Gut, aber auch gegen Leib und Leben gekommen. Perl hingegen war geblieben und ihm fiel es nun zu, die revisionistische Bewegung zu vertreten, als diese, wie andere politische jüdische Organisationen, von den neuen Machthabern vorgeladen wurde. Er wusste, dass er diese Vorladung nicht einfach ignorieren konnte, da ansonsten mit Repressalien zu rechnen war. Also trat er gemeinsam mit Erich Deutsch sowie zwei Repräsentanten des österreichischen *Betar*, Erich Wolf und Otto Seidmann, den Gang zu Adolf Eichmann an, und dies zutiefst beunruhigt. Denn die Revisionisten und vor allem die *Aktion* hatten sich seit Anfang der 1930er-Jahre gegen Hitler-Deutschland engagiert und mit Flugblättern zu einem Boykott deutscher Waren aufgerufen. Nun befürchtete Perl – zu Recht, wie sich bald zeigte –, dafür von den Nationalsozialisten zur Rechenschaft gezogen zu werden.

Eichmann, der als Mitarbeiter des Sicherheitsdienstes der SS am 16. März in Wien eingetroffen war, zeigte sich zwar interessiert an Perls Angebot, Wien „judenrein" zu machen, und verlangte eine schriftliche Ausführung des Vorschlags. Dies änderte aber nichts daran, dass er Perl und seine Begleiter festsetzen ließ. Danach wurden sie zur Zentrale der Revisionisten in der Biberstraße gefahren, wo sich Eichmann persönlich auf die Suche nach belastendem Material machte. Perl rechnete schon mit dem Schlimmsten, und nur Erich Deutsch als Sekretär der Revisionisten war es zu verdanken, dass Eichmann nicht fündig wurde. Weil eine rechtzeitige Entsorgung nicht mehr möglich gewesen war, hatte Deutsch die Schachteln mit den Flugblättern einfach auf dem Flur vor dem Büro platziert, und das derart offensichtlich, dass Eichmann ihnen keine Beachtung schenkte und die Verdächtigen schließlich in die Freiheit entließ.[23]

Perl kehrte umgehend in seine Kanzlei zurück und begann, an dem von Eichmann verlangten Memorandum zu arbeiten, mit dem er sich dessen Unterstützung für die *Aktion* sichern wollte. Präzise legte er dar, wie er sich die als „visafrei" umschriebene illegale Einwanderung nach Palästina vorstellte. Nachdem er die Meinung seiner Weggefährten eingeholt hatte, machte er sich keine 48 Stunden später mit dem Schriftstück auf den Weg ins Hotel Métropole, das die Gestapo als Hauptquartier requiriert hatte und in dem sie prominente Gefangene unterzubringen pflegte. Der ehemalige Bundeskanzler Kurt Schuschnigg war nach seiner Verhaftung ebenso dort inhaftiert wie der Bankier Louis Nathaniel von Rothschild. Angesichts der Tatsache, dass Hunderte Menschen Tag für Tag im Métropole verhört und zum Teil schwer misshandelt wurden, war es für seine Freunde unverständlich, dass Perl sein Memorandum persönlich überbringen wollte. Doch dieser wollte jedes Risiko ausschließen und sichergehen, dass Eichmann, der mit der *Zentralstelle für jüdische Auswanderung* bald ins arisierte Palais Rothschild im vierten Wiener Gemeindebezirk übersiedelte, das Schreiben auch erhielt.

Entgegen der Erwartung seiner Freunde, die in einem nahen Kaffeehaus auf seine Rückkehr warteten, wurde Perl nicht behelligt. Er überstand seinen Botengang unbeschadet, doch die Tage danach waren nicht minder nervenaufreibend. Während er Eichmanns Antwort harrte, wurde seine Kanzlei von verzweifelten Menschen, die einen Platz auf einem seiner Transporte ergattern wollten, regelrecht belagert. Von der anfänglichen Reserviertheit der jüdischen Bevölkerung Wiens gegenüber der *Aktion* war nichts mehr zu merken. Die

Stubenring-Kanzlei wurde innerhalb kurzer Zeit zum Zentrum der illegalen Einwanderung nach Palästina, wie auch in Akten des *Criminal Investigation Department Jerusalem* der britischen *Palestine Police* und des britischen Kolonialministeriums zu lesen ist: „Natürlich war Wien schon seit den Tagen von Dr. Willy Perl und dem Stubenring-Büro mit seinen Gestapo-Partnern das berüchtigte Zentrum der jüdischen illegalen Einwanderung aus Deutschland und dem vom Deutschen Reich besetzten Gebiet."[24]

Den Begriff „illegal+ lehnten die Mitglieder der *Aktion* jedoch ab und ersetzten ihn durch „frei". Sie wussten aber auch, dass sie harte und unbarmherzige Entscheidungen zu treffen hatten. Denn selbst in einem idealen Szenario würden ihre Kapazitäten immer beschränkt bleiben, daher sollten vorwiegend junge und gesunde Menschen für eine Reise nach Palästina in Betracht gezogen werden, die mit den Strapazen der Reise und den mitunter harschen Bedingungen in ihrer neuen Heimat fertig werden konnten.[25] Als logische Konsequenz ergab sich daraus, dass Familien unweigerlich getrennt werden würden.

Doch zunächst hatte es ohnehin den Anschein, als ob die *Aktion* auf ihrem Weg in einer Sackgasse angelangt wäre und kein weiterer Transport mehr nach Palästina aufbrechen würde. Denn als Perl einige Zeit später bei der Kultusgemeinde vorsprechen wollte, traf er im Wartezimmer zufällig auf Eichmann. Selbst Jahre später erinnerte er sich an den genauen Wortlaut der Antwort, mit der dieser ihn im Vorbeigehen – und ohne ihn eines Blickes zu würdigen – abspeiste: „Aus diesen Transporten wird nichts. Wir brauchen keine Verbrecherzentrale in Palästina. Die Juden werden atomisiert."[26]

Perl interpretierte den letzten Satz zwar nicht im Sinne einer vollständigen Vernichtung, sondern als Zerstreuung der

Juden in alle Himmelsrichtungen im Sinne einer neuen Diaspora, dennoch kehrte er zutiefst schockiert in seine Kanzlei zurück und berief umgehend eine Krisensitzung der *Aktion* ein. Seine Verzweiflung wich allerdings bald frischem Tatendrang, was erneut Moses Krivoshein zu verdanken war. Dieser machte Perl klar, dass jetzt nicht die Zeit war, den Kopf in den Sand zu stecken. Im Gegenteil, die *Aktion* musste in die Offensive gehen. Wenn Eichmann nicht auf sie hören wollte, mussten sie eben jemand anderen finden, der es tat.

Am besten in Berlin.

Perl hatte nicht geträumt. Am Tag nach seiner Begegnung mit Eichmann saß er mit Krivoshein in einem Zug auf dem Weg in die Reichshauptstadt. Die Reise verlief ruhiger, als Perl erwartet hatte. Zwischen der „Ostmark", wie Österreich nun genannt wurde, und Deutschland gab es keine Grenze mehr, und bei den gelegentlichen Kontrollen ging er als Anhängsel Krivosheins durch, der als Einwohner Palästinas über einen von den britischen Behörden ausgestellten Pass verfügte. Als sich doch einmal ein Soldat nach dem Grund ihrer Reise erkundigte, gab Perl kurzerhand an, er reise in offizieller Mission und solle in Berlin die Massenauswanderung der Wiener Juden arrangieren. Das war zwar eine etwas übertriebene Version der Wahrheit, aber er wurde daraufhin nicht mehr behelligt.

In Berlin war ihre erste Anlaufstelle Georg Kareski, der Chef der deutschen Revisionisten. Kareski hieß sie in seinem Haus willkommen, erklärte den beiden später beim gemeinsamen Abendessen jedoch, dass er ihren Plan, sich bei der Gestapo über Eichmann und dessen Ignoranz zu beschweren, für ein Selbstmordkommando halte. Während ihrer langen Unterredung, die bis in die frühen Morgenstunden dauerte, brachte

Krivoshein zudem ein anderes Problem aufs Tapet, das durch den „Anschluss" entstanden war. Die offizielle Währung im ehemaligen Österreich war nun wie im übrigen Deutschland die Reichsmark. Diese wurde von den griechischen Geschäftspartnern der *Aktion* jedoch nicht akzeptiert. Die Schmuggler wollten ausschließlich britische Pfund, allenfalls noch US-Dollar.

Pfund und Dollar waren allerdings im Deutschen Reich so gut wie nicht zu bekommen, da diese für den Import von Rohstoffen und anderer dringend benötigter Güter reserviert waren. Potenzielle Sponsoren der *Aktion,* wie Industrielle oder Geschäftsleute, würden kaum zugeben, über Devisen zu verfügen, weil der Besitz solcher illegal, ja ein schweres Verbrechen war. Und auch der Schwarzmarkt war angesichts der hohen Wechselraten und der ohnehin begrenzten Mittel der *Aktion* keine Option. Der einzige Weg der Devisenbeschaffung, so das Fazit von Perl und Krivoshein, war demnach das Reichsfinanzministerium am Berliner Wilhelmplatz. Kareski hielt eine Anfrage beim Ministerium zwar für ebenso sinnlos wie einen Besuch bei der Gestapo, doch da Perl und Krivoshein die lange Reise nun schon auf sich genommen hatten, konnte ein Versuch nicht schaden.

Am nächsten Tag stiegen die beiden in den Bus Richtung Wilhelmplatz. Die letzten Meter legten sie jedoch, bedacht auf einen standesgemäßen Auftritt, mit dem Taxi zurück. Es war dies der Auftakt zu einer – sollte sich die Sache wirklich so zugetragen haben – hollywoodreifen Scharade: Selbstbewusst erkundigte sich Perl bei der Wache am Haupteingang des Ministeriums nach dem Büro eines gewissen Doktor Pachtmann. Der Angesprochene verwies die Besucher daraufhin an den Informationsschalter in der Eingangshalle, nicht wissend, dass „Pachtmann" der Name eines früheren Kommilitonen Perls war, der dort ganz gewiss nicht arbeitete. Nachdem sie das Gebäude betreten hatten, ließen Perl und Krivoshein den Informationsschalter links liegen und gelangten mit dem Aufzug in eines der oberen Stockwerke, wo sie auf gut Glück an eine beliebige Tür klopften. Der Beamte dahinter forderte sie nicht nur auf, einzutreten, sondern hörte sich auch ihr Anliegen an. Nun stellte sich zwar heraus, dass die Angelegenheit überhaupt nicht in seine Zuständigkeit fiel, immerhin schickte er sie aber zu einem Kollegen weiter. Da auch dieser ihnen nicht weiterhelfen konnte, wiederholte sich das Prozedere und sie wurden an einen dritten Mann verwiesen, der sich endlich als der richtige Ansprechpartner herausstellte. Zwar gab dieser ihnen keine Zusage, doch immerhin verlangte er eine schriftliche Eingabe für eine weitere Bearbeitung, die Perl noch am selben Tag lieferte. Das war streng genommen zwar noch kein Erfolg, aber ein erster wichtiger Schritt in die richtige Richtung.

Den ihnen entgegengebrachten Willen zur Unterstützung erklärte sich Perl auf zweierlei Art: Erstens erkannten alle Beamten, mit denen sie gesprochen hatten, die Bedeutung ihres Vorhabens an, Wien „judenfrei" zu machen. Perl hatte ihnen auch ausführlich dargelegt, dass Deutschland dadurch ein doppelter Gewinn winkte: einerseits die Lösung des „jüdischen Problems" und andererseits die Schwächung des britischen Weltreichs, das sich dann nicht nur mit den Juden, sondern auch noch mit verärgerten Arabern herumzuschlagen hätte. Zweitens hatte Perl immer wieder betont, er und Krivoshein seien aus Wien geschickt worden. Seine Gesprächspartner schlossen daraus, die beiden Männer seien tatsächlich in offizieller Mission in Abstimmung mit den Wiener NS-Behörden unterwegs – und erkundigten sich zum Glück nicht auf direktem Weg danach, wer genau sie geschickt habe. Denn eine einfache

Kontaktaufnahme mit Wien hätte der Sache wohl ein schnelles Ende bereitet. So aber erhielt Perl zwei Tage nach der Vorstellung im Reichsfinanzministerium eine Antwort und er, Krivoshein und Kareski staunten nicht schlecht: Diesmal war es keine Absage. Die *Aktion* wurde berechtigt, sich von der ehemaligen Österreichischen Nationalbank in Wien 480.000 Reichsmark in 24.000 britische Pfund wechseln zu lassen.

So abenteuerlich die Geschichte auch anmutet, von einem an die Briten weitergeleiteten Bericht des amerikanischen Generalkonsuls in Wien wird sie zumindest in groben Zügen bestätigt. Der Amerikaner hatte aus jüdischen Politkreisen erfahren, dass die Reichsbank Devisen für die illegale jüdische Einwanderung nach Palästina zur Verfügung stellte und die Gestapo dem zustimmte, während die Wiener Kultusgemeinde weder in das Vorhaben involviert noch darüber erfreut war. Der Generalkonsul stufte die Angelegenheit als äußerst delikat ein, denn der Umstand, dass die deutschen Behörden für eine „unwichtige Zahl österreichischer Juden" eine substanzielle Devisensumme zur Verfügung stellten, war eine für Österreich beispiellose Großzügigkeit, die sich nur mit politischen Hintergedanken erklären ließ, nämlich mit einer weiteren Belastung der britisch-arabischen Beziehungen – und genau das war auch einer der Punkte, mit denen Perl seinen Gesprächspartner in Berlin für seinen Vorschlag hatte begeistern wollen.[27]

Für Perl bedeutete die Zusage des Reichsfinanzministeriums, dass er damit die Ausreise von 2000 Personen finanzieren konnte, denn die griechischen Schmuggler verlangten zwölf Pfund pro Person. Er hatte zwar Mittel für den Transport von zweieinhalbmal so vielen Menschen gefordert, aber es war immerhin ein Anfang. Ein Problem gab es allerdings: Die *Aktion* konnte im Moment weder den Transport von 5000 noch von 2000 Personen bewerkstelligen. Doch die Würfel waren gefallen. Jetzt mussten Worten Taten folgen.

Willy Perl, 1938

Zurück in Wien, beriefen Perl und Krivoshein umgehend eine Sitzung der *Aktion* ein, um das weitere Vorgehen zu besprechen. Noch war eine Ausreise aus dem Deutschen Reich auf legalem Weg möglich, sofern man keine Schulden hatte, alle erforderlichen Abgaben und Gebühren sowie die sogenannte Reichsfluchtsteuer bezahlte, die ab einer bestimmten Vermögenshöhe fällig wurde, und über die entsprechenden Reisedokumente verfügte. Perl und seine Mitstreiter waren sich über das Prozedere daher einig: Sie wiesen die ausgewählten Passagierinnen und Passagiere an, alle Formalitäten zu erledigen und sich umgehend gültige Pässe sowie Ausreisevisa zu besorgen. Gesammelt wurden die Unterlagen in Perls Büro, um einem Verlust durch Unachtsamkeit oder Diebstahl vorzubeugen. Doch vor allem der Erhalt eines Visums wurde zunehmend schwieriger, da sich vor den diplomatischen Vertretungen – sofern sie überhaupt noch geöffnet hatten – lange Menschenschlangen bildeten und die Wartenden häufig von NS-Schlägern beschimpft und attackiert wurden.

Im nächsten Schritt ging Willy Perl mit Erich Deutsch zur ehemaligen Österreichischen Nationalbank, und zwar mit 40.000 Reichsmark in der Tasche, die sie von all jenen eingesammelt hatten, die sich für einen Transport registriert hatten. Denn die *Aktion* hatte sich entschlossen, zunächst nur den Betrag zu wechseln, der für die Anzahlung an ihre griechischen Geschäftspartner gebraucht wurde. Diese würden dafür ein Schiff in Athen bereitstellen und den Rest der vereinbarten Summe bei der Ankunft der Geflüchteten in Palästina erhalten. Nach Vorlage des Zertifikats aus Berlin gelangten Perl und Deutsch in der Nationalbank problemlos an 2000 britische Pfund. Dieses Geld übergaben sie Krivoshein, der sich umgehend auf den Weg nach Griechenland machte.

Es ist gut möglich, dass Perl bereits zu diesem Zeitpunkt ein wenig mulmig zumute war, denn schließlich handelte es sich um keine geringe Summe, die er aus der Hand gegeben hatte. Aber spätestens, nachdem Krivoshein auch nach Tagen nichts von sich hatte hören lassen, wurde die *Aktion* von einer kollektiven Unruhe erfasst. Schließlich kannte niemand von ihnen den Abenteurer aus Palästina richtig und konnte daher ausschließen, dass er untergetaucht war. Dass er Kontakte zur Unterwelt besaß, implizierte ja, dass er nicht nur legale Geschäfte getrieben hatte. Sollte Krivoshein wirklich untergetaucht sein, war nicht nur das Geld verschwunden. Es bedeutete auch, dass kein Schiff für sie bereitstand – und sie damit allesamt zum Tode verurteilt waren.

Der Stimmung wenig zuträglich war, dass Perls Kanzlei von Hilfesuchenden weiterhin regelrecht belagert wurde, die sich, zum Teil mit Gold oder Juwelen, die Teilnahme an einem Transport erkaufen wollten. So bildeten sich – entgegen Perls Anweisungen, der jedes Aufsehen vermeiden wollte – in den Korridoren und vor dem Haus Menschentrauben. Die von Perl befürchtete Konsequenz ließ nicht lange auf sich warten – die Kanzlei wurde von der Polizei gestürmt. Wie er von den Beamten erfuhr, hatte ein besorgter Nachbar eine kommunistische Verschwörung oder eine jüdische Versammlung oder aber auch beides gemeldet. Nach dem anfänglichen Schock realisierte Perl jedoch, dass es sich bei den Polizisten nicht um Eichmanns Schergen handelte, sondern um die normale, vormals österreichische Polizei. Also setzte er erneut auf sein Allheilmittel, von dessen Wirkung er sich schon auf seiner Reise nach Berlin hatte überzeugen können: Er erzählte einfach die Wahrheit. Als die Beamten von Perl vor die Wahl gestellt wurden, sich entweder in eine großangelegte und von Berlin abgesegnete Auswanderungsaktion einzumischen oder deren Organisatoren unbehelligt zu lassen, entschieden sie sich für den Abzug.

Erneut war Perl heil davongekommen – was im Grunde ein Wunder war, da er sich durch einen Hang zur Provokation auszeichnete. So hatte er schon kurz nach dem „Anschluss“ auf einem Fragebogen zu seiner Abstammung nicht die Namen aller Vorfahren und deren Geburtsorte angegeben, sondern lediglich „reine jüdische Abstammung seit 4000 Jahren“ quer über das Blatt geschrieben. In der Menge der ausgefüllten Erklärungen war dies zunächst nicht aufgefallen und er war einfach nur von der Liste der Anwälte gestrichen worden. Dann aber hatte sich seine Antwort doch herumgesprochen, denn ein NS-Funktionär, mit dem die Kanzlei am Stubenring zu tun hatte, echauffierte sich über diese „provokative Impertinenz".

Doch auch unabhängig von Perls vorlauter Ader verschärften sich die Umstände für ihn und die jüdische Bevölkerung weiter. Ab Ende April 1938 mussten Juden ihr Vermögen anmelden, wenn es die Summe von 5000 Reichsmark überstieg. Zudem erließ Großbritannien strengere Einreisebestimmungen, um dem Ansturm von Flüchtlingen aus Deutschland einen Riegel vorzuschieben: Deutsche Staatsbürger benötigten wieder ein Visum, und als solche galten die deutschen Juden trotz aller Schikanen und Gewaltexzesse, die sie zu erdulden hatten. Zu diesen Torturen zählten in Wien auch die fortgesetzten Massenverhaftungen.

Einer solchen fiel Ende Mai Perls bester Freund zum Opfer: Erich Deutsch.

Den Mitgliedern der *Aktion* war schon seit Langem bewusst, dass sie mit dem Feuer spielten. Aus diesem Grund hatten sie Vorkehrungen getroffen für den Fall, dass einer von ihnen der Gestapo in die Hände fiel. Als Perl per Telefon von Deutschs Verhaftung erfuhr, hielt er sich an das vereinbarte Protokoll und reagierte umgehend. Er verließ seine Wohnung, die sich im Stockwerk über seiner Kanzlei befand, und tauchte in einem Kaffeehaus unter. Auf dem Weg dorthin benachrichtigte er zwei Mitglieder der *Aktion,* die ihrerseits die ihnen vorab zugeteilten Kontaktpersonen verständigten. Aus dem Kaffeehaus rief Perl danach mehrmals in seiner Kanzlei an und erfuhr von seiner Sekretärin, dass auch er ins Fadenkreuz der Polizei geraten war. Zwei Beamte in Zivil hatten sich nach ihm erkundigt und ihn zu einem Gespräch vorgeladen, weil sie eine Auskunft benötigten. Perl witterte eine Falle, womöglich unter Eichmanns Beteiligung.

Noch am selben Abend berief er ein geheimes Treffen der *Aktion* im Haus eines befreundeten Revisionisten ein. Die alles entscheidende Frage dabei war, ob Deutschs Verhaftung und der Besuch der Beamten in der Kanzlei am Stubenring in Zusammenhang mit ihren Aktivitäten standen – und womöglich mit Krivosheins Funkstille. Die willkürliche Inhaftierung von Juden war zwar an der Tagesordnung und vielleicht hatte Deutsch einfach Pech gehabt, vielleicht aber war seine Verhaftung kein Zufall und erklärte auch, warum Krivoshein nichts von sich hatte hören lassen. Eventuell war dieser vor Deutsch von den Behörden in Gewahrsam genommen worden. Es war gut möglich, dass Krivoshein der Gestapo bei seinem Verhör von der Berlinreise und dem Devisenzertifikat erzählt hatte. Das wäre für die Polizei durchaus ein Grund, Perl vorzuladen, und würde er nun untertauchen, könnte er damit das gesamte Unternehmen gefährden. Also gab es nur eine logische Konsequenz: Er musste der Vorladung nachkommen und sich stellen.

Doch bevor Perl dies tat, suchte er Deutschs Wohnung auf. Denn dessen Verhaftung brachte ein weiteres Problem mit sich. Bislang hatte die *Aktion* von jenen künftigen Transportteilnehmenden, deren Ausreise zumindest von deutscher Seite nichts mehr im Wege stand und die schon einen entsprechenden Stempel im Pass hatten, insgesamt 60.000 Reichsmark eingesammelt. Aus Sicherheitsgründen wurde diese nicht unbeträchtliche Summe nicht in Perls Kanzlei aufbewahrt, die leicht das Ziel einer erneuten Razzia werden konnte, stattdessen hatte man sich auf Deutschs Wohnung als Versteck verständigt. Nun mussten Perl und die anderen aber genau das befürchten, was sie zu vermeiden gehofft hatten: dass die Polizei bei Deutschs

Verhaftung auch das Geld gefunden und konfisziert oder gar in der eigenen Tasche hatte verschwinden lassen. Unendlich groß war daher die Erleichterung, als Perl gemeinsam mit einem befreundeten Arzt das Geld sicherstellen konnte.

Mit einer Zahnbürste, einer Reserveunterhose und einem Stück Seife in der Tasche – Dinge, die in einem Gestapo-Gefängnis rar waren und daher zu den täglichen Begleitern jedes Mitglieds der *Aktion* zählten – machte sich Perl am nächsten Tag auf den Weg zur Polizei. Er wurde verhaftet und einem Verhör unterzogen, doch aus den banalen Fragen des Polizeibeamten – etwa ob er ein Freimaurer sei oder eine Affäre mit einer „Arierin" habe – konnte er schließen, dass er sich umsonst Sorgen gemacht hatte. Weder hatte seine Vorladung etwas mit der *Aktion* zu tun, noch ging es um seine Beziehung zu Lore. Er war wie Deutsch das Opfer einer willkürlichen Verhaftungswelle geworden und der Beamte ihm gegenüber arbeitete lediglich einen Katalog mit Standardfragen ab.

Das Resultat ließ sich freilich nicht mehr rückgängig machen. Perl wurde zunächst mit mehreren Männern in eine Zelle gepfercht und dann zur „Schutzhaft" in den „Notarrest" der Gestapo in der Karajangasse überstellt. In der ehemaligen Volksschule, in der auch der spätere österreichische Bundeskanzler Bruno Kreisky vorübergehend interniert war, kam es zu einem Wiedersehen mit Erich Deutsch.

Gemeinsam mit anderen Gefangenen und unter Mithilfe einer jüdischen Passantin gelang es ihnen, eine Nachricht aus dem Gefängnis zu schmuggeln. In den wenigen Zeilen informierten sie die restlichen Mitglieder der *Aktion* über ihren Verbleib und wiesen sie an, mit ihrer Unternehmung wie geplant fortzufahren. Willy Perls Bruder Walter eilte daraufhin zum Gefängnis, doch als er dort eintraf, befanden sich Perl und Deutsch bereits wieder auf freiem Fuß. Walter dürfte seinen Ohren kaum getraut haben, als sein Bruder ihm erzählte, was geschehen war. Wieder einmal hatte Perl gepokert und am Ende durch das Glück des Wagemutigen gewonnen.

Wie dem Gefängniskommandanten zu Ohren gekommen war, hatte ein anderer Jude namens Diamant behauptet, Perl habe seinen Pass an sich genommen. Daraufhin ließ der Polizeioffizier Perl zum Verhör kommen und wollte wissen, ob er plane, mit einem fremden Pass zu fliehen. Perl verstand augenblicklich. Diamant war einer der künftigen Transportteilnehmer, deren Reisedokumente bereits in der Stubenring-Kanzlei verwahrt wurden. Perl gab also freimütig zu, dass er nicht nur einen fremden Pass hatte, sondern gleich 300. Der Beamte war entsprechend empört und verdächtigte Perl der Passfälscherei, doch dieser ließ sich nicht einschüchtern und berichtete, was in der Kanzlei am Stubenring geplant wurde. Zum Abschluss verwies er auf einen Transport, der bereits am kommenden Montag Wien verlassen sollte, dessen Abreise nun jedoch aufgrund seiner Verhaftung gefährdet war. Das war eine Lüge, mit der er Eindruck schinden wollte, und seine Rechnung schien aufzugehen, denn der Polizist wurde nervös. Anstatt Perl aber gehen zu lassen, griff er zum Telefonhörer, um die Sache mit einer höheren Dienststelle abzuklären – und zwar ausgerechnet mit Adolf Eichmann.

Perl gefror das Blut in den Adern. Eichmann würde seine Geschichte nicht bestätigen, im Gegenteil. Doch Perl hatte zunächst Glück, denn der SS-Mann war nicht in seinem Büro. Daraufhin ließ sich der Gefängniskommandant mit dem Gestapo-Beamten Rudolf Lange verbinden und erklärte ihm die Lage.[28] Perl konnte nur Teilen der Unterhaltung folgen, aber er begriff, dass sich das Blatt tatsächlich zu seinen Gunsten wendete. Um den Aufbruch von mehreren Hundert Juden nicht zu verzögern, wurde Perl auf Befehl Langes vorübergehend entlassen, musste sich aber verpflichten, sich nach Abfahrt des Transports unverzüglich wieder in der Karajangasse einzufinden. Erich Deutsch durfte ihn begleiten, einen anderen inhaftierten Mitarbeiter der *Aktion* namens Karl Goldstein musste er trotz Insistierens jedoch zurücklassen.

Als Perl nach Hause kam, fand er dort den langersehnten Brief Krivosheins vor. Es war Freitagabend. Am Montag musste der Gestapo ein Transport präsentiert werden.

Die Zeit lief.

4 — Vabanquespiel in Wien

Willy Perl war sich vollkommen im Klaren darüber, dass er die Frist niemals einhalten konnte. Die einzige Möglichkeit, seinen Kopf aus der Schlinge zu ziehen, sah er daher vorerst in einer Fristverlängerung. Er hatte auch schon eine Idee, wer der *Aktion* dabei unter Umständen helfen konnte. Das Problem war allerdings, dass der Mann, an den er dachte, nicht unumstritten war. Der Niederländer Frank van Gheel Gildemeester war nach Wien gekommen, um den Juden im Namen einer amerikanischen oder britischen Hilfsorganisation zu helfen, so Perls aktueller Wissensstand. Es gab aber auch Gerüchte, denen zufolge Gildemeester ein Spion der Nationalsozialisten sei und sich das Vertrauen der jüdischen Gemeinde erschleichen wolle.

Aus diesem Grund ließ die *Aktion* den Niederländer zunächst durch den *Betar* überprüfen. Die Nachforschungen ergaben, dass sich Gildemeester einem Auswanderungsprojekt für zum Christentum konvertierte oder bekenntnislose Juden widmete. Diese saßen sozusagen zwischen den Stühlen, denn während sie von den Nationalsozialisten gemäß den Nürnberger „Rassengesetzen“ immer noch als Juden betrachtet wurden, war die Kultusgemeinde nicht oder nicht mehr für sie verantwortlich, da sich diese gemäß NS-Vorschriften nur um ihre Mitglieder kümmern durfte. Gildemeester initiierte daher ein

Auswanderungsschema, bei dem wohlhabende, „nicht-mosaische" Jüdinnen und Juden ihr Vermögen einem Treuhänder übergaben und zehn Prozent davon in einen Fonds einzahlten, mit dem nicht nur die eigene, sondern auch die Ausreise mittelloser Jüdinnen und Juden finanziert wurde. Dafür, dass die *Aktion Gildemeester* sich um die organisatorische Abwicklung kümmerte, wurde eine weitere Gebühr fällig. Auf diese Weise wurde den Teilnehmenden nach und nach ein Großteil ihres Vermögens entzogen.[29] Auch wenn Perl und den anderen also durchaus bewusst gewesen sein muss, dass der Niederländer Kontakte zur Gestapo unterhielt, wurde er dennoch als vertrauenswürdig eingestuft, und die Mitglieder der *Aktion* einigten sich darauf, ihn zu kontaktieren.

Am frühen Samstagmorgen begaben sich Perl und Deutsch zu Gildemeester, schilderten diesem ihr Vorhaben und erklärten, dass sich der für Montag geplante Transport aufgrund unvorhergesehener Probleme ein wenig verzögern würde. Sie ließen zudem nicht unerwähnt, dass Eichmann wohl die Bedeutung des Unterfangens nicht erkannt und ihnen die Unterstützung verweigert hatte. Gildemeester hörte interessiert zu und verwies sie an den Anwalt Erich Rajakowitsch. Dieser sei, so Gildemeester, kein kleiner Fisch wie Eichmann, sondern derjenige, der ihnen weiterhelfen könne. Zwar war Rajakowitsch zu diesem Zeitpunkt nur Rechtsanwaltsanwärter in der Wiener Kanzlei Gallop, die zu Beginn der *Aktion Gildemeester* als deren juristischer Partner fungierte, aber er zeichnete sich durch sein besonderes persönliches Netzwerk aus. Angeblich war er eng mit Hitlers Vertrautem Ernst Kaltenbrunner befreundet, den er aus gemeinsamen Studientagen in Graz kannte, und der christlichsoziale Politiker Anton Rintelen, ehemals Landeshauptmann der Steiermark sowie Unterrichtsminister, der mit den Nationalsozialisten während des gescheiterten Juliputsches 1934 gegen die Dollfuß-Regierung konspiriert hatte, war sein Schwiegervater.

Gildemeester erklärte sich bereit, ein Treffen zwischen der *Aktion* und Rajakowitsch – der später mit seiner eigenen Kanzlei die juristische Abwicklung der *Aktion Gildemeester* übernehmen sollte – zu arrangieren. Als Perl am nächsten Montag bei Rajakowitsch vorsprach, hatte er nicht nur das Zertifikat des Reichsfinanzministeriums bei sich, sondern auch einen Koffer mit den gesammelten Pässen sowie ein fingiertes Schreiben von Krivoshein aus Athen, in dem dieser angab, ein großes Schiff aufgetrieben zu haben. Damit sowie mit der Behauptung, die *Aktion* könne ein halbes Jahr lang alle zwei Wochen 1000 Personen aus Wien fortschaffen, wollte er Eindruck auf seinen Juristenkollegen machen – mit Erfolg. Rajakowitsch schien sich von einem Beitrag zur „Entjudung" Wiens Ruhm und Anerkennung in NS-Kreisen zu versprechen und wollte die *Aktion* daher unterstützen. Er rief Rudolf Lange an und bat darum, Perl und Deutsch mehr Zeit für den angekündigten Transport einzuräumen und sie dauerhaft aus der Gestapo-Haft zu entlassen, damit sie ihre Bemühungen für die jüdische Auswanderung fortsetzen konnten. Lange stimmte zu, wies die beiden aber an, persönlich bei ihm im „Notarrest" in der Karajangasse vorzusprechen, um die Formalitäten der Enthaftung ordnungsgemäß abzuwickeln.

Erleichtert machten sich Perl und Deutsch am Abend auf den Weg in die Karajangasse, gerieten allerdings prompt erneut in die Fänge der Gestapo. Denn die beiden trafen just in dem Augenblick ein, als unter Eichmanns Befehl die Verlegung der Gefangenen ins Konzentrationslager Dachau vorbereitet wurde. Perl und Deutsch wussten, dass dies einem Todesurteil gleichkam. Der Panik nahe versuchten sie, die Wachen auf ihren Termin bei Lange hinzuweisen, ernteten jedoch nichts als Schläge. Erst in buchstäblich letzter Minute gelang es Perl, einen Polizisten unter dem Vorwand, er sei im Besitz höchst wichtiger politischer Informationen, auf sich aufmerksam zu machen. Daraufhin wurden er und Deutsch zu Lange gebracht, der wie vereinbart ihre Enthaftung veranlasste, während an ihnen vorbei die restlichen Gefangenen wie Vieh zu den Polizeitransportern getrieben wurden. Dieser Anblick hinterließ bei Perl seine Spuren. Eindringlicher als jemals zuvor wurde ihm in diesem Augenblick bewusst, dass die *Aktion* unbedingt Erfolg haben musste.

Dachau war Perl für den Moment erspart geblieben, die Hürden für die *Aktion* wurden allerdings nicht weniger. Der NS-Terror hatte zwar zur Folge, dass viele Juden das Land so schnell wie möglich verlassen wollten, er schüchterte jedoch auch weite Teile der jüdischen Bevölkerung ein, eine illegale Unternehmung zu wagen und damit eine Bestrafung durch die Obrigkeit zu riskieren. Den heimlichen Transporten der *Aktion*, auch wenn sie mit dem Etikett der „freien Immigration" versehen waren, haftete ganz automatisch etwas Verbotenes an. Deshalb verweigerten viele Eltern ihre erforderliche Zustimmung, damit junge Betarim einen Pass erhalten konnten, und ließen sie nicht gehen.

Zusätzlich Öl ins Feuer gossen aus Perls Sicht führende Zionisten im Ausland, die die illegale Einwanderung als kontraproduktiv für die Verhandlungen mit den Briten über einen jüdischen Staat in Palästina brandmarkten. Perl und die anderen wurden daher trotz oder gerade wegen ihres Engagements von vielen Juden als von der offiziellen zionistischen Politik

Abtrünnige angesehen, was auch innerhalb der Gruppe zu Frustration und Spannungen führte. Um den Korpsgeist zu beschwören, verglich Paul Haller als ihr Ideologe die *Aktion* daher Perl zufolge auch mit der Familie der Makkabäer, die sich im zweiten Jahrhundert vor Christus gegen die seleukidischen Fremdherrscher in Palästina erhoben hatte. Auch ihr war von jüdischer Seite zu Beginn Widerstand entgegengebracht worden, ehe sie einen übermächtigen Feind besiegt und ihr eigenes Reich erkämpft hatte.

Der bloße Glaube an ihren letztendlichen Erfolg war aber zu wenig, und so ließ Perl sich erneut einen Trick einfallen, um die Zweifel innerhalb der jüdischen Bevölkerung zu zerstreuen. Die Unterstützung oder zumindest Duldung ihrer Transporte durch die Gestapo öffentlich bekannt zu machen, erschien ihm zu riskant, da dies möglicherweise noch mehr Widerstand hervorgerufen hätte. Stattdessen sollte die *Aktion* in die Nähe der Kultusgemeinde gerückt werden, um ihr zumindest einen halboffiziellen Charakter zu verleihen. Bislang hatten höchstens einzelne Vertreter auf individueller Basis die Transporte unterstützt, die Kultusgemeinde selbst gab lediglich unter der Hand ein wenig Geld. Als sie Einblick in die Unterlagen der *Aktion* forderte, um diese Zahlungen zu überprüfen, übergab Perl ihr stattdessen die bisher gesammelten Pässe. Danach setzte er das Gerücht in Umlauf, dass noch am selben Tag griechische Visa verfügbar wären. Daraufhin versammelte sich eine aufgebrachte Menschentraube vor dem Sitz der Kultusgemeinde und forderte die Aushändigung ihrer Pässe. Nun trat Perl persönlich auf den Plan, tat das Gerücht als das ab, was es war, und ersuchte die Versammelten, ihre Pässe weiterhin von der Kultusgemeinde verwahren zu lassen. Damit hatte er öffentlichkeitswirksam gezeigt, dass eine Verbindung zwischen ihm und der Kultusgemeinde bestand, und deren Unterstützung nahm in der Tat von diesem Moment an zu.

Dem Ansehen der *Aktion* zuträglich war zudem, dass sie für Transporte registrierte Passagiere unter gewissen Voraussetzungen befreien konnte, wenn diese bei Massenverhaftungen in die Fänge der Gestapo geraten waren. Behilflich war dabei erneut Erich Rajakowitsch, der Enthaftungen anfangs auf der Stelle und später kurz vor der Abreise erwirken konnte, sofern kein Parteimitglied die Verhaftung angestoßen hatte, keine schwerwiegenden Anschuldigungen wie Rassenschande vorlagen und die betreffenden Personen noch nicht in ein Lager überstellt worden waren.

Kaum waren diese internen Hürden überwunden, kehrte Krivoshein nach Wien zurück – mit schlechten Nachrichten. Zwar stand ein Schiff für sie bereit, aber dieses bot nur Platz für 360 Passagiere. Erst das nächste Schiff würde die der Gestapo versprochenen 1000 Personen befördern können. Fraglich war aber ohnehin, wie die Reisegruppen den Hafen von Piräus erreichen sollten. Denn die Jugoslawen, deren Königreich zwischen Deutschland und Griechenland lag, hatten zwar 1000 Personen die Durchquerung ihres Landes – in versiegelten Waggons – zugesagt, die Voraussetzung dafür war allerdings das Vorhandensein griechischer Visa, und diese ließen nach wie vor auf sich warten. Um das Vertrauen ihrer griechischen Geschäftspartner und damit das Schiff nicht zu verlieren, riet Krivoshein, das restliche Honorar umgehend an die Schmuggler zu überweisen. Perl wusste, dass es nun kein Zurück mehr gab. Wohl oder übel wechselte er weitere 70.000 Reichsmark in Pfund und kam Krivosheins Empfehlung nach.

Danach stand die emotional herausforderndste Aufgabe an: die Auswahl der Passagiere. Nach wie vor hielten sich Perl und die anderen an die vereinbarten Altersvorgaben, auch wenn sowohl der Druck durch einflussreiche Mitglieder der Kultusgemeinde, die eigenen Verwandten mitzunehmen, als auch die Verlockung durch Geld oder Juwelen groß war. In einigen Fällen machten sie jedoch eine Ausnahme. So wurden Schwester und Schwager eines verdienten Betar-Mitglieds, das allein die Reise verweigerte, ebenso berücksichtigt wie eine ältere Krankenschwester aufgrund ihrer Fachkenntnisse. Auch Mitglieder der Jugendbewegung des zionistischen und apolitischen Sportverbands *Maccabi* und ein paar Arbeiterzionisten fanden den Weg auf Perls Liste, was zeigt, dass sich die *Aktion* weniger als revisionistisches als vielmehr als eigenständiges Unternehmen betrachtete. Letztlich wurden 386 statt 360 Personen ausgewählt, unter ihnen Perls Bruder Walter.[30]

Erich Wolf und Otto Seidmann als Leiter des österreichischen *Betar* teilten die Emigrantinnen und Emigranten in kleine Gruppen ein und bereiteten sie auf die Reise vor, während sich der Rest der *Aktion* um alles andere kümmerte. Wieder waren die Aufgaben verteilt. Perl übernahm die Verhandlungen mit den Behörden, der Logistiker Erich Deutsch kaufte mit Paul Ellbogen Vorräte und trieb Waggons auf. Berthold Kornmehl und Fritz Herrnfeld waren für die Buchhaltung verantwortlich und beantworteten Anrufe. Martha Hausner und Hertha Mandler erledigten die Schreibarbeiten und spendeten in vermutlich nicht wenigen Fällen Trost, wenn ein Ansuchen um eine Teilnahme abgelehnt werden musste.

Inmitten dieser Vorbereitungen wurde Perl aufgefordert, ins griechische Konsulat zu kommen. Schon einmal hatte er das noble Palais im vierten Wiener Gemeindebezirk aufgesucht, um sich nach dem Verbleib der Visa zu erkundigen. Wenn er nun auf eine positive Antwort gehofft hatte, so wurde er bitter enttäuscht. Der griechische Konsul teilte ihm mit, dass sein Land der *Aktion* keine Visa ausstellen würde.

Ohne Geld und nicht in der Lage, persönlich nach Athen zu reisen und die Sache vor Ort zu klären, musste Perl wieder einmal alles auf eine Karte setzen. Zunächst musste die *Aktion* herausfinden, was genau die griechischen Behörden veranlasst hatte, ihre Meinung zu ändern. Aus diesem Grund rief er zunächst bei Krivosheins Kontakten in Athen an. Von einem Anwalt erfuhr er, dass im griechischen Innenministerium keinerlei Einwände gegen die Vergabe der Visa bestanden, die Angelegenheit aber zur weiteren Konsultation an das Außenministerium weitergegeben worden war. Bei Perl läuteten die Alarmglocken. Ihm war bewusst, dass das Außenministerium aus Sorge vor diplomatischen Verstimmungen mit den Briten diese entweder zu Rate ziehen oder die Sache gleich negativ beurteilen würde. Perl musste also handeln, und glücklicherweise wurde ihm der Name des Beamten im Außenministerium zugetragen, der in der Angelegenheit das letzte Wort hatte.

Der nächste Schritt führte Perl wieder zum griechischen Konsulat, das er von Mitgliedern des *Betar* auskundschaften ließ. Eine „Schwachstelle" war schnell gefunden. Perl gelang es, den Portier des Konsulats beim allabendlichen Schlummertrunk in einer nahen Gaststätte zur Mithilfe zu überreden – mittels Appell an dessen Menschlichkeit sowie einer kleinen Spende von 400 Reichsmark. Im Gegenzug erklärte sich der Mann bereit, Perl ins Konsulat zu lassen und, da er auch für die Telefonvermittlung zuständig war, einen Anruf ins griechische Außenministerium nach Athen herzustellen. Perl, so schildert er es in seinen Memoiren, gab sich daraufhin im Telefonat mit dem für die Sache zuständigen Beamten als britischer Diplomat aus und erklärte, London würde die Vergabe von Visa an die ausreisewilligen Juden aus humanitären Gründen begrüßen, könne dies aber offiziell nicht zugeben. Der griechische Beamte war verständlicherweise skeptisch und verlangte eine schriftliche Stellungnahme, lenkte aber dank Perls Überzeugungskraft und schauspielerischem Talent schließlich ein. Zwei Tage später erhielt der griechische Konsul in Wien aus Athen die Erlaubnis, die gewünschten Visa auszustellen. Nachdem sich auch die Jugoslawen nach Vorlage der Dokumente an ihre Vereinbarung hielten und ihrerseits Durchreisegenehmigungen ausstellten, stand dem Aufbruch der 386 Auserwählten nichts mehr im Wege.

Ob sich diese Episode tatsächlich so zugetragen hat, sei dahingestellt. Fakt ist jedenfalls, dass die Passagierinnen und Passagiere des ersten Transports der *Aktion* nach dem „Anschluss" am 9. Juni 1938 mit Taxis zum Bahnhof gebracht wurden. Sie kamen pünktlich, mit wenig Gepäck und vor allem kamen sie allein. Die Gestapo wollte möglichst wenig Aufsehen erregen und hatte die Anwesenheit von Angehörigen und Freunden untersagt.[31] Einem Pressefotografen, der sich auf das Gelände geschlichen hatte, wurde von Polizisten in Zivil der Film abgenommen. Dies hielt Perl jedoch nicht von einer kurze Zeremonie ab, um sowohl den Korpsgeist seiner „Pioniere" zu beschwören als auch die anwesenden Eichmann, Rajakowitsch und Lange zu beeindrucken. Er legte großen Wert darauf, dass die Abreise geordnet über die Bühne ging, damit die Gestapo weiterhin an der Zusammenarbeit festhielt. Daher hatten Wolf und Seidmann ihre Schützlinge, die knöchelhohe Stiefel, weiße Stutzen, blaue Hosen oder Röcke sowie weiße Blusen oder Polohemden trugen, bis ins Detail auf den Ablauf eingeschworen. Alle kannten die ihnen zugewiesenen Plätze, suchten diese auf und verstauten ihre Rucksäcke, die nicht mehr als zehn Kilogramm wiegen durften. Auf ein Kommando verließen sie die Waggons wieder und nahmen auf dem Bahnsteig Aufstellung. Perl hielt nun eine kurze Ansprache, deren Inhalt er zuvor wie von Lange befohlen Rajakowitsch zur Überprüfung übermittelt hatte.[32] Kaum hatte er geendet, begann eine junge Frau die *Hatikva* zu singen, die Hymne der zionistischen Bewegung und Nationalhymne des zukünftigen Staates Israel. Es ist schwer vorstellbar, dass die anwesenden Gestapo- und SS-Leute dies nicht unterbanden, aber laut Perl schritten sie selbst dann nicht ein, als er und die anderen am Transport Teilnehmenden in das Lied einstimmten.

Nachdem die *Hatikva* verklungen war, stiegen die 386 Passagierinnen und Passagiere wieder in die Waggons und fuhren unter den Augen von Lange, Rajakowitsch und Eichmann ab. Perl konnte eine gewisse Genugtuung nicht verbergen, es entgegen allen Widerständen doch geschafft zu haben, dass der Zug endlich nach Süden rollte. Doch viel Zeit, diesen Sieg auszukosten, hatte er nicht. Bereits am nächsten Tag sollte auch er Wien hinter sich lassen.

5 — Als „Diplomat“ in England

Während die Vorbereitungen für den ersten großen Transport der *Aktion* noch auf Hochtouren liefen, war Perl auch mit einer anderen Angelegenheit beschäftigt. Er wusste, dass die Ressourcen, die ihnen in Wien zur Verfügung standen, nicht ausreichten, um ihr Unternehmen in eine Massenbewegung zu verwandeln. Perl musste sich also im Ausland nach Unterstützung umsehen, und sein Ziel hieß London. Dort befand sich nicht nur das Hauptquartier von Jabotinskys NZO, auch eine Reihe von jüdischen und christlichen Hilfsorganisationen und Vereinigungen hatte ihren Sitz in der britischen Hauptstadt. Perl plante, ihnen einen Augenzeugenbericht von den Vorgängen in Wien zu liefern, und zwar persönlich. Um die Reise aber antreten zu können, brauchte er Hilfe von außerhalb der jüdischen Gemeinde, und diese bekam er abermals von Frank van Gheel Gildemeester. Sonst konnte er auf niemanden zählen, denn keiner seiner nicht-jüdischen Bekannten, weder Freunde noch Klienten, hatte ihm Beistand angeboten.

Gildemeester gelang es, Perl ein Einreisevisum für die Britischen Inseln zu verschaffen. Zu diesem Zweck wandte er sich an das britische Generalkonsulat und dort mit hoher Wahrscheinlichkeit an Captain Thomas Kendrick, den Passport Control Officer. Was weder Gildemeester noch Perl ahnen konnten: Bei Kendrick handelte es sich in Wahrheit um den Leiter der Außenstelle des britischen Auslandsnachrichtendienstes *Secret Intelligence Service*, besser bekannt als MI6. Seine tatsächliche Aufgabe war es daher, Informationen zu sammeln, während er im Rahmen seiner Tarnfunktion auch mit Eichmann in dessen Rolle als Organisator der jüdischen Auswanderung zusammenarbeitete. Gegen die offizielle Politik seiner Regierung – und vermutlich auch ohne dass Perl davon wusste – stellte Kendrick Schätzungen zufolge während seiner Zeit in Wien bis zu 10.000 Genehmigungen für die Einreise nach Palästina an Jüdinnen und Juden aus, um sie vor dem Holocaust zu retten.[33] Er wäre also unter Umständen ein idealer Partner für die *Aktion* gewesen, wurde aber im Sommer 1938 vom Sicherheitsdienst der SS wegen Spionage verhaftet und im Hotel Métropole gefangengesetzt. Das *Foreign Office* erwirkte wenige Tage später seine Freilassung, doch er wurde umgehend des Landes verwiesen.[34]

Perl hielt also dank Gildemeester und vermutlich Kendrick – mit dem er später im Rahmen seiner Militärlaufbahn im Zweiten Weltkrieg für kurze Zeit sogar zusammenarbeiten würde – eine Einreisegenehmigung für Großbritannien in Händen. Eine entscheidende Sache fehlte jedoch noch, und zwar die Ausreisegenehmigung für das Deutsche Reich, ausgestellt von der Gestapo. Die unteren Ebenen der Bürokratie reichten Perls Ansuchen allerdings immer weiter nach oben durch, bis es schließlich auf Adolf Eichmanns Tisch landete – zu Perls Nachteil. Er war für Eichmann ein rotes Tuch, weil er es trotz dessen klarer Absage gewagt hatte, die Sache mit den Transporten weiterzuverfolgen. Schwerer wog aber vermutlich die Tatsache, dass Perl Eichmann umgangen und Rajakowitsch und Lange auf seine Seite gebracht hatte.

Zwar konnte Eichmann Perls Ansuchen nicht ignorieren, da die Gestapo auf Langes Anweisung im Moment die Pläne der *Aktion* unterstützte, aber er wollte immer noch keine „Verbrecherzentrale" in Palästina, und eines konnte er sehr wohl tun: Perl Steine in den Weg legen.

Als Perl die Vorladung in Eichmanns Büro erhielt, konnte er sich ausmalen, dass das Treffen nicht einfach werden würde. Und so kam es auch. Auf die unausbleiblichen Schikanen zu Beginn folgte eine pingelige Befragung. Eichmann bezweifelte die Notwendigkeit der Reise und sah darin lediglich einen weiteren „jüdischen Trick". Perls Argumentation, der Aufenthalt in London diene dazu, finanzielle Mittel sicherzustellen und die weiteren Abläufe zu koordinieren, wollte er erst nicht gelten lassen. Doch schließlich lenkte er ein und gestand dem Bittsteller zwei Wochen im Ausland zu. Um zu verhindern, dass Perl sich absetzte, verlangte Eichmann allerdings eine Sicherheit. Eine Geisel musste mit ihrem Leben für Perls Rückkehr geradestehen. Es war eine fürchterliche Entscheidung, aber Perl musste sie treffen und wählte Eduard Pachtmann aus – jenen Freund aus Studientagen, der ihm mit seinem Namen schon beim Zutritt ins Reichsfinanzministerium in Berlin behilflich gewesen war. Unmittelbar nach der Unterredung mit Eichmann suchte er daher Pachtmann auf und dieser, ein Allgemeiner Zionist und Leiter des *Zionistischen Landesverbands,* erklärte sich einverstanden, da er Perl zufolge um die Dringlichkeit und Notwendigkeit wusste, der Welt von den Vorgängen in Wien zu berichten. Auf Anweisung von Eichmanns Büro ging Perl danach in die polizeiliche Auswanderungsabteilung in der Dorotheergasse und erhielt sowohl die Ausreise- als auch die Einreiseerlaubnis für seine Rückkehr ins Deutsche Reich. Wie

Perl in seinen Memoiren lakonisch bemerkt, war er wohl der erste und vielleicht auch einzige Jude, der je um ein Rückkehrrecht ins nationalsozialistische Deutschland angesucht hatte – und bewirkte damit, dass Pachtmann unbehelligt davonkam. Das Ausstellen eines Einreisevisums für einen Juden war nicht vorgesehen und stellte die Beamten der vormaligen österreichischen Polizei, die mit dieser Aufgabe betraut waren, offenbar vor derartige bürokratische Probleme, dass Eichmanns Forderung nach Bekanntgabe einer Geisel unter den Tisch fiel. Die Beamten dachten wohl, dass die Gestapo die Daten der ausgewählten Person registrieren würde und umgekehrt. Ohne dass Pachtmanns Name auch nur ein einziges Mal gefallen war, nahm Perl seine Unterlagen entgegen und traf die letzten Reisevorbereitungen.

Nun, da keine Gefahr für die Geisel bestand, fällte Perl eine folgenschwere Entscheidung: Er entschloss sich gegen eine Rückkehr nach Wien. Wie er sehr eindrücklich in seinen Memoiren beschreibt, waren die letzten Tage und Stunden vor seiner Abreise ein Wechselbad der Gefühle. Natürlich war er froh, dass er wie die 386 Passagierinnen und Passagiere seines anstehenden Transports eine Fahrkarte in die Freiheit in Händen hielt. Aber Wien war seine Heimat und der Abschied fiel ihm trotz allem schwer. Er ließ nicht nur die Stadt zurück, sondern auch seine noch lebenden Verwandten, vor allem seinen Großvater mütterlicherseits, Salomon Fischer, den er sehr verehrte. Doch Perls Familie bestand längst nicht mehr nur aus Onkeln, Tanten, Cousins und Cousinen – er hatte mittlerweile auch eine Ehefrau. In einer heimlichen Zeremonie und unter großem Risiko waren er und Lore, die zuvor zum Judentum übergetreten war, vom Oberrabbiner der jüdischen Gemeinde getraut worden. Außer dem Paar und dem Rabbi waren nur

Lores Eltern sowie Perls Bruder Walter anwesend gewesen. Geheimhaltung war seit dem „Anschluss“ das Gebot der Stunde. Die Beziehung eines Juden und einer „Arierin“, selbst wenn sie zum mosaischen Glauben konvertiert war, galt als „Rassenschande“ und endete im Falle einer Entdeckung für beide mit der Deportation in ein Konzentrationslager. Das Paar hielt daher gebührend Abstand zueinander, wenn es sich gemeinsam in der Öffentlichkeit bewegte, um keinen Verdacht zu erregen. Oder es traf sich heimlich an privaten Orten, so auch in Perls letzter Nacht in Wien. Lore schlich sich in seine Wohnung und half ihm beim Packen. Zwar durfte er nur einen Koffer mitnehmen, doch Juden war es zu diesem Zeitpunkt immer noch erlaubt, ein großes Gepäckstück ins Ausland zu schicken. Also hatte Lore einen großen Koffer besorgt, den sie nun vollstopften und nach Jerusalem schicken würden, wo Walter Perl ihn nach seiner eigenen Ankunft in Palästina abholen sollte.

Lore Perl, 1938

Doch Geheimhaltung hin oder her, Lore ließ es sich nicht nehmen, ihren Mann gemeinsam mit dessen Tante Valerie Fischer zum Flughafen zu begleiten. Perl war gut vorbereitet, er hatte auf alles geachtet – und doch gefährdete ein fataler Fauxpas seine Abreise. Als er vom Zoll kontrolliert wurde, kamen neben dem einen Zehn-Mark-Schein, dessen Ausfuhr erlaubt war, zwei weitere Geldscheine zum Vorschein. Perl hatte sie in seiner Brieftasche schlichtweg übersehen. Es handelte sich lediglich um insgesamt 30 Reichsmark, aber obwohl Perl beteuerte, er würde für eine derart geringe Summe bestimmt nicht sein Leben riskieren, wollten die Beamten nicht an ein Missgeschick glauben. Während sich sein Flugzeug startklar machte, wurde Perl unter den verzweifelten Blicken von Lore und seiner Tante in ein Extrazimmer geführt und einer Leibesvisitation unterzogen. Auch sein Koffer wurde erneut durchsucht und der Inhalt dabei auf dem Boden verteilt. Wieder und wieder versicherte Perl, keine weiteren Wertsachen bei sich zu haben. Die Beamten fanden tatsächlich nichts, hatten aber erst ein Einsehen, als er seinen Trumpf aus dem Ärmel zog und erklärte, dass er in halboffizieller Mission nach London unterwegs sei, um die Massenauswanderung von Juden in die Wege zu leiten. Paradoxerweise wurde dabei die Einreisegenehmigung, die – wäre Perl später wie von Eichmann befohlen nach Wien zurückgekehrt – möglicherweise sein Todesurteil bedeutet hätte, zu seiner Rettung. Die Beamten hatten noch keinen jüdischen Pass mit einem solchen Vermerk gesehen und nahmen Perl daher seine Geschichte ab. Er dufte gehen und erwischte, nachdem Lore und Valerie seine Sachen hastig zurück in den Koffer gestopft hatten, sein Flugzeug in letzter Sekunde.

Doch noch immer gab es kein endgültiges Aufatmen. Die Flugroute führte über Prag und Rotterdam und daher auch durch deutschen Luftraum. Bei unerwarteten Problemen war eine Zwischenlandung auf deutschem Gebiet nicht ausgeschlossen. Die bangen Momente dauerten an. Erst als Perl unter sich die Kanäle der Niederlande erkennen konnte, wusste er, dass er in Sicherheit war.

Sein erster Weg in London führte Perl vom Flughafen direkt in sein Hotel am Russel Square. Nach Tagen unmenschlicher Anspannungen gab sein Körper der Erschöpfung einfach nach. Erst am nächsten Tag war Perl in der Lage, das Büro der Revisionisten anzurufen. Dort erwartete man ihn bereits, und Jabotinsky persönlich bat ihn, sofort zu ihm zu kommen. Vier Stunden lang berichtete Perl ihm, was sich in Wien zutrug, und zeigte ihm auch die Empfehlungsschreiben, die Gildemeester ihm für die Vorsprache bei britischen Politikern mitgegeben hatte. Im Zuge der nachfolgenden Beratung über das weitere Vorgehen machte Perl einen Vorschlag, der dem Anführer der revisionistischen Bewegung missfiel. Er wollte in England nicht als Revisionist auftreten, um das jüdische Establishment nicht von vornherein gegen sich aufzubringen. Stattdessen hatte er vor, sich einfach als Vertreter der *Aktion* vorzustellen. Jabotinsky bezweifelte den Sinn dieses Vorgehens stark, stimmte aber schließlich zu.

Am Beginn der langen Liste einflussreicher Personen, die Perl in den kommenden Wochen abarbeiten sollte, stand der Parlamentarier George Lansbury. Der ehemalige Vorsitzende der britischen Sozialdemokraten widmete sich dem Ziel, der Welt den Frieden zu erhalten. Aus diesem Grund hatte er sich seit seinem Rückzug von der Parteispitze drei Jahre zuvor mit einer Vielzahl von Politikern getroffen, darunter Franklin D. Roosevelt, Adolf Hitler und Benito Mussolini. Nun empfing er Willy Perl und nahm sich auch ausreichend Zeit für seinen Gast. Lansbury hörte nicht nur zu, sondern stellte einige Fragen und entließ Perl schließlich mit mehreren Empfehlungsschreiben. Eines dieser Schreiben war an einen konservativen Politiker adressiert, der aus Lansburys Sicht am ehesten in der Lage war, Perl weiterzuhelfen. Es handelte sich um den Earl of Winterton, der in Kürze die britische Delegation bei der von US-Präsident Roosevelt initiierten Flüchtlingskonferenz im französischen Évian leiten sollte.

Doch das Treffen mit Winterton wurde zu einer bitteren Enttäuschung. Dieser versprach zwar, dass seine Regierung alles Mögliche versuchen würde, wies aber gleichzeitig darauf hin, dass jede Hilfe für die Juden in Deutschland und Österreich das Los der Juden in anderen Ländern verschlechtern konnte. Denn wenn andere Länder, wie Polen oder Rumänien, sahen, dass vertriebene Juden in Großbritannien Aufnahme fanden, würden auch sie gegen ihre jüdische Bevölkerung vorgehen.

Perl wusste diese Worte zu deuten. Winterton würde nichts unternehmen. Ähnlich beschwichtigende Antworten erhielt er von den Hochkommissaren der britischen Dominions Australien, Kanada, Neuseeland und Südafrika. Diese hatte Perl ebenfalls kontaktiert, denn auch wenn Palästina das große Ziel war, war ihm klar, dass er angesichts der akuten Bedrohung nicht wählerisch sein konnte und andere mögliche Zufluchtsorte nicht ausschließen durfte. Denn in erster Linie kam es darauf an, die Juden aus dem Deutschen Reich herauszubekommen. Wohin sie fürs Erste gingen, war zweitrangig, solange es dort sicher war. Mitgefühl und Bedauern über die schrecklichen Vorgänge in Wien waren jedoch alles, was Perl in diesen Gesprächen zu hören bekam. Lediglich der australische Hochkommissar versprach, an seine Regierung in Canberra zu schreiben und ihr Perls Vorschlag, mittels einer Notfallverordnung sofort 100.000 Juden aufzunehmen, mitzuteilen.

Perl dürfte sich keinen großen Hoffnungen hingegeben haben und die Konferenz von Évian im Juli 1938 bestätigte seine düstere Vorahnung. Von den 32 Staaten, die sich Anfang Juli 1938 im malerischen Kurort am Genfer See trafen, erklärte sich lediglich die Dominikanische Republik zur Aufnahme von jüdischen Flüchtlingen in großer Zahl bereit – wenn auch nicht ganz uneigennützig, denn ihr Diktator Rafael Trujillo hatte im Jahr zuvor ein Massaker an der haitianischen Minderheit seines Landes angeordnet und suchte nach einer Möglichkeit, sich international zu rehabilitieren. Alle anderen Delegationen hielten strikt an ihren Einwanderungsbeschränkungen fest.[35] Die Zusammenkunft endete allerdings nicht erfolglos – aus nationalsozialistischer Sicht. Deutschland war in Évian natürlich nicht vertreten gewesen, doch Hitlers Propaganda wusste das Versagen der internationalen Gemeinschaft perfekt auszuschlachten. Sinngemäß lautete die Botschaft: Wenn die ganze Welt die deutschen Juden nicht bei sich aufnehmen wollte, dann konnte das Deutsche Reich mit der Art, wie es mit ihnen umging, nicht ganz falsch liegen. Der desillusionierte Perl blickte später auf die beschämende Zusammenkunft am Genfer See sogar als den ersten Schritt in Richtung „Endlösung" zurück, da sie den Nationalsozialisten vor Augen führte, dass sie womöglich an andere Wege als an Auswanderung denken mussten, um Deutschland und Europa „judenrein" zu machen.

Trotz allem gab Perl seine Bemühungen nicht auf und setzte das Klinkenputzen in London fort, jedoch erfolglos. Verzweifelt wandte er sich schließlich erneut an Lansbury, der nun ein Treffen mit seinem Parteifreund, dem Kolonialminister

Malcolm MacDonald, in die Wege leitete. Doch MacDonald tat nichts anderes, als seinen Besucher wieder an Winterton zu verweisen, der das Problem wiederum auf die Konferenz von Évian abwälzte. Unterstützung wurde Perl nur durch einzelne Parlamentarier zuteil. Doch deren Fürsprache reichte nicht aus, den Standpunkt der britischen Regierung zu ändern.

Ebenso wenig Erfolg hatte Perl bei den jüdischen Hilfsorganisationen, obwohl er bedacht diplomatisch vorging. Er trat bewusst nur als ein Vertreter der *Aktion* auf, konnte aber im jüdischen Establishment trotzdem keine Unterstützer für seine illegalen Einwanderungsoperationen gewinnen. Aus diesem Grund suchte er Hilfe bei einer überparteilichen Instanz. Perl glaubte, Joseph Herman Hertz besäße als Oberrabbiner der *United Hebrew Congregations of the British Empire* genug Autorität und Anerkennung, um quer über die politischen Gräben zu vermitteln. Dieser zeigte sich auch empfänglich für Perls Schilderungen über die Zustände in Wien und die Notwendigkeit zu handeln, doch Perl hatte eine Sache übersehen. Hertz war durch und durch englandfreundlich eingestellt und demnach ebenso empfänglich für die Argumente der Allgemeinen Zionisten und der Arbeiterzionisten. Diese mussten von Perls Besuch erfahren und beim Oberrabbiner interveniert haben, denn bereits bei seinem zweiten Treffen mit dem Mann aus Wien war Hertz von seiner zuvor angedeuteten Unterstützung abgewichen. Auch er wollte nun nichts mehr für die *Aktion* unternehmen und riet Perl stattdessen, den etablierten jüdischen Institutionen zu vertrauen und die Briten nicht zu verärgern. Das Gebot der Stunde, so Hertz, sei „Quiet Diplomacy“, doch aus Perls Sicht sollte diese stille Diplomatie nur die Untätigkeit des Establishments kaschieren.

Perl blieb nichts anderes übrig, als seine Hoffnungen auf Hilfe für weitere Transporte der *Aktion* zu begraben. Stattdessen versuchte er, Geld zur Unterstützung der bereits in Palästina Angelandeten zu sammeln, denn mittlerweile wusste er, dass der erste große Transport angekommen war – auch wenn Krivoshein noch während der Reise per Telegramm und äußerst theatralisch um mehr Geld zur Versorgung seiner Leute ersucht hatte. Angeblich waren 50 von ihnen erkrankt, manche benötigten riskante Operationen und einer litt unter psychischen Problemen.[36] Nun, da sie in Palästina waren, verging kaum ein Tag, an dem Perl nicht den Dankesbrief einer Teilnehmerin oder eines Teilnehmers an der Reise erhielt – kurz nach seiner Ankunft in London hatte er mehrere Nachrichten postlagernd nach Athen geschickt, wo Krivoshein sie jederzeit in Empfang nehmen konnte, und diesem so seine neue Adresse mitgeteilt.[37] Diese Schreiben gaben Perl immer wieder neuen Mut und ließen ihn das Ziel nicht aus den Augen verlieren.

Doch die nächste Ernüchterung ließ nicht lange auf sich warten. Ein Gesuch zur finanziellen Unterstützung, das die NZO an das *Council for German Jewry* übermittelte, wurde schlichtweg abgelehnt. Diese Hilfsorganisation vergab an alle Jüdinnen und Juden, die sich legal mit einem Einwanderungszertifikat in Palästina niederließen, eine Förderung. Jabotinsky und Perl hatten nun darum ersucht, auch denjenigen, die ohne Zertifikat ins Land gekommen waren, unter die Arme zu greifen. Anstelle der 60 Pfund, die normalerweise pro Kopf gewährt wurden, hatte Perl nur um jeweils drei Pfund gebeten. Doch das Council wollte die illegale Einwanderung nach Palästina in keiner Weise fördern oder gar dazu ermuntern. Dass sich die *Aktion* nicht im Vorhinein um das Wohl der gesetzwidrig ins Land Geschleusten gekümmert hatte, so war dem Antwortschreiben sinngemäß zu entnehmen, war allein deren Problem.[38]

Perl kochte vor Wut. Und auch die jüngsten Nachrichten aus Wien waren nicht geeignet, seine Stimmung aufzuheitern.

Krivoshein war aus dem Spiel. Warum, ist unklar, denn über die Gründe dafür finden sich unterschiedliche Aussagen der involvierten Parteien. Laut Perl hatten die in Wien gebliebenen Mitglieder der *Aktion* unter Paul Hallers Führung beschlossen, die Zusammenarbeit mit dem Abenteurer zu beenden, weil sie keinen Nutzen mehr in dessen Beteiligung sahen. Dem gegenüber steht Krivosheins eigene Darstellung, wonach es zu Differenzen über finanzielle Fragen und die Zusammenstellung der Transporte gekommen sei und er sich deswegen zurückgezogen habe.[39] Eine weitere Perspektive auf das Geschehen, die beide Versionen unter einen Hut bringt, bietet ein vertrauliches Dossier über die illegale jüdische Immigration nach Palästina, verfasst vom *Criminal Investigation Department* (CID) der britischen *Palestine Police*.[40] Dieser Bericht vom Mai 1939 ist aufschlussreich, weil er eine Fülle von Details enthält und sich auf eine Vielzahl unterschiedlicher Quellen stützt: auf Dokumente, die bei mutmaßlichen Schmugglern sichergestellt worden waren, auf die Verhöre illegaler Einwanderer, auf abgefangene Briefe und schließlich auf die Informationen von Agenten.[41]

Krivoshein werden in diesem Dossier die ersten Transporte zugeschrieben, sein angebliches Motiv dahinter erstaunt jedoch: Er soll aus Profitstreben gehandelt haben. Dem Bericht zufolge gab es auch eine Vereinbarung zwischen ihm und den Revisionisten über das Außerlandesbringen deren Mitglieder. Im Sommer 1938, so der Bericht, kam es jedoch zum Bruch und die Revisionisten – gemeint ist wohl die *Aktion* – kümmerten sich fortan selbst um die Transportorganisation.

Wie so oft scheint also Geld der Auslöser für den Streit gewesen zu sein. Persönliche Gier als treibendes Motiv ist denkbar, eher dürfte es Krivoshein aber um einen Gewinn für die *Irgun* gegangen sein, um deren politische Ziele verfolgen zu können. Haller wiederum – so lässt es sich zwischen den Zeilen aus Perls Memoiren herauslesen – schien ein Interesse daran gehabt zu haben, Krivoshein loszuwerden, um selbst die Organisation der Transporte übernehmen zu können und den Erlös nicht mit Krivoshein teilen zu müssen.

Doch ungeachtet der Gründe für den Streit war Perl jedenfalls alles andere als begeistert von den Ereignissen in Wien. Er hatte den exzentrischen Krivoshein, der bei den Transporten regelmäßig in einer weißen, admiralsähnlichen Fantasieuniform aufgetreten war, als wertvollen und verlässlichen Partner betrachtet – wenn auch als „in Konzeptionen unklaren Menschen", sodass erst er aus dessen Ideen einen konkreten Plan entwickelt hatte.[42] Dennoch war es Krivoshein gewesen, der sich um die Organisation der Schiffe in Griechenland und die Landungen in Palästina gekümmert hatte. Krivoshein – und nicht die Leute in Wien – verfügte über gute Kontakte auf dem Balkan und in der Levante, kannte sich in der Unterwelt aus und wusste mit den Schmugglern umzugehen. Ein Mann von seinem Schlag wurde dringend gebraucht, um die Operationen der *Aktion* nicht nur am Laufen zu halten, sondern weiter auszudehnen.

Im Gegensatz dazu war Paul Haller in Perls Augen zwar ein kluger Kopf und ein hervorragender Ideologe, jedoch nicht sonderlich praktisch veranlagt und keinesfalls dazu in der Lage, Krivoshein zu ersetzen. Diese Darstellung in Perls Memoiren scheint Haller allerdings sogar noch zu schmeicheln, denn wie ein Freund Perls namens Israel diesem in mehreren Briefen während der Wartezeit auf den nächsten Transport aus Griechenland schrieb, hatte Haller nicht nur ein Alkoholproblem, sondern war auch dabei, den von Perl aufgebauten guten Ruf der *Aktion* durch seine Unfähigkeit zu zerstören. Der mit Haller zerstrittene Krivoshein wiederum soll sich laut Israels Schreiben angeblich einen Harem gehalten haben. Die beiden, die sich charakterlich ähnlich gewesen sein sollen, einte nur ihr Unmut über Perl, über den sie schimpften und den sie der Feigheit bezichtigten, weil er aus Angst nach London geflohen sein soll. Der cholerisch veranlagte Haller hatte zudem sogar angekündigt, Perl fertigzumachen wie alle seine Gegner, und soll auch Israel selbst mit der Deportation nach Dachau gedroht haben.[43]

Unabhängig davon, ob diese Aussagen der Wahrheit entsprechen: Für Jabotinsky offenbarte sich ein Führungsproblem in Wien und er reagierte umgehend, um die *Aktion* personell zu unterstützen – und so auch mehr Einfluss auf sie auszuüben. Denn Perl schreibt in seinen Memoiren zwar, dass das Unternehmen zu diesem Zeitpunkt bereits die volle Unterstützung der revisionistischen Partei samt der NZO in London sowie der Weltorganisation des *Betar* genoss, doch das dürfte mit ziemlicher Sicherheit nicht der Fall gewesen sein. Denn in einem Brief an den Jabotinsky-Vertrauten Shlomo Jacoby von März 1939 gibt Perl an, bis zu seiner Ankunft in London keinerlei Kontakt mit der NZO bezüglich seiner Transporte gehabt zu haben. Diese schien sich auch erst für die Sache zu interessieren, nachdem Krivoshein und die Wiener Gruppe bewiesen hatten, dass es möglich war, Leute in größerer Zahl heimlich in Palästina anzulanden. Nun wollte die NZO in das

Unternehmen einsteigen, konnte dies aber nicht auf eigene Faust tun, weil ihr die nötige Expertise fehlte. Deswegen hatte sie unlängst einen Vertrag mit Wien über einen gemeinsamen Transport geschlossen, weil sie laut Perl „dem Umstande Rechnung trug, dass sich tatsächlich alle Positionen in den Händen der *Aktion* befanden".[44] Dies zeigt auch, dass die *Aktion* nicht für Jabotinsky und die NZO arbeitete, sondern höchstens mit ihnen, denn wie Perl hatten auch die übrigen Mitglieder der *Aktion* schon ein halbes Jahr vor dem „Anschluss" alle Funktionen in der Partei zurückgelegt.

Jabotinsky wollte allerdings einen seiner eigenen Leute vor Ort haben und wählte dafür den Betar-Funktionär Mordechai Katz aus, der sich der Sache im Auftrag der NZO annehmen sollte. Perl wäre dafür ohnehin nicht in Frage gekommen, schließlich hatte er Eichmanns Frist zur Rückkehr verstreichen lassen und wäre wohl bei seiner Ankunft sofort verhaftet worden. Katz suchte zunächst Krivoshein in Athen auf und versuchte, ihn zu einer neuerlichen Kooperation zu bewegen. Es kam jedoch zum Streit, und nachdem Katz Jabotinsky über den wenig erfreulichen Ausgang des Treffens informiert hatte, reiste er weiter nach Wien.[45]

In der Zwischenzeit hatte Haller von Eichmann die Erlaubnis erhalten, nach Griechenland zu fahren, um ein neues Schiff aufzutreiben. In Athen ließ er sich mehrere Optionen vorführen und entschied sich für den Dampfer *Socrates,* der nach einer Anzahlung von 2000 Pfund 1000 Passagiere vom italienischen Fiume – dem heutigen Rijeka – nach Palästina bringen sollte. Piräus als Starthafen hatte demnach ausgedient. Der Grund dafür war vermutlich, dass sich die Briten mittlerweile bei der Regierung in Athen über deren Haltung gegenüber der illegalen Migration beschwert hatten. Das griechische Außenministerium hatte daraufhin mittels diplomatischer Note vom 22. Juli 1938 versichert, keine Abfahrten illegaler jüdischer Einwanderer aus griechischen Häfen mehr zu gestatten und keine Transitvisa mehr auszustellen.[46] In einem Bericht wenige Tage später an den britischen Außenminister Lord Halifax beklagte sich ein Mitarbeiter der britischen Gesandtschaft in Athen allerdings über die in griechischen Beamtenkreisen weitverbreitete Korruption. Diese, und nicht etwa humanitäre Gründe, sei für die bisherige Duldung der illegalen Migration verantwortlich gewesen.[47]

Dieser Bericht der britischen Gesandtschaft ist nicht nur von besonderem Interesse, weil er den Kenntnisstand der Briten verdeutlicht, er widmet sich auch ausführlich Krivoshein und lässt diesen – ähnlich wie die Aussagen von Perls Freund Israel – in keinem guten Licht erscheinen. So habe Krivoshein damit geprahlt, hohe wie niedere Beamte bestochen zu haben, um seine Aktivitäten ungestraft durchführen zu können. Er habe die illegale Migration zudem kommerzialisiert und ein Vermögen gescheffelt mit dem Leid der Juden, und zu allem Überfluss lebe er mittlerweile mit einer jungen Frau von erst 17 Jahren zusammen, die an einem der Transporte teilgenommen habe. Um der illegalen Migration einen Riegel vorzuschieben, hatte der Diplomat einem Vertreter der griechischen Regierung inoffiziell vorgeschlagen, Krivoshein als die Schlüsselfigur auszuweisen und nach Palästina abzuschieben, wo dessen Pass eingezogen werden sollte.

Tatsächlich wurde Moses Krivoshein Ende August 1938, als er nach dem Streit mit Haller nach Griechenland zurückkehrte, wegen illegaler Einreise verhaftet. Er hatte von Italien aus eine Passage nach Alexandria in Ägypten gebucht, bei einem Zwischenstopp in Piräus jedoch sein Schiff verlassen und war nicht mehr an Bord gegangen. Ein Beamter des CID mit Nachnamen Cocorempas, der sich zu diesem Zeitpunkt in Athen aufhielt, nahm Krivosheins Verhaftung als Anlass zu der Hoffnung, dass die Griechen endlich ihre Zusage, gegen die illegalen Transporte vorzugehen, einhielten. Doch wie er in Erfahrung bringen konnte, war Krivoshein nur festgesetzt worden, um Geld von ihm zu erpressen. Nach Fürsprache des Unterstaatssekretärs für öffentliche Sicherheit war er sogar noch am selben Abend wieder entlassen worden. Der CID-Beamte sah darin den Beweis, dass die derzeitige griechische Regierung mit ihrer überwiegend deutschlandfreundlichen Gesinnung die illegale Migration entgegen ihrer Ankündigung kaum unterbinden werde. Denn eigentlich sollten den Migranten weder griechische Häfen noch griechische Schiffe mehr zur Verfügung stehen – was allerdings leicht umgangen werden konnte, indem ein unter griechischer Fahne fahrendes Schiff einfach unter einer anderen Nationalität, etwa der Panamas, registriert wurde.[48]

Dennoch sollte die von Haller gecharterte *Socrates* von Fiume aus in See stechen. Neben 800 Flüchtlingen aus Wien waren für diesen Transport gemäß der Abmachung mit der NZO auch 220 Betarim aus Osteuropa vorgesehen. Der Großteil von ihnen stammte aus Polen, dessen Betar-Landesverband vom späteren israelischen Premierminister Menachem Begin geleitet wurde. Begin hatte die Gruppe zusammengestellt und sich in Absprache mit Katz um die Reisevorbereitungen gekümmert. Katz wiederum schleuste die Gruppe laut Perl auf teils abenteuerlichen Wegen an die Adria. Ihre Einreisevisa für Italien stammten vom italienischen Handelsattaché in Warschau, der von seiner jüdischen Sekretärin bezirzt worden war. Allerdings wartete in Fiume eine herbe Enttäuschung auf die jungen Auswanderer. Keiner von ihnen konnte an Bord gehen.

Denn es gab kein Schiff. Haller war reingelegt worden.

6 — Notlage in Arnoldstein

Perls Befürchtungen, dass es ein Fehler gewesen war, sich von Krivoshein zu trennen, hatten sich schneller bestätigt als gedacht. Die Leute, mit denen Haller in Athen verhandelt hatte, hatten sich als Betrüger herausgestellt. Sie hatten einen Wachmann bestochen und sich so Zutritt zur *Socrates* verschafft, um sich als deren Eigner ausgeben zu können. Danach waren sie untergetaucht. Die *Aktion* stand nun ohne Geld und ohne Schiff da, und dies konnte katastrophale Konsequenzen nach sich ziehen. Denn die Nationalsozialisten würden das Verschwinden der Devisen der Reichsbank zweifellos nicht so einfach hinnehmen und die so dreiste Unterschlagung des Geldes als „jüdischen Schwindel" betrachten. Zudem standen in Wien die 800 Passagierinnen und Passagiere zur Abfahrt bereit und die Gestapo erwartete ihre baldige Ausreise. Sollte es dazu nicht wie geplant kommen, drohte allen Involvierten – Organisatoren wie Reiseteilnehmenden – die Deportation nach Dachau. Da Haller davon ausging, dass Eichmann keine weitere Verzögerung dulden würde, und er es nicht wagte, die Sache publik zu machen, gab er am 1. September 1938 das Kommando zur Abfahrt aus Wien.

Die 800 jungen Männer und Frauen machten sich voller Hoffnung und Enthusiasmus auf den Weg. Ursprünglich war geplant gewesen, die direkte Strecke durch Jugoslawien zum eigentlichen Starthafen in Sušak zu nehmen, doch die Jugoslawen hatten die Durchreisegenehmigung widerrufen, sodass Haller die Route über Kärnten und Julisch-Venetien wählte. Sušak und Fiume waren nur durch einen Fluss voneinander getrennt, der Hafen wurde von Italienern und Jugoslawen gemeinsam verwaltet. Perl zufolge waren den Passagierinnen und Passagieren griechische Visa zugesagt worden, mit denen sie, wie beim letzten Transport, an jugoslawische Einreisegenehmigungen gelangt wären.[49] Allerdings dürften die Griechen im Zuge des Vorfalls um Krivoshein Ende August 1938, als die Briten auf die Einhaltung der ihnen gegebenen Zusagen pochten, diese Visa widerrufen haben. Offiziell beteuerte das griechische Außenministerium, sein Generalkonsul in Wien habe die Visa ohnehin nie ausgestellt.[50] So oder so war damit auch der Weg nach Jugoslawien versperrt und die Gruppe musste den Umweg über Italien nehmen und über Fiume in den Hafen gelangen.

Die italienischen Grenzbehörden wussten allerdings, dass kein Schiff für die Flüchtlinge bereitstand – und deren Ausreise damit nicht gesichert war –, und verweigerten dem Zug die Weiterfahrt. Auf deutscher Seite wurde er beim Grenzort Arnoldstein auf ein Nebengleis geschoben, um den restlichen Schienenverkehr nicht zu behindern. Für die Passagierinnen und Passagiere, die sich zu acht ein Abteil teilten, begann eine Zeit des Ausharrens, die sie an die Grenzen ihrer psychischen Belastbarkeit führte.

Haller, der den Zug mit seinem Bruder Heinrich nach Arnoldstein begleitet hatte, hatte Perl zufolge bereits Jabotinsky und ihn selbst in London kontaktiert und sie gebeten, entweder ein anderes Schiff aufzutreiben oder die italienischen Grenzbehörden zu überreden, den Zug passieren zu lassen, auch wenn die Weiterreise noch nicht gewährleistet war. Vom fernen Großbritannien aus ließ sich jedoch keine Lösung finden, deswegen reiste Perl Ende August in Jabotinskys Auftrag nach Griechenland. In London zu bleiben, war ohnehin keine Option, da seine Aufenthaltsgenehmigung für Großbritannien bald ablief. Die für die Reise benötigten Visa trieb Jabotinsky über einen befreundeten italienischen Schriftsteller auf, der zu seinen Bewunderern zählte.

Als Perl also die britischen Inseln nach rund zweieinhalb Monaten wieder verließ, dürfte es um seine Stimmung nicht sonderlich gut bestellt gewesen sein. Zum einen hatte er in London keinen nennenswerten Erfolg verbuchen können, zum anderen lag eine wahre Mammutaufgabe vor ihm. Er sollte Einreisegenehmigungen für die Wiener Gruppe auftreiben, das verlorene Geld zurückholen und ein neues Schiff finden. Er hatte nur keine Ahnung, wie er all das ohne ein Wunder bewerkstelligen sollte.

Ein Ausweg musste aber unbedingt gefunden werden, nicht nur um der Flüchtlinge willen, die in Arnoldstein festsaßen. Es war nicht auszuschließen, dass die Gestapo den Vorfall zum Anlass für weitere Massenverhaftungen in Wien nahm. „Probeverhaftungen“ hatte es schon gegeben, weswegen Perl Hallers Ansinnen, seine Leute so schnell wie möglich aus Wien wegzubringen, prinzipiell nachvollziehen konnte.[51] Außerdem drohte das Ansehen der *Aktion* massiv Schaden zu nehmen und die Fortführung des gesamten Unternehmens war grundlegend gefährdet. Es würde nicht nur schwieriger werden, Teilnehmerinnen und Teilnehmer für neue Transporte zu finden, auch mögliche Geldgeber im Ausland würden sich ihre Unterstützung zweimal überlegen. Die „Komödie von Arnoldstein“, wie Eichmann es nennen sollte, bedeutete Wasser auf den Mühlen des jüdischen Establishments, das den Revisionisten und der *Aktion* Unverantwortlichkeit unterstellte und nun seine Bestätigung bekam.

In Athen traf sich Perl mit dem Reeder Davaris, den ein Bekannter von Berthold Kornmehl mit Namen Rosenzweig, der selbst als Flüchtling in der griechischen Hauptstadt lebte, ins Spiel gebracht hatte. Davaris, so Rosenzweig, sei unter Umständen daran interessiert, Juden in großem Umfang nach Palästina zu transportieren, sofern der Preis stimmte. Haller und Kornmehl hatten den Griechen von Wien aus bislang nicht erreichen können, doch Perl hatte vor Ort mehr Glück und konnte Davaris zumindest überreden, einen Vertreter zu weiteren Verhandlungen nach Fiume zu schicken, ehe er selbst in die italienische Hafenstadt reiste. Kurz nach seiner Ankunft kam auch Mordechai Katz mit den Betarim aus Osteuropa an, für die Perl schleunigst ein Quartier auftreiben musste. So viele Fremde fielen in einer kleinen Stadt wie Fiume natürlich auf und er wollte verhindern, dass die Zeitungen Wind von der Sache bekamen und ihnen unnötig viel Aufmerksamkeit zuteilwurde. Zudem verwiesen die Italiener alle Juden, die sie obdachlos auf der Straße aufgriffen, des Landes.[52] Aus diesem Grund spielte Perl auch mit dem Gedanken, ein Frachtschiff zu mieten und es außerhalb der Drei-Meilen-Zone in internationalen Gewässern ankern zu lassen, doch letztendlich fanden die Betarim in einer Lagerhalle Unterschlupf.[53] Was die in Arnoldstein gestrandeten Flüchtlinge betraf, beauftragte er einen Anwalt durchzusetzen, dass diese auch ohne Schiff nach Italien einreisen durften. Gemeinsam mit Katz sprach er diesbezüglich auch bei der Hafenbehörde vor.[54]

Am nächsten Tag wurde Perl selbst von einem Kriminalbeamten zur Polizei gebracht, wo er verhört und ihm vorübergehend der Pass abgenommen wurde, weil Haller bei den Grenzbehörden in Arnoldstein angegeben hatte, Perl sei der Leiter und könne die ganze Sache aufklären. Wieder auf freiem Fuß, musste er feststellen, dass sich nicht nur die Italiener für ihn interessierten. Ein Gast in seinem Hotel, der sich als Handelsreisender ausgab, war in Gesellschaft eines Mitarbeiters des britischen Konsulats gesehen worden. Beobachtet hatte die beiden ein örtlicher jüdischer Geschäftsmann, der Perl und Katz daraufhin über dieses Treffen informierte. Perls Verdacht, es könnte sich bei dem Unbekannten um einen Agenten des britischen Nachrichtendienstes handeln, erhärtete sich, als er durch Bestechung des Rezeptionisten an die Telefonnummer gelangte, die der Mann vom Hotel aus angerufen hatte. Die anschließende Beschattung ergab, dass dieser die meiste Zeit am Hafen in einer Schiffsagentur verbrachte. Von den lokalen italienischen Behörden kam wenig später die Bestätigung. Die Briten wussten, warum Perl und Katz sich in Fiume aufhielten, und hatten bei der italienischen Regierung dagegen protestiert. Auch wenn sie bezüglich der Details und der involvierten Personen noch im Dunklen tappten, waren sie schon seit Monaten über die „Umtriebe" der *Aktion* im Bilde.

So hatte etwa der britische Generalkonsul in Wien am 23. Juli 1938 folgende Zeilen an das *Foreign Office* in London übermittelt: „Nachforschungen scheinen zu bestätigen, dass junge Juden beiderlei Geschlechts von einer hiesigen Organisation nach Palästina geschickt werden, aber wer genau dahintersteckt, kann derzeit noch nicht mit Sicherheit dargelegt werden. Wie es heißt, werden diese illegalen Emigranten in versiegelten Zügen nach Athen geschickt, wo sie auf kleine Dampfer umsteigen und nach Palästina gebracht werden. Sie schwimmen dann an Land und setzen ihre Reise zu Fuß fort."[55]

Zwei Wochen zuvor hatte bereits der britische Hochkommissar in Palästina, Harold MacMichael, Kolonialminister MacDonald über „eine große Bewegung illegaler jüdischer Immigranten in Zentraleuropa mit Ziel Palästina" informiert, von denen einige in kleinen Gruppen unlängst an der Küste Palästinas gelandet waren. Zudem sollten MacMichael zufolge in Kürze bis zu 4000 Menschen, die vor allem in Österreich rekrutiert worden waren, auf griechischen Inseln auf ihren Transfer nach Palästina warten. Nichts von dieser zweiten Aussage entsprach für den Moment den Tatsachen, könnte aber dahingehend interpretiert werden, dass sich MacMichaels nicht genannte Quelle möglicherweise auf Perls Behauptung gegenüber Rajakowitsch bezog, die *Aktion* könne ein halbes Jahr lang alle zwei Wochen 1000 Personen aus Wien fortschaffen. Wie auch immer, der Hochkommissar wies den Kolonialminister darauf hin, dass er alle ihm möglichen Schritte unternommen habe, diese seiner Ansicht nach jedoch nicht ausreichten, um das Problem zu lösen. Nur vier Tage nach seinem ersten Schreiben wandte sich MacMichael schließlich erneut an MacDonald und bat ihn, bei der griechischen Regierung zu intervenieren, da angeblich 1000 illegale Einwanderer in Athen erwartet wurden.[56]

Daher deponierten die Briten sowohl in Griechenland als auch in Italien ihren Unmut. Wohl weniger aus Angst vor diplomatischen Verstimmungen als vielmehr aufgrund der Sorge, auf den mittellosen Flüchtlingen sitzen zu bleiben, schenkten die Italiener der Protestnote Gehör. Aus Rom kam die Order, die osteuropäischen Betarim auszuweisen. Katz gelang es jedoch durch geschickte Verhandlungen mit den Lokalbehörden in Fiume, immer wieder einen Aufschub zu erwirken, indem er ihnen versicherte, ihr Schiff habe nur Verspätung und würde bald auftauchen.

Die Zeit arbeitete allerdings nicht nur in Fiume gegen die Auswanderungswilligen. Eichmann wollte keinen internationalen Skandal und drohte jeden Tag, den Zug nach Dachau zu schicken. Der war nach fast einer Woche auf dem Abstellgleis mittlerweile von Fäkalien umgeben, da den 800 Menschen an Bord zunächst verwehrt worden war, auszusteigen. Erst nach einiger Zeit durften sie unter Bewachung auf einen nahen Hügel, um ihre Notdurft zu verrichten. Nahrungsmittel hatten sie für drei Wochen eingepackt, doch langsam wurde das Wasser knapp. Dieser Beschreibung Perls stehen die Schilderungen einiger Reiseteilnehmer gegenüber, denen zufolge die Flüchtlinge von der örtlichen Bevölkerung versorgt wurden und sich der Aufenthalt in Arnoldstein eher wie ein „Ferienlager" gestaltete. Ähnliches berichtet der ebenfalls in Arnoldstein anwesend gewesene Max Stock, später Mordecai Hacohen. Er schreibt, dass die Passagierinnen und Passagiere die Nächte zwar in ihren Abteilen verbringen mussten, tagsüber den Zug jedoch verlassen durften. Um die Moral hochzuhalten, organisierte er auf dem Feld neben den Gleisen Turnübungen, freitagabends wurde dort die Schabbat-Feier abgehalten.

Laut Stocks Memoiren tauchten nach einiger Zeit sowohl Krivoshein als auch Perl in Arnoldstein auf, und es soll zu einem Eklat gekommen sein: Um Krivoshein in dessen Unterkunft festzusetzen, soll Perl dessen Kleidung unter dem Vorwand, sie reinigen zu wollen, entwendet haben. Der Grund dafür war angeblich, dass Perl Krivoshein als Bedrohung für seine Führungsrolle gesehen habe – ein ungewöhnlicher Vorfall persönlicher Rivalität in ihrer Organisation, wie Stock schreibt. Perl war jedoch nachweislich zu keinem Zeitpunkt in Arnoldstein, sodass sich dieser Vorfall, wenn überhaupt, zwischen Krivoshein und Haller, den Stock in diesem Zusammenhang jedoch überhaupt nicht erwähnt, abgespielt haben dürfte. Dass Krivoshein in Arnoldstein war, ist durchaus denkbar: Er hatte Athen Ende August per Flugzeug in Richtung Rom verlassen und kehrte erst Mitte Oktober nach Griechenland zurück, sodass es gut möglich ist, dass er sich in dieser Zeit nicht nur in Italien aufhielt, sondern auch nach Österreich fuhr. Dass manche Schilderungen Stocks allerdings zu hinterfragen sind, zeigt auch die ebenfalls nicht zutreffende Behauptung, Perl und nicht Haller hätte das Geld in Athen verloren.[57]

Was immer sich in Arnoldstein wirklich ereignet hatte – Perl wusste, dass die Sache eilte. Doch die Verhandlungen mit Davaris' Vertrautem Nikolopoulos konnten zu keinem Abschluss gebracht werden. Die Griechen wollten für die lediglich 800 Pfund, die die *Aktion* ihnen bieten konnte, das Risiko nicht auf sich nehmen und stattdessen lieber Orangen nach Athen transportieren. Die verzweifelten Betarim aus Osteuropa, die davon erfuhren, wollten schon Retourvisa anfordern, da unternahm Perl noch einen letzten Versuch und rief Davaris in Athen an. Er stellte dem Griechen ein exklusives Arrangement bei zukünftigen Aufträgen in Aussicht und erhöhte sein Angebot um 600 Pfund. Zwar hatte Perl im Moment nicht mehr als 800 Pfund zur Verfügung, er versprach jedoch, seine Schulden mit dem Geld zu begleichen, das Haller in Athen verloren hatte und das er einzutreiben gedachte. Die Aussicht auf künftige lukrative Geschäfte ließ Davaris schließlich einlenken und ein alter Dampfer namens *Draga* nahm Kurs auf Fiume.[58]

Die Rettung war in greifbarer Nähe.

Doch Perl hatte die Rechnung ohne Eichmann gemacht.

Wäre es nicht zu einem kleinen Zwischenfall auf See gekommen, wäre die *Draga* gerade noch rechtzeitig in Fiume eingetroffen. So aber endete Eichmanns Ultimatum einen Tag vor ihrer Ankunft, und der Sonderzug der *Aktion* rollte am 19. September 1938 wie angekündigt in Richtung Dachau. Nur Perls Drohung, die Passagiere an Bord würden angesichts der Deportation kollektiven Suizid begehen, ließ den SS-Mann seine Entscheidung nochmals überdenken. Eichmanns berechtigte Sorge war wohl, dass ein solches Ereignis an der Grenze zu Italien kaum unter den Teppich gekehrt werden könnte und einen internationalen Skandal nach sich ziehen würde. Schließlich hielt sich der britische Premierminister Neville Chamberlain dieser Tage wegen der Sudetenkrise für Gespräche mit Hitler in Deutschland auf. Das Deutsche Reich stand also im Fokus der Weltöffentlichkeit. Eichmanns Stellung innerhalb des NS-Machtapparats war noch nicht gefestigt genug, um sich einen derart blutigen Ausgang der „Komödie von Arnoldstein" leisten zu können.

An Bord des Zugs spielten sich derweil dramatische Szenen ab. Als den Passagieren klar wurde, dass sie umkehrten und ihre Leiden der vergangenen Wochen umsonst gewesen waren, kam es laut Perl zu verbalen und sogar physischen Angriffen auf Paul Haller und dessen Bruder Heinrich, was allerdings ebenfalls von einigen Reiseteilnehmern in Abrede gestellt worden ist. Perls Drohung der Massenselbsttötung war zwar ein Bluff gewesen, doch um zu verhindern, dass sich jemand aus Verzweiflung das Leben nahm, mussten dennoch Aufpasser ernannt werden. Einen jungen Mann hielt dies trotzdem nicht davon ab, aus dem Fenster des fahrenden Zuges in den Tod zu springen. Womöglich wollte er auch nur einen Fluchtversuch unternehmen und dem Schicksal entkommen, das in Wien auf die unfreiwilligen Rückkehrerinnen und Rückkehrer wartete. Denn selbst wenn sie der Deportation – vorerst – entkommen waren, hatten sie ihre Zelte in der alten Heimat geistig wie materiell abgebrochen. Für sie war es daher keine Heimkehr, sondern eine Ankunft im Nirgendwo. Das galt auch für diejenigen, die sie zurückgelassen hatten. Die Eltern, die ihre Kinder bereits in Sicherheit wähnten, brachen in Tränen aus, als diese völlig unerwartet wieder an ihre Wohnungstür klopften.

Die Stimmung in Wien war an einem Tiefpunkt, doch wenigstens in Fiume gab es vorsichtigen Grund zur Freude. Die *Draga* war mittlerweile angekommen und die 220 Betarim, die schon mit ihrer Rückreise nach Osteuropa gerechnet hatten, marschierten in geordneter Formation zum Hafen. Dort wartete der Präfekt von Fiume in Uniform und in Begleitung seiner Ehefrau und verabschiedete die jungen Leute. Zu diesen gesellten sich 26 weitere Juden, die von einer „Mitfahrgelegenheit" nach Palästina gehört hatten, da die *Draga* durch das Fehlen der Passagierinnen und Passagiere aus Wien nur zu einem Fünftel belegt war. Mit dabei war – als Einziger der „Arnoldsteiner" Gruppe – auch Max Stock. Er hatte es nach seiner Rückkehr nach Wien mit einem Pass für staatenlose Flüchtlinge und einem italienischen Transitvisum per Flugzeug nach Venedig und von dort weiter nach Fiume geschafft. Ihm zufolge wurden die Betarim von Mordechai Katz angewiesen, sich um Mitternacht für die Einschiffung bereitzumachen, und von freundlichen Carabinieri wurden sie zum Hafen begleitet.

Am 20. September 1938 lichtete die *Draga* ihre Anker und nahm Kurs auf Palästina. Willy Perl sah zu, wie sie aus dem Hafen fuhr – gemeinsam mit Lore, die in der Zwischenzeit in die Stadt gekommen war, um bei ihrem Mann zu sein. Mit ihr feierte Perl am nächsten Tag seinen Geburtstag und gönnte sich danach ein wenig Erholung, um die Anspannung der letzten Wochen zu verdauen. Doch bereits am 24. September machte er sich auf den Weg nach Athen, um mit Davaris persönlich über weitere Schiffe zu verhandeln, da im Büro am Stubenring mittlerweile an einem neuen, noch größeren Transport gearbeitet wurde, auch um die „Arnoldsteiner“ Gruppe endlich außer Landes zu bringen. Lore begleitete Perl nicht, sondern kehrte nach Wien zurück, sehr zum Bedauern ihres Ehemanns. Doch weder wollte sie ihn bei seiner Arbeit behindern, noch konnte sie ihre Eltern zurücklassen, für die sie sorgte. Am Bahnhof von Fiume musste sich das Paar daher erneut Lebewohl sagen, als Perl in den Zug nach Griechenland stieg.

Um Geld zu sparen, reiste er dritter Klasse, verließ den Zug bei der Ankunft in Athen jedoch aus dem Erste-Klasse-Abteil. Denn er erwartete, dass Davaris, der ihm auch das Einreisevisum für Griechenland verschafft hatte, ihn am Bahnhof abholen würde. Daher wollte Perl, wie schon bei seiner Scharade vor dem Reichsfinanzministerium, einen stilechten Auftritt hinlegen. Schließlich kam er als Vertreter einer Organisation, die über Geld und Einfluss verfügte – zumindest war es das, was er den Reeder glauben machen wollte. Dieser hatte für seinen Geschäftspartner ein Zimmer in einem der besten Hotels Athens reservieren lassen, was der in Wahrheit beinahe mittellose Perl natürlich ablehnte. Er zog sich aus der Affäre, indem er vorgab, lieber bei Freunden zu wohnen, um keine Aufmerksamkeit zu erregen, und kam schließlich bei Kornmehls Bekanntem Rosenzweig unter.

Innerhalb von fünf Wochen erreichte Perl bei Gericht in mehreren Prozessen die Freigabe des von Haller verlorenen Geldes, das bereits von den Behörden konfisziert worden war. Ein Teil davon war allerdings von einem vermögenslosen Griechen mittlerweile behoben worden und Perl musste erst eine polizeiliche Hausdurchsuchung erwirken, bei der die ausstehende Summe schließlich sichergestellt wurde. Die Anwalts- und Prozesskosten von rund 1000 Pfund übernahm Davaris, mit dem Perl auch eine neue Übereinkunft erzielte. Der Grieche stellte die Schiffe für zwei weitere Transporte und Perl erklärte sich bereit, zwölf Pfund pro Passagier zu bezahlen. Dafür sollten die Frachter – erneut die *Draga* sowie die *Elli* – überholt werden, um den Menschen an Bord ein wenig mehr Komfort zu bieten. Über seine Übereinkunft mit dem griechischen Schiffseigner informierte Perl auch die Gestapo, die sich trotz der „Komödie von Arnoldstein" bereit erklärte, noch einen Versuch zu wagen.

Damit waren die Eckpunkte der neuen Transporte geklärt. Ein Problem aber gab es noch zu lösen, und das war die wie immer leidige Frage der Visa. Der Vorfall in Arnoldstein hatte auf bedrückende Weise gezeigt, dass die Anreise zum Abfahrtshafen per Zug nicht die optimale Variante darstellte. Zu viele Grenzen mussten überschritten werden. Doch es gab eine Lösung und diese war Perl beinahe sein ganzes bisheriges Leben quasi vor der Nase dahingeflossen.

Die Donau.

7 — Auf der Donau zum Schwarzen Meer

Die Idee, Flüchtlinge über die Donau aus Europa hinauszuschmuggeln, stammte von Paul Diamant, der einst an den Prozessionen in Wien zu Herzls Grab teilgenommen hatte. Perl hatte in einem Brief von dem Vorschlag erfahren, ihm aber nichts abgewinnen können, denn seiner Meinung nach löste er nicht ihr Problem. Um auf dem Landweg nach Fiume oder nach Piräus zu gelangen, musste nur die italienische oder die jugoslawische sowie die griechische Grenze überschritten werden. Die Donau durchfloss oder berührte auf ihrem Weg ins Schwarze Meer ab Wien hingegen sogar fünf andere Länder – die Tschechoslowakei, Ungarn, Jugoslawien, Bulgarien und Rumänien – und mehr Grenzen bedeuteten noch mehr Bürokratie.

Doch Perl hatte eine Sache übersehen und es war an Davaris, ihm das entscheidende Puzzlestück zu liefern. Bei einer Unterhaltung in einem kleinen Café auf dem Athener Omonia-Platz Ende September 1938 wies der Reeder seinen Geschäftspartner darauf hin, dass die Donau als internationaler Wasserweg galt. Visa waren somit nicht erforderlich. Daher schlug Davaris vor, die Flüchtlinge aus Wien bei der Einmündung der Donau ins Schwarze Meer in Empfang zu nehmen. Perl musste sich nur um den Transport von Wien nach Rumänien kümmern. Als Treffpunkt wurde das rund 200 Kilometer stromaufwärts des Donaudeltas gelegene Galați ausgewählt. Dort würden Davaris' Schiffe insgesamt 1000 Personen aufnehmen und nach Palästina bringen.[59]

Doch bevor die *Draga* eine neue Reise antreten konnte, musste sie ihre aktuelle Fahrt erfolgreich beenden. Das Kommando an Bord hatte mittlerweile ein Passagier namens Johnny übernommen. In Wirklichkeit hieß er Schmuel Tagansky und war kein Flüchtling, sondern ein Mitglied der *Irgun*, die sich in Palästina um die Landung kümmerte. Da die Briten mittlerweile über die Transporte im Bilde und wachsamer waren – sie kannten spätestens seit Anfang September 1938 sogar Tagansky und wussten, dass es in Athen zu einem Treffen zwischen ihm, Perl und Krivoshein gekommen war, weshalb sie ihn für einen der für die Landung in Palästina verantwortlichen Agenten hielten –, konnten die Passagiere nicht mehr ohne entsprechende Vorkehrungen an Land gehen.[60] Die *Irgun* hatte sich daher ein Schema überlegt, um das Risiko einer Entdeckung durch britische Patrouillen zu minieren.

Aus diesem Grund hatte Tagansky seinen Leuten in Palästina vor der Abfahrt in Fiume mit einem verschlüsselten Telegramm den geplanten Ankunftszeitpunkt mitgeteilt. Allerdings hatte er nicht mit der Gier der Crew der *Draga* gerechnet. Die Seeleute kamen unterwegs auf die Idee, mehr Lohn für das eingegangene Risiko zu fordern. Da Davaris in Athen darauf nicht einging, legten sie einen Stopp auf einer griechischen Insel ein, um ihrer Forderung Nachdruck zu verleihen. Die Passagierinnen und Passagiere, denen der Proviant auszugehen drohte, konnten den auf ihren Rücken ausgetragenen Machtkampf nur tatenlos mitverfolgen. Der von Perl als Ehrenmann bezeichnete

Davaris wollte das Leiden der Flüchtlinge nicht unnötig in die Länge ziehen und lenkte schließlich ein. Die *Draga* nahm wieder Kurs auf Palästina, steuerte jedoch nicht die Gegend bei Haifa an, wo Krivoshein beim ersten Transport der *Aktion* an Land geschwommen war. Das Ziel war der Strand von Tantura beim weiter südlich gelegenen Benyamina. Ihn hatte die *Irgun* als ideal für ihre Zwecke identifiziert, weil seine topografischen Merkmale – ein Einschnitt im Karmelgebirge und zwei Sandbänke – es für ankommende Schiffe leicht machten, den genauen Landungsort zu lokalisieren. Krivoshein hatte die Gegend um Tantura bislang nicht gekannt und war von Vertretern der *Irgun* bei einem Treffen in Athen darauf hingewiesen worden, sodass bereits der zweite, dritte und vierte Transport der *Aktion* sicher dorthin navigiert worden waren.

Diese Reisen waren mit einem Schiff namens *Artemisia* durchgeführt worden, das auch bei diesem fünften Transport Perls zumindest in die Landung involviert war. Denn Frachter wie die *Draga* waren zu groß, um ganz an die Küste heranzufahren. Außerdem gehörte zum neuen Landungsschema, dass die aus Europa kommenden Schiffe gar nicht in die Hoheitsgewässer Palästinas eindringen, sondern außerhalb der Drei-Meilen-Zone warten sollten, denn dort konnten ihnen die Briten gemäß internationalem Seerecht nichts anhaben. Auf offener See stiegen die Passagiere auf „Landeshuttles" wie die *Artemisia* um, die sich aufgrund ihrer Größe dem Strand weiter nähern konnten und deren Verlust, sollten sie von den Briten erwischt werden, nicht ganz so schwer wog. Auch diese kleineren Schiffe wurden von den Griechen gestellt, wobei Davaris die *Artemisia* offenbar von einem anderen Reeder angemietet hatte. Denn die *Irgun* verfügte nur über wenige Boote und diese waren den Briten allzu gut bekannt.

Aufgrund des durch die Crew erzwungenen Zwischenstopps kam die *Draga* jedoch zu spät zum vereinbarten Treffpunkt und von der *Artemisia* fehlte jede Spur. Sie fuhr offenbar unter wechselnden Kapitänen und war Perl zufolge zum meist gejagten Schiff im östlichen Mittelmeer aufgestiegen – was nicht aus der Luft gegriffen scheint, da sich ihr Name tatsächlich häufig in britischen Dokumenten aus dem entsprechenden Zeitraum findet.[61] Die *Draga* musste nun abdrehen, um nicht die Aufmerksamkeit der *Royal Navy* zu erregen. Als sie zu einem späteren Zeitpunkt zurückkehrte, verpassten sich die beiden Schiffe ein weiteres Mal. Erst beim dritten Versuch kam das Rendezvous schließlich zustande, doch diese weitere Verspätung zog neue Komplikationen nach sich. Zwar wäre am Strand alles für die ankommenden Flüchtlinge vorbereitet gewesen, doch ausgerechnet ein jüdischer Feiertag machte ihnen einen Strich durch die Rechnung.

Jom Kippur.

Die Irgun-Leute, die an Land auf die Ankunft des Einwandererschiffs warteten, hatten an alles gedacht. Das Protokoll sah Landungen in dunklen Nächten ohne Vollmond vor. Das Shuttle, in das die Passagiere umgestiegen waren, sandte Lichtsignale aus, die von einem Beobachter am Strand erwidert wurden. Aus Sicherheitsgründen wurden diese Codes laufend geändert, damit die Briten ein abgefangenes Signal nicht dazu verwenden konnten, der *Irgun* und den heimlichen Einwanderern eine Falle zu stellen. War die Luft rein und keine britische Patrouille in der Nähe, wagte die Landefähre die Annäherung an die Küste. Auf Ruderbooten wurden die letzten Meter zum Strand zurückgelegt, sofern diese nicht im Sand stecken blieben. War dies der Fall, mussten die Passagiere an Land waten, selbst bei

Sturm oder im Winter. Als später auch Kinder und alte Menschen an den Transporten teilnahmen, wurden diese auf dem Rücken an den Strand getragen.

An Land wurden sie von berittenen und als Araber verkleideten Männern der *Irgun* in Empfang genommen und trotz der Strapazen zur Eile angetrieben. Denn bevor es hell wurde, mussten sie vom Strand verschwunden sein und in Dörfern in der Gegend Unterschlupf gefunden haben, damit sie von den Briten nicht entdeckt werden konnten. Zu diesem Zweck standen auch Busse der heute noch existierenden Betreibergesellschaft *Egged* bereit, die allerdings nicht bis an den Strand fahren konnten. Da sie aber nicht alle an einem Ort warten konnten, ohne verdächtig zu wirken, stand den an Land Gegangenen noch ein stundenlanger Fußmarsch durch die Dünen bevor, ehe sie endgültig in Sicherheit waren.

Soweit die Theorie. Doch an diesem 5. Oktober 1938, an dem die auf die *Artemisia* umgestiegenen Passagierinnen und Passagiere der *Draga* die Landung wagten, war alles anders. Da sich die beiden Schiffe mehrfach verpasst hatten, hatte das Irgun-Team an Land zwei Nächte vergebens gewartet und war dabei beinahe von einem britischen Patrouillenboot erwischt worden. Als die *Artemisia* in der dritten Nacht endlich kam, war nur eine kleine Notfallmannschaft im Einsatz. Ausgerechnet an diesem Tag hatte niemand mit der Ankunft gerechnet, denn es war der Beginn von *Jom Kippur* und das jüdische Leben in ganz Palästina ruhte bis zum Abend des nächsten Tages. Das bedeutete, dass auch keine Busse verfügbar waren – und selbst wenn es welche gegeben hätte, wäre ihr Einsatz an diesem Ruhetag den Briten verdächtig vorgekommen. Das Notfallteam musste improvisieren. In einer nahen Orangenplantage fand es ein leerstehendes, verfallenes Gebäude und brachte die erschöpften Flüchtlinge der *Draga* darin unter. Entgegen der Regel, die Neuankömmlinge so schnell wie möglich in der Gegend zu verteilen, mussten nun 246 Personen an einem Ort ausharren – und zwar beinahe einen ganzen Tag. Erst in der Nacht auf den 7. Oktober konnte *Egged* den Busbetrieb wieder aufnehmen, ohne sich verdächtig zu machen, und die Flüchtlinge vorsichtig in kleinen Gruppen abtransportieren.

Für Perl dürfte die Nachricht von der erfolgreichen Ankunft der Passagierinnen und Passagiere der *Draga* in Palästina eine große Erleichterung gewesen sein. Um die Ankunft der neuen Flüchtlingsgruppe vorzubereiten, so wie er es mit Davaris vereinbart hatte, begab auch er sich dieser Tage selbst aufs Meer, allerdings an Bord eines regulären Linienschiffs. Von Athen reiste er in die rumänische Hafenstadt Constanţa am Schwarzen Meer und von dort weiter nach Bukarest.

In Rumänien lernte er rasch, dass es ein Zauberwort gab, das hier wie im restlichen Südosteuropa viele Türen öffnen konnte: Bakschisch –Schmiergeld.

Rumänien war in vielerlei Hinsicht eine neue Erfahrung für Willy Perl. Schon bei seiner Einreise stellte er fest, dass Bakschisch vielfach nicht nur freizügig entgegengenommen, sondern von den Behörden regelrecht erwartet wurde. So öffnete ein Zollbeamter bei seiner Ankunft in Constanţa seine beiden Koffer und warf den gesamten Inhalt vor den Augen der anderen Wartenden theatralisch durch die Luft, weil Perl sich zunächst geweigert hatte, dem Mann, wie gewünscht, 100 rumänische Lei zu geben – nicht wegen der Höhe der Summe von umgerechnet nicht einmal einem US-Dollar, sondern aus Angst, sich durch derart offene Bestechung erst recht in Schwierigkeiten zu bringen.

Perls erste Anlaufstelle nach seiner doch noch erfolgreichen Einreise war der Chef des rumänischen *Betar*, Jakob Schieber. Sowohl der *Betar* als auch die revisionistische Bewegung verfügten in Rumänien über zahlreiche Mitglieder, sodass Perl bald einen Stab an Unterstützerinnen und Unterstützern um sich scharen konnte, dem auch Jabotinskys Nichte Ludmilla Epstein angehörte, genannt Mila. In der Wohnung ihres Vaters, eines bekannten Chirurgen, befand sich auch das eigentliche Büro der rumänischen Revisionisten, mit dem Anwalt und Geschäftsmann Edgar Kanner als deren Vorsitzendem.[62] Perl stieß also auf fruchtbaren Boden, um Rumänien anstelle von Griechenland als Drehscheibe für die heimliche Immigration nach Palästina aufzubauen.

Hilfe bekam er auch von Jabotinsky selbst. Der Anführer der revisionistischen Bewegung kam noch im Oktober 1938 zu persönlichen Verhandlungen mit der rumänischen Regierung nach Bukarest. Dieser versprach er eine Gegenleistung, sollte sie die Aktivitäten der Revisionisten unterstützen oder zumindest nicht behindern. Jeder Transport, der Rumänien verließ, sollte auch einige einheimische sowie illegal ins Land gekommene Juden, die dem Staat durch ihre Inhaftierung auf der Tasche lagen, mitnehmen.[63] So konnte Jabotinsky erreichen, dass der NZO in großen Mengen Transitvisa zugestanden wurden – vielleicht auch, weil er den Rumänen versicherte, die Briten würden die jüdische Sache insgeheim gutheißen.

Dies war jedenfalls Perls Vorgehensweise. Wie damals im griechischen Konsulat in Wien erklärte er auch den rumänischen Behörden bei jeder Gelegenheit, dass die Briten mit den Juden zusammenarbeiteten. Seiner Argumentation zufolge war das britische Weltreich froh darüber, mit den männlichen jüdischen Immigranten potenzielle Soldaten zu bekommen, die äußerst gewillt waren, in einem möglichen Krieg gegen die Achsenmächte für Großbritannien zu kämpfen. Allfällige diplomatische Proteste der Briten waren demnach nur eine Alibiaktion, um die Araber zu besänftigen. Perls „Beweisführung" erschien durchaus logisch: Die allmächtige *Royal Navy* musste einfach ein Auge zugedrückt haben, denn warum sonst hätten es alle seine Transporte bislang nach Palästina geschafft?

Diese Frage stellte Perl aber nicht nur rumänischen, sondern sogar britischen Beamten. Als sich bald nach seiner Ankunft in Rumänien herausstellte, dass er von zwielichtigen Gestalten verfolgt wurde, war er sich sicher, dass diese Männer in Diensten Londons standen und ihn einschüchtern sollten. Insofern ging er davon aus, dass die Briten mittlerweile seinen Namen kannten und über die Aktivitäten seiner Gruppe immer besser Bescheid wussten. Tatsächlich wird er bereits im Bericht des CID-Beamten Cocorempas von Anfang September 1938 erwähnt und als in London wohnhafter britischer Staatsbürger sowie Financier der illegalen Migration mit loser Verbindung zur Krivoshein-Gruppe bezeichnet. Der Bericht spricht auch von der Existenz einer mächtigen jüdischen Organisation mit Zweigstellen in ganz Europa, und spätestens Anfang November 1938 hatte das *Foreign Office* davon Kenntnis, dass diese Organisation Teile ihrer Aktivitäten in puncto Menschenschmuggel nach Rumänien verlagert hatte. Die britische Gesandtschaft in Athen wusste zu diesem Zeitpunkt allerdings nicht, dass der Grund dafür der Donautransit war, sondern machte Schritte der griechischen Regierung dafür verantwortlich, die illegale Einwanderung nach Palästina von Griechenland aus zu unterbinden.[64]

Mit der für ihn typischen Chuzpe suchte Perl die britische Botschaft in Bukarest auf und verlangte, den Gesandten zu sprechen. Dieser Wunsch wurde ihm nicht gewährt, doch immerhin nahm sich der Erste Sekretär Henry Hopkinson seiner an. Diesem erklärte Perl, dass jeglicher Versuch, seine Arbeit zu behindern, dem eigentlichen Ziel der britischen Regierung zuwiderliefe und die Gesandtschaft ihn daher gefälligst in Ruhe lassen sollte. Als der skeptische Diplomat die Behauptung, London würde die Transporte in Wahrheit gutheißen, ebendort überprüfen lassen wollte, empfahl ihm Perl, dies nicht zu tun – mit dem Argument, dass eine derartige Anfrage dem *Foreign Office* nur vor Augen führen würde, dass Hopkinson nicht zwischen den Zeilen lesen könne, was wiederum für dessen Karriere nicht förderlich wäre. Es ist unwahrscheinlich, dass sich Hopkinson davon beeindrucken ließ, aber Perl ging es in erster Linie darum, Verwirrung zu stiften. Dass sich in den Akten des *Foreign Office* kein Verweis auf Perls Besuch in der Bukarester Botschaft findet, könnte sowohl für als auch gegen den Erfolg von Perls Finte sprechen.

Denn Größe und Macht des britischen Weltreichs waren auch dessen Achillesferse, wie Perl erkannt hatte. Gemäß dem Leitspruch „Teile und herrsche“ wollte er erreichen, dass sich die verschiedenen Abteilungen innerhalb eines Ministeriums, aber auch die Ministerien untereinander nicht mehr vertrauten. Zu diesem Zweck wurde unter anderem ein Ehepaar, das mit dem Transport vom Juni 1938 nach Palästina gekommen war, mit einer speziellen Mission beauftragt. Es gestand bei der Polizei seine illegale Einreise und bot den Briten an, als Gegenleistung für eine legale Aufenthaltsbewilligung Informationen über die *Aktion* preiszugeben. Der zentrale Punkt der erfundenen Aussage war die Behauptung, dass das Paar beim britischen Konsulat in Wien erfolglos um ein Visum angesucht habe, von einem freundlichen Konsulatsmitarbeiter jedoch mit dem Hinweis, es gäbe noch andere Möglichkeiten der Einreise nach Palästina, zu Perl geschickt worden sei. Mit dieser suggerierten Verbindung zwischen der *Aktion* und dem britischen Konsulat in Wien – möglicherweise auch eine Anspielung auf den zuvor erwähnten Passport Control Officer und Nachrichtendienstmann Thomas Kendrick – wollte Perl belegen, dass zumindest Teile der britischen Politik und Administration mit ihm kooperierten.

Dass die mögliche Verstrickung des Wiener Konsulats in die illegale Einwanderung nach Palästina sogar Kolonialminister Malcolm MacDonald zur Kenntnis gebracht worden war, würde Perl Jahrzehnte später als Beleg für den Erfolg seines Verwirrspiels ansehen. Die entsprechende Aussage eines illegalen Einwanderers findet sich tatsächlich in einem von Hochkommissar Harold MacMichael an MacDonald übermittelten Bericht der britischen *Palestine Police*: „Nach dem Anschluss wollte ich Österreich verlassen und nach Palästina kommen. Ich schickte einen Freund zum Konsulat, aber mir wurde gesagt, dass keine Zertifikate verfügbar wären, aber der Mann im Konsulat deutete an, dass es andere Methoden zur Einreise nach Palästina gäbe. Ich kontaktierte einen Mann namens Willy Perl, Stuberring 16 [sic!], Wien, dem ich die Summe von 500 österreichischen Schilling für eine Passage nach Palästina zahlte. Das war im April."[65]

Es ist anzunehmen, dass Perl, der in den 1970er-Jahren selbst umfangreiche Recherchen im britischen Nationalarchiv durchführte, sich in seinen Memoiren auf dieses Dokument bezieht. Erstaunlich ist allerdings, dass die Aussage des Ehepaars auch vertrauliche Dinge einschließt wie den Landeort bei Benyamina oder die Lichtsignale. Dies lässt sich nur dadurch erklären, dass Perl der Meinung war, die Briten wüssten ohnehin bereits darüber Bescheid und das Preisgeben dieser

Informationen würde dem Paar mehr Glaubwürdigkeit verleihen, zumal die Landungen sowieso in die Gegend von Netanya verlegt worden waren – was den Briten mittlerweile allerdings ebenfalls bekannt war.

Mit an Sicherheit grenzender Wahrscheinlichkeit gab es innerhalb der britischen Verwaltung und Diplomatie keine Unterstützung für die *Aktion*. Hilfe für die Durchführung des nächsten Transports im Herbst 1938 kam allerdings von anderer, völlig unerwarteter Seite.

Ausgerechnet von Eichmann.

Über Davaris hatte Perl Schiffe für die nächsten Transporte aufgetrieben. Seine Gruppe in Rumänien arbeitete daran, alles für die Ankunft der künftigen Passagierinnen und Passagiere der *Draga* und *Elli* vorzubereiten. Trotz des Wohlwollens der Regierung mussten Verhandlungen mit den lokalen Behörden geführt, Vorräte für die Reise aufgetrieben sowie die Frachter vor der Abfahrt erst einmal instand gesetzt werden, was insgesamt beträchtliche finanzielle Mittel erforderte.

Die Zusammenstellung der Gruppe erfolgte durch die *Aktion* in Wien. Dort war es mittlerweile zu gravierenden Veränderungen gekommen. Paul Haller hatte nach dem Debakel von Arnoldstein Wien in Richtung Palästina verlassen. Die Führung oblag nun einem Komitee, dem neben Paul Hallers Bruder Heinrich Haller als neuem Leiter auch Moritz Pappenheim und Julius Steinfeld von der *Aguda Israel,* der Weltorganisation der orthodoxen Juden, sowie Heinrich Pappenheim vom *Zionistischen Landesverband* angehörten.[66] Dieses Komitee kümmerte sich auch um die nötigen Arrangements mit der Gestapo. Ein Puzzlestein fehlte allerdings noch: der Transport von Wien nach Galați.

An dieser Stelle kam Eichmann ins Spiel, der persönlich die Donaudampfschifffahrtsgesellschaft (DDSG) anwies, der „Dejudaifikation“ Vorrang einzuräumen. Übersetzt hieß dies, dass die DDSG den Auftrag erhielt, Schiffe ihrer Flotte für den Transfer jüdischer Auswanderer nach Rumänien an die *Aktion* zu vermieten. Vermutlich wollte Eichmann das Desaster von Arnoldstein schnell in Vergessenheit geraten lassen und zeigen, dass er seiner Aufgabe, Wien „judenrein“ zu machen, doch gewachsen war. Erneut kündigte er jedoch an, die für den Transport ausgewählten Flüchtlinge nach Dachau zu deportieren, sollten sie nicht bis Ende Dezember das Reich verlassen haben.

Am 1. November 1938 gingen bei der Wiener Reichsbrücke 1090 vorwiegend junge Leute an Bord zweier Luxusraddampfer der DDSG. Darunter befanden sich auch die 800 Passagierinnen und Passagiere der „Arnoldsteiner“ Gruppe, die Eichmann schleunigst loswerden wollte. 150 weitere Personen kamen aus Dachau und wurden von dort direkt zur Anlegestelle gebracht, weil die *Aktion* ihre Freilassung unter der Bedingung erwirkt hatte, Österreich umgehend zu verlassen. Ihnen wurden dafür eigene Zertifikate ausgestellt, die eine Teilnahme am nächsten Transport bestätigten und damit das unmittelbare Verlassen des Reichsgebiets sicherstellten. Ab diesem Zeitpunkt sollten der *Aktion* auch Häftlinge, die schon mehr tot als lebendig waren, in letzter Sekunde regelrecht aufgedrängt werden, obwohl die Dampfer der DDSG bereits zum Bersten voll waren. Eine Weigerung, sie mitzunehmen, kam jedoch nicht in Frage, denn die SS, so Perl in seinen Memoiren, machte deutlich, dass diese Menschen „entweder auf die Donau oder in die Donau“ gingen.[67]

Angesichts der physischen und psychischen Belastung aller Beteiligten waren sich die Organisatoren im Klaren darüber, dass für den Erfolg der Unternehmung eiserne Disziplin erforderlich war. Diese Disziplin wurde schon im Vorfeld eingefordert. Die Flüchtlinge wurden von ihren Kommandanten über die zehn Gesetze des Transports – wohl eine Anlehnung an die biblischen zehn Gebote – belehrt, die festlegten, was sie zu tun und was sie jedenfalls zu unterlassen hatten. Das dritte Gesetz forderte zum Beispiel Verschwiegenheit: „Rede nicht herum – schreibe nicht herum, weder deinen nächsten Bekannten noch deinen nächsten Verwandten, sie brauchen von Dir nur eine Nachricht, dass Du angekommen bist, und dafür ist die Zeit noch nicht gekommen."[68]

Auch die Ereignisse in Arnoldstein hatten gezeigt, dass unvorhergesehene Komplikationen einer strengen Führung bedurften, damit die Lage im Notfall nicht eskalierte. Daher wurde ein Transportkommandant ernannt, der über absolute Entscheidungsmacht verfügte und als Einziger befugt war, mit dem Kapitän zu sprechen. Die gesamte Reisegruppe war in kleineren Einheiten mit jeweils einem Vorsteher organisiert. Diese Unterführer standen dem Transportkommandanten zur Seite und überwachten mit ihm die Einhaltung der vier grundlegenden Regeln. Neben der strengen militärischen Disziplin waren dies das Rauchverbot unter Deck, die Trennung von Männern und Frauen in Bezug auf die Schlafplätze sowie ein individuelles Waffenverbot. Brachte jemand eine Waffe an Bord, musste diese umgehend dem Schiffskommandanten übergeben werden, der sie unter Umständen selbst gut gebrauchen konnte – etwa gegen Leute, die bei Zwischenstopps versuchten, sich unbefugt Zutritt zum Schiff zu verschaffen, zur Selbstverteidigung bei der Landung im Falle einer Konfrontation mit den Briten oder auch gegen die Crew, die Frauen belästigte oder Leute erpresste. Gegen die Passagiere kamen diese konfiszierten Waffen allerdings nicht zum Einsatz. Dies war auch nicht nötig, da die Disziplin auf den ersten Transporten, an denen vor allem Betarim teilnahmen, tatsächlich sehr hoch war. Kam es dennoch zu Verstößen, gab es einen Katalog mit Strafmaßnahmen, die von einer Verwarnung über Extraarbeit und das stundenlange Gefesseltsein an eine Säule bis hin zum Schiffsverweis und zur Rückkehr nach Deutschland reichten und den Reiseteilnehmern vermutlich im Vorfeld gemeinsam mit den Regeln eingeschärft wurden. Ein Verweis vom Schiff oder eine Rückkehr wurden Perl zufolge nie verhängt, dienten aber als eindrucksvolle Abschreckung.

Als die Raddampfer der DDSG mit wehenden Hakenkreuzfahnen nach fünf Tagen Fahrt in Galați ankamen, stand ein durchgefrorener Perl auf dem Pier.[69] Im Vorfeld hatte er die jüdischen Gemeinden entlang der Strecke gebeten, die Flüchtlinge zu unterstützen, sodass bei jedem Zwischenstopp Menschen bei den Anlegestellen warteten, den Passagierinnen und Passagieren zujubelten und ihnen Essen, warme Kleidung und vor allem Medikamente brachten. Gemeinsam mit Jakob Schieber hatte Perl durch etwas Bakschisch auch für einen reibungslosen Transfer von den Dampfern der DDSG auf die *Draga* und die *Elli* gesorgt, der nach rund zwei Stunden abgeschlossen werden konnte. Die Bestechung der lokalen Behörden war trotz der Zusagen der rumänischen Regierung an Jabotinsky notwendig gewesen. Denn obwohl die Donau ein freier Wasserweg war, waren aus „humanitären Gründen" auf einmal auch Genehmigungen für einen Umstieg mitten im Fluss vorgeschrieben, über die Perl natürlich nicht verfügte. 20.000 Lei für den örtlichen Polizeichef und weitere 5000 Lei für den Hafenkommandanten hatten jedoch bewirkt, dass die angebliche Order aus Bukarest, die Flüchtlinge in Gewahrsam zu nehmen, ignoriert worden war.

Perl zufolge war diplomatischer Druck der Briten für diese Anweisung verantwortlich. Der neue britische Konsul Russel Macrae in Galați, der seinen Posten erst wenige Tage vor der Abfahrt der *Draga* und der *Elli* angetreten hatte, bekam von der Verschiffung der Flüchtlinge laut eigener Aussage zu diesem Zeitpunkt allerdings gar nichts mit. Anfang Januar 1939 informierte Macrae schließlich die britische Gesandtschaft in Bukarest über die *Draga* mit 541 Passagieren aus Österreich, nicht aber über die *Elli,* von der er offenbar immer noch nichts wusste.[70]

Das *Foreign Office* in London wiederum hatte bereits am 24. November 1938 den britischen Gesandten in Bukarest benachrichtigt, dass man über eine höchst vertrauliche Quelle an Informationen über die *Draga* gelangt sei: die Anzahl der mit liberischen Visa ausgestatteten Passagiere, die Route sowie den Treffpunkt mit der *Artemisia,* die ausreichend Schwimmwesten für die Landung in Palästina an Bord habe. In dem Bericht wird auch Perl genannt: „Es wurde auch gemeldet, dass sich eine jüdische Kommission, anscheinend einschließlich eines gewissen Dr. Perl, in Bukarest aufhalte und den jüdischen Teil der Unternehmung arrangiere."[71] Trotz dieser Informationen wurden alle Konsularbeamten in Rumänien und vor allem Macrae in Galați erst Anfang Januar 1939 angewiesen, die Augen offenzuhalten, Nachforschungen anzustellen und jede verdächtige Aktivität in Bezug auf illegale Migration zu melden, damit der britische Gesandte in Bukarest bei der rumänischen Regierung dagegen protestieren konnte.[72] Insofern dürfte das anfängliche Veto der lokalen Behörden in Galați Anfang November 1938 weniger einer britischen Intervention geschuldet gewesen sein als vielmehr dem eigennützigen Bestreben,

Kapital aus der Situation zu schlagen und Geld von den Auswandernden zu erpressen.

Die Reisegruppe bestand nun aus den 1090 Passagierinnen und Passagieren aus Wien sowie aus 60 in Galați dazugestoßenen Flüchtlingen – 46 Betarim und 14 „unerwünschte" Juden aus rumänischen Gefängnissen. Ihnen standen unter Deck Dreierstockbetten mit dünnen Strohmatratzen zur Verfügung. Diese wiederum befanden sich auf eigens angefertigten Plattformen aus Holz als eine Art Zwischendecke, um die Höhe des Frachtraums optimal ausnutzen zu können. Da es sich um keine Kreuzfahrt handelte – wie allen Teilnehmenden vorab eingetrichtert wurde – und Komfort kein allzu wichtiges Kriterium war, waren die Platzverhältnisse sehr beengt und wurden im Lauf der weiteren Transporte noch beengter, um ein Maximum an Menschen transportieren zu können. Die Luft unter Deck war stickig und aufgrund der Seekrankheit vieler erfüllt vom Gestank von Erbrochenem. Perl zufolge hielt in vielen Fällen nur die letzte Hoffnung die Leute davon ab, ihr Leben zu beenden, vor allem bei den späteren Transporten mit noch schlimmeren Zuständen an Bord. Als Vorsichtsmaßnahme wurden wie im Zug von Arnoldstein Aufpasser ernannt, die die besonders Verzweifelten im Auge behalten sollten.

Perl blickte der *Draga* und der *Elli* nach, wie sie am 6. November 1938 die Donau in Richtung Schwarzes Meer hinabglitten, und er war nicht der Einzige. Die beiden Schiffe waren auch in den Fokus rumänischer Reporter geraten. Obwohl Perl ein lokales Blatt namens *Vocea* geschmiert hatte, veröffentlichte dieses am 8. November einen Bericht über die *Draga*. Dass die *Elli* nicht erwähnt wurde, sah Perl als subtilen Hinweis, dass nächstes Mal für absolutes Stillschweigen besseres Bakschisch notwendig war. Weitere Artikel erschienen kurz darauf sogar in überregionalen Zeitungen, in denen die Behauptung aufgestellt wurde, Rumänien sei nun zu einer Hauptfluchtroute für die Juden aus Europa geworden. Dieser Bericht der *Vocea* lag übrigens auch dem zuvor erwähnten Schreiben von Konsul Macrae an die britische Gesandtschaft in Bukarest vom Januar 1939 bei. Macrae wusste aber nicht, ob die Schiffe nach Palästina unterwegs waren oder in ein anderes britisches Territorium. Und noch etwas hielt Macrae in diesem Schreiben fest – und das wurde von der britischen Gesandtschaft in Bukarest als Indiz für die Duldung der illegalen Migration durch die rumänische Regierung betrachtet: Die lokalen Behörden und vor allem der Vertreter der *International Convention for Safety of Life at Sea* hätten zwar gegen den ungewöhnlichen und daher aufsehenerregenden Umstieg in der Flussmitte protestiert, ein aus Bukarest entsandter Kommissar habe jedoch die Weiterfahrt aus humanitären Gründen erlaubt.[73]

Ausschlaggebend für den Protest des Vertreters der *International Convention for Safety of Life at Sea* dürfte allerdings nicht der Transfer in der Flussmitte gewesen sein, sondern eher der offensichtlich schlechte Zustand der *Draga* und der *Elli*. Dieser wurde auch in den oben erwähnten Zeitungsberichten angesprochen – und ebenso von Heinrich Haller in einem Brief an Jabotinsky: „Ich habe diese Schiffe, da ich den Transport bis Galatz begleitete, selbst gesehen, und ich muss es Ihnen sagen, dass es unverantwortlich ist, Personen auf Schiffen von dieser Beschaffenheit zu befördern. […] Ich bin der Meinung, dass um die für diesen Zweck zur Verfügung stehenden Beträge ordentliche Personenschiffe zu erlangen wären. Ich werde mich diesbezüglich mit Perl auch ins Einvernehmen setzen und meine Verhandlungen mit ihm in diesem Sinne pflegen."[74]

Um die Geheimhaltung von Perls Aktivitäten stand es also nicht zum Besten. Doch das hatte auch sein Gutes, denn dadurch wurde ein äußerst interessanter Mann auf sie aufmerksam.

Sein Name: Jonel Popescu.

8 — Neue Gefährten, neue Gefahren

Perls Zeit in Rumänien, zumindest wie er sie in seinen Memoiren schildert, erinnert an einen Agentenroman und war reich an skurrilen Anekdoten. Bestechungen und Kontakte mit dubiosen Gestalten waren an der Tagesordnung und für geheime Treffen, die den Briten verborgen bleiben sollten, nutzte er ein Privatbordell. Da das Schmugglergeschäft Dollar und Pfund erforderte und die Mitnahme von Devisen beim Grenzübertritt nicht nur in Deutschland, sondern auch in den Balkanländern verboten war, schmuggelte Perl oft Geld über die verschiedenen Grenzen, das zum Teil in seinem Spezialkamm versteckt oder in seinen Gürtel eingenäht war. Er wählte dafür vorrangig kleinere Grenzposten, an denen zwar Listen mit den Namen verdächtiger Personen vorhanden, die Grenzer aber nicht immer des Lesens mächtig waren. Als er bekannter wurde, musste Perl dennoch auf die Dienste unverdächtiger Kuriere zurückgreifen, die jedoch in zwei Fällen Geld in ihre eigene Tasche verschwinden ließen.

Auch sein hünenhafter Bodyguard David, der ihm von Jakob Schieber zugeteilt worden war, sorgte für das eine oder andere Glanzlicht. David hatte sich bereits durch seine Grobheit hervorgetan, als er bei einer Ansprache Perls einen Kritiker unsanft zum Schweigen gebracht hatte, indem er diesen kurzerhand von der Bühne geworfen hatte. Bald darauf war Perl im Gassengewirr der Bukarester Altstadt auf dem Weg zu einem Treffen mit einem Türken mit Verbindungen zur Istanbuler Unterwelt, als ihm auffiel, dass er verfolgt wurde. David nahm sich des Beschatters an und entschied sich, weil er von Perl für den Kritikerwurf von der Bühne gerügt worden war, die Situation dieses Mal relativ gewaltlos zu lösen. Er wies seinen Schutzbefohlenen an, weiterzugehen, und lauerte dem Verfolger auf. Als David mit einem kleinen Bündel unter dem Arm schließlich zu Perl aufschloss und dieser wissen wollte, was geschehen war, bedeutete er ihm lediglich, einen Blick in die nebenliegende Gasse zu werfen. Dort sah Perl ihren Schatten, ausgezogen bis auf Schuhe und Strümpfe und kaum mehr in der Lage, sie zu belästigen. Wer der Mann war, wusste Perl nicht, vermutete jedoch abermals einen britischen Handlanger.

Die eindrucksvollste Begegnung ereignete sich allerdings in einem Hotel in Galați. Wenige Tage nach der Abfahrt der *Draga* und der *Elli* wurde Perl frühmorgens durch Klopfen an seine Zimmertür geweckt. Vor dieser stand ein bulliger Mann in einem schäbigen Pelzmantel mit Biberfell-besetztem Kragen. Jonel Popescu unterschied sich in der Statur wenig von Perls Bodyguard David, hatte jedoch ganz andere Qualitäten. Perls Frage nach dem Grund seines Auftauchens bewies Popescu, dass der Mann, der ihm noch im Pyjama gegenüberstand, seine Dienste dringend notwendig hatte. Denn jeder in Rumänien, so brüstete sich der Besucher, kenne Jonel Popescu. Dass Perl noch nicht von ihm gehört hatte, unterstrich also dessen Naivität, was das Geschäftemachen hierzulande betraf. Popescu, der in der Zeitung über Perl gelesen hatte, war überzeugt davon, dass dieser es ohne ihn in Rumänien nicht weit bringen würde. Also bot er ihm kurzerhand an, für ihn zu arbeiten.

Perl war skeptisch und holte sich Rat bei Bekannten der jüdischen Gemeinde. Denn er hatte bereits ein ähnliches Angebot von einem anderen Mann von ähnlichem Schlag erhalten. Sowohl dieser als auch Popescu waren Perls Bekannten ein Begriff und sie hielten beide für Schlitzohren und Glücksritter, doch nur Popescu hatte den Ruf, seinen Worten auch Taten folgen zu lassen.

Für jemanden mit dem Auftreten und der Überzeugungskraft Popescus, der noch dazu kein Jude war, hatte Perl zweifellos Verwendung, also engagierte er ihn als seinen Assistenten. Fortan war der Rumäne als „Attaché für persönliche und interne Angelegenheiten des jüdischen Auswanderungsbüros" im Einsatz. Diese Bezeichnung, die er sich selbst ausgedacht hatte, zierte auch bald seine eigens dafür angefertigten Visitenkarten. Popescu meinte es also wirklich ernst, allerdings nicht aus finanziellen Gründen. Zwar wollte der Rumäne Perl zufolge mit seinen Aktivitäten für die jüdische Auswanderung vermutlich sehr wohl etwas verdienen, aber vor allem ging es ihm darum, eine gute Tat zu vollbringen, für die man sich später an ihn erinnern würde.

Sehr schnell sollte sich zeigen, dass Popescu, der mit seiner speziellen Art bei Perl abwechselnd und zuweilen gleichzeitig für Erheiterung, Frust und Freude sorgte, nicht übertrieben hatte und in der Tat über gute Kontakte verfügte. Seine Vertrautheit mit Rumäniens politischen, wirtschaftlichen und gesellschaftlichen Kreisen half Perl, an den richtigen Schrauben zu drehen und die ihm zur Verfügung stehenden finanziellen Mittel optimal einzusetzen. Oder anders ausgedrückt: Popescu wusste, wer zu bestechen war, wem man drohen, wem man schmeicheln musste und wen man getrost ignorieren konnte. Dies erfuhr Perl schon bald auf der Fahrt in die südöstlich von

Galaţi und direkt im Donaudelta gelegene Stadt Tulcea, die für ihn beinahe im Gefängnis endete.

Der Grund waren Vögel.

Perl war ein Meister darin, seine Verhandlungspartner mit Tricks zu verwirren und zu manipulieren. Doch von Jonel Popescu konnte selbst er noch etwas lernen. Sein neuer Mitarbeiter war der geborene Showman und stellte dieses Talent unter Beweis, als sie im November 1938 nach Tulcea aufbrachen, um sich dort umzusehen. Perl war auf der Suche nach einem neuen Hafen für die Abfahrt ihres nächsten Schiffs, weil die Schmiergeldforderungen der Behörden in Galaţi exorbitante Höhen erreicht hatten – und vermutlich auch, um eine erneute Beobachtung durch unliebsame Zaungäste wie bei der *Draga* und der *Elli* zu vermeiden, so spekulierte zumindest der britische Konsul Macrae, der erneut erst im Nachhinein von dem Transport erfahren würde.[75]

Um nach Tulcea zu gelangen, hatte Perl vorgeschlagen, ein Auto mit Chauffeur zu mieten, was Popescu jedoch empört zurückgewiesen hatte. Ein Auto für sie beide gemeinsam war keinesfalls angemessen. Um in Tulcea Eindruck zu machen, mussten sie unter allen Umständen jeweils in einem eigenen Wagen anreisen. Für Perl war der Einwand nachvollziehbar und sie machten sich an jenem Tag mit zwei Autos auf den Weg. Da Popescu sich vor der Abfahrt noch die Hände in einem Schönheitssalon maniküren ließ, hatte Perl ein wenig Vorsprung. Er entschloss sich, entlang der Strecke mehrere Zwischenstopps einzulegen, um die Landschaft und vor allem die Vögel zu bewundern – seltene Exemplare, die nur in den Marschen des Donaudeltas heimisch waren. Zum Verhängnis wurde ihm sein Entschluss, sie zu fotografieren. Denn beim zweiten oder dritten Stopp tauchte plötzlich ein rumänischer Soldat aus dem Unterholz auf und nahm ihn mit der Waffe im Anschlag in Gewahrsam. Perl wurde über einen Feldweg zu einem kleinen Kommandounterstand geführt. Der Korporal, der ihn dort in Empfang nahm, hielt ihn für einen russischen Spion und erklärte ihn für verhaftet. Perls Einwände in holprigem Rumänisch und auch sein deutscher Pass vermochten die Soldaten nicht von seiner Unschuld zu überzeugen.

Doch Perl behielt Hoffnung, denn er wusste, dass er noch einen Trumpf im Ärmel hatte. Es dauerte auch nicht lange, bis eine Staubwolke das Kommen seines Attachés für persönliche und interne Angelegenheiten ankündigte. Popescu saß bei offenem Verdeck in seinen Pelzmantel gehüllt mit dicker Zigarre auf der Rückbank. Nachdem er von Perl erfahren hatte, was geschehen war, ging er in die Offensive. Nicht nur, dass er sich vom offenbar beeindruckten Korporal mit „Exzellenz" ansprechen ließ; er holte auch seine goldene Taschenuhr hervor und verkündete mit donnernder Stimme, die beiden Soldaten am nächsten Baum aufknüpfen zu lassen. Dann forderte er sie auf, über ihr Telefon unverzüglich eine Verbindung nach Bukarest herzustellen, um mit dem König – seinem Cousin – zu sprechen. Die Drohung zeigte die gewünschte Wirkung. Die Soldaten bettelten um ihr Leben und erst nach Perls Fürsprache, der in das Schauspiel einstieg und Popescu um Nachsicht ersuchte, ließ dieser die beiden vom Haken. Nach diesem Intermezzo fuhren sie nach Tulcea weiter, für das sich Perl nach Begutachtung als Starthafen für seinen nächsten Transport entschied.

Die *Draga* und die *Elli* setzten derweil ihre Fahrt nach Palästina fort, allerdings getrennt voreinander. Die *Draga* war, nachdem sie in den rumänischen Zeitungsberichten erwähnt worden war, zudem in *Libertad* umbenannt worden und fuhr nun unter panamaischer Flagge. Abwechselnd durften die Passagierinnen und Passagiere an Deck, um Luft zu schnappen, streng organisiert nach einem Stundenplan. Zum Zeitvertreib sangen sie die *Hatikva,* jüdische Volkslieder oder neu erdachte Stücke, doch sobald ein anderes Schiff am Horizont auftauchte, gab der Transportkommandant per Pfeife ein Kommando und alle mussten sich unter Deck zurückziehen.

Aus Sicherheitsgründen war auch der Ort der Landung geändert worden, da der Strand von Tantura mittlerweile von der britischen Polizei überwacht wurde. Ziel der Reise war stattdessen das nördlich von Tel Aviv gelegene Netanya, 1938 noch ein überschaubares Dorf. Zwar war die Landestelle vom Meer aus nicht so leicht ausfindig zu machen wie jene bei Tantura, doch sie hatte einen entscheidenden Vorteil, von dem man sich noch heute ein Bild machen kann: Der schmale Strand wird von Klippen abgeschirmt, sodass man von der umliegenden Gegend aus nicht sieht, was unten am Wasser vor sich geht – ideale Voraussetzungen also für eine geheime Landeoperation, zumal das Dorf oben auf den Klippen für die Flüchtlinge über einen Pfad leicht zu erreichen war. Der Aufstieg war zwar steil, doch in Summe weit weniger beschwerlich als der stundenlange Fußmarsch in den Dünen bei Benyamina. Im nur jüdisch besiedelten Netanya konnten die Neuankömmlinge außerdem im örtlichen Kino Unterschlupf finden und es lag auch keine arabische Siedlung in der Nähe, von der aus ihnen bei Entdeckung der Verrat an die Briten drohte.

Von Seiten der *Irgun* war Moshe Chasan für die Landungen in Netanya verantwortlich. Unter seinem Kommando versteckte sich eine dreiköpfige Gruppe in den Klippen und beobachtete das Meer. Das Einsatzprotokoll sah vor, dass ein Teammitglied Verstärkung aus dem Dorf holen sollte, sobald die Schiffe auftauchten – wobei selten eines zum vereinbarten Zeitpunkt ankam. Für den Notfall hatte sich die *Irgun* eine besondere Maßnahme überlegt. Sollten die Briten die Landung stören, würden die Dorfbewohnerinnen und -bewohner aus ihren Häusern zum Strand strömen, die Neuankömmlinge würden sich unter diese mischen und im entstandenen Gewimmel der Verhaftung entgehen.

Die *Irgun* hatte also ihre Hausaufgaben gemacht, als auch dieses Mal die Passagierinnen und Passagiere der *Draga* für die Landung auf die *Artemisia* umstiegen. Doch wieder kam es, wie bei fast jedem Transport, zu einem unvorhergesehenen Zwischenfall. Nachdem die ersten 300 Personen problemlos an Land gegangen waren, wurde die *Draga* außerhalb der Drei-Meilen-Zone von einem britischen Schiff aufgespürt. Um von der *Artemisia* abzulenken, drehte der Kapitän ab und entfernte sich im Zickzackkurs von der Küste. Das Manöver hatte die beabsichtige Wirkung. Die *Artemisia* konnte unbemerkt entkommen, doch das britische Schiff folgte der *Draga* volle zwei Tage lang. In dieser Zeit war an eine Rückkehr zur Küste, um die restlichen Passagierinnen und Passagiere an Land zu bringen, natürlich nicht zu denken. Erst als die Briten die Verfolgung aufgaben, keimte wieder Hoffnung an Bord auf, das Ziel doch noch zu erreichen. Ein Blick in den Lagerraum offenbarte allerdings das nächste Problem.

Der *Draga* ging die Kohle aus.

9 — Irrfahrten im Mittelmeer

Im Nachhinein mag es erstaunen, dass das für seine Marine berühmte und gefürchtete britische Weltreich nicht in der Lage war, die Küste Palästinas effektiv zu sichern. Allerdings fiel diese Aufgabe nicht in die Verantwortung der *Royal Navy*, sondern in die der Mandatsverwaltung unter Hochkommissar Harold MacMichael. Und diesem fehlte schlichtweg das Geld, um die Schlagkraft der mit nur 50 Mann überraschend kleinen und bislang wenig effektiven *Police Port & Marine Section* zu erhöhen. Zwar hatte man Schritte in die Wege geleitet, um die Überwachung zur See wie auf dem Land zu intensivieren, wie es das *Criminal Investigation Department* der *Palestine Police* empfohlen hatte. Aus Kostengründen war allerdings erst ein weiteres Schnellboot angemietet worden, sodass MacMichael Kolonialminister MacDonald um die Freigabe weiterer Mittel ersuchen musste, um die überschaubare Flotte von drei Booten aufzustocken. MacMichaels Beamte hatten sich anfangs sogar gezwungen gesehen – wenn auch erfolglos –, nach einem gebrauchten Boot Ausschau zu halten, da das *Colonial Office* zunächst nur 2000 Pfund bewilligt hatte, für eine Neuanschaffung allerdings geschätzte 5000 Pfund nötig gewesen wären.

Daher kam die Idee auf, sich von der *Royal Navy* Torpedoboote auszuleihen. Bei der Admiralität stieß dies jedoch auf wenig Begeisterung. Sie wollte dafür keine Ressourcen abstellen und sah das Abfangen illegaler Transporte in den Hoheitsgewässern Palästinas in der Kompetenz der dortigen Behörden.[76] Allerdings betrachtete MacMichael seinen Handlungsspielraum sowie den der Marine im Umgang mit den Schmugglerschiffen ohnehin als begrenzt. Wie der CID-Beamte Cocorempas war er der Meinung, dass es besser war, die Schmugglerschiffe erst gar nicht in die Nähe Palästinas kommen zu lassen, als sie aufzubringen. Daher forderte er einmal mehr eine diplomatische Lösung, um schon den Aufbruch der Migrantinnen und Migranten in den europäischen Abfahrtshäfen zu verhindern.

Auch anderen Beamten im *Colonial Office* wie auch im Außenministerium wurde im Lauf der Zeit immer klarer, dass sie die Abfahrt der Transporte unterbinden mussten, um die illegale Einwanderung in den Griff zu bekommen. Denn waren die Flüchtlinge erst einmal an Bord eines Schmugglerschiffs, konnte die Landung in Palästina im Grunde gar nicht mehr verhindert werden.[77] Da die großen Frachter zum Teil nicht näher als 60 Meilen an die Küste heranfuhren, die Passagiere umsteigen ließen und danach sofort kehrt machten, konnte die *Royal Navy* sie gemäß Seerecht in internationalen Gewässern nicht belangen – in Betracht gezogen wurde diese Möglichkeit sogar.[78]

Die kleineren Landungsboote wiederum konnten nicht einfach auf das offene Meer hinausgedrängt werden, da man die Menschen an Bord ansonsten dem sicheren Tod durch Verdursten oder Verhungern ausgesetzt hätte. Somit konnten diese Boote im besten Falle aufgebracht und konfisziert sowie Passagiere und Crew verhaftet werden. Dies mochte zwar durchaus einen mittelfristigen Abschreckungseffekt vor allem für die Eigentümer der kleineren Landungsschiffe mit sich bringen, eine Abschiebung der bereits gelandeten Flüchtlinge in ihre Herkunftsländer war faktisch jedoch unmöglich, weil sie entweder staatenlos waren oder die Leute der *Irgun* noch auf hoher See ihre Pässe eingesammelt und zerstört hatten.[79]

Postkarte zum zwanzigjährigen Gedenken der Fahrt der *Draga* und *Elli,* 1958

Die Briten konnten rechtlich gesehen also nicht einmal feststellen, woher die unerwünschten Personen stammten. Damit blieb als letzte Möglichkeit nur deren vorübergehende Internierung und eine Gegenrechnung mit der jährlichen legalen Einwanderungsquote. Eine Zwangsrückweisung nach Europa drohte den Flüchtlingen nicht, weshalb auch die Gerüchte kursierten, die Briten würden die illegale Einwanderung in Wahrheit dulden. Einmal gelandet, war es für die Neuankömmlinge leicht, unterzutauchen. Ihnen entstanden aus ihrem illegalen Status kaum Nachteile, wie der Leiter der *Palestine Police* monierte.[80] Sofern man kein Verbrechen beging und verhaftet wurde, war ein Reisepass oder ein anderes Dokument zum Nachweis der Aufenthaltsberechtigung für das tägliche Leben selten erforderlich und jüdische Organisationen wie die Gewerkschaft *Histadruth* unterstützten die Menschen.

Für die rund 250 auf der *Draga* verbliebenen Passagierinnen und Passagiere waren diese Tatsachen allerdings nur ein schwacher Trost, denn die rettende Küste Palästinas schien im Moment unerreichbar. Da zu wenig Brennmaterial vorhanden war, um eine griechische Insel zu erreichen und dort das Lager aufzufüllen, blieb nur der Weg zur türkischen Küste. Dort wurde das Ersuchen des Kapitäns um Kohle zurückgewiesen und das Schiff stattdessen von den Behörden auf Betreiben britischer Diplomaten mittels Beschlagnahmungsbescheid festgesetzt. Damit war jedoch eine Pattsituation entstanden, denn auch die Türken wollten die Flüchtlinge weder im Land haben noch sich um ihre Rückführung kümmern müssen. Aus diesem Grund drückten die Behörden beide Augen zu, als in der zweiten Nacht die *Elli* in den Hafen einlief; Davaris hatte sie zur Rettung der Gestrandeten kurzerhand in die Türkei umgeleitet. Ob der Grieche aus Selbstlosigkeit gehandelt hatte oder gegen die Zahlung eines zusätzlichen Obolus, geht aus Perls Memoiren nicht hervor und auch nicht, ob Perl ihn darum ersucht hatte oder ob dieser überhaupt erst im Nachhinein von der Rettungsaktion erfahren hatte. Jedenfalls wechselten die 250 überraschten Flüchtlinge an Bord der *Draga* noch während der Nacht über Planken das Schiff und drängten sich zu den 620 Passagieren der *Elli*, die nun zum Bersten voll war. Zwar fielen mehrere Menschen ins Wasser und noch mehr verloren ihre Rucksäcke, doch abgesehen davon ging der unfreiwillige Zwischenstopp in der Türkei glimpflich aus und zwei Tage später konnten Moshe Chasan und seine Leute alle Flüchtlinge erfolgreich bei Netanya an Land bringen.

Anzumerken ist, dass diese Abläufe von einem Passagier der *Draga,* der bereits im Dezember 1938 und damit kurz nach seiner Ankunft in Palästina eine Aussage über die Reise bei der Polizei machte, leicht anders dargestellt wurden. Diesem zufolge legte die *Draga,* wie auch von Perl geschildert, am Abend des 6. November 1938 in Galați ab. Zusätzlich zu den von den Passagierinnen und Passagieren mitgebrachten Lebensmitteln hatten auch die Transportorganisatoren für Vorräte wie Brot und Kartoffeln gesorgt, sodass sich Verpflegung für fünfzehn Tage an Bord befand. Weil das Zusammentreffen mit dem Landungsschiff jedoch nicht zustande kam und die *Draga* planlos fünf Tage vor der Küste Palästinas kreuzte, bevor sie sich zur Dodekanes-Insel Symi zurückzog, dauerte die Reise wesentlich länger als geplant. Die Passagierinnen und Passagiere ernährten sich mittlerweile nur mehr von Zwieback und einem Glas Wasser am Tag. Zahlreiche Frauen wurden krank und die Stimmung drohte mehrmals zu kippen, was nur dank dem hohen Maß an Disziplin verhindert werden konnte. Nach rund drei Wochen kam es zwischen Rhodos und Zypern zum Treffen mit der noch gut verpflegten *Elli,* die die Leute der *Draga* an Bord nahm, ehe man nach weiteren fünf Tagen doch noch auf die *Artemisia* traf und mit dieser am 30. November in Palästina landen konnte.[81] Von einem Zwischenstopp in der Türkei oder davon, dass die *Draga* beinahe von einem britischen Schiff erwischt worden wäre, ist in dieser Schilderung keine Rede.[82] Sie verschweigt, von einigen zeitlichen Ungereimtheiten abgesehen, allerdings auch, dass der *Draga* wohl auch die Kohle ausgegangen war, denn nur so lässt sich in dieser Version der Umstieg auf die *Elli* erklären. Wäre es nur um die Versorgung der Passagierinnen und Passagiere gegangen, hätte das Umladen einiger Vorräte ausgereicht.

Unabhängig von den tatsächlichen Ereignissen verdeutlichen diese Fahrten der *Draga* und der *Elli* jedenfalls die hohen Risiken, denen sich alle Beteiligten – Passagierinnen und Passagiere sowie Mitglieder der *Irgun* und der Crew – aussetzten. Dass die Seeleute immer wieder mehr Geld forderten und den Reisenden zuweilen sogar ihre wenigen Habseligkeiten entwendeten, war für Perl zwar nicht entschuldbar, aber zum Teil nachvollziehbar und kaum vermeidbar. Den Seeleuten drohte die Inhaftierung durch die Briten, und im schlimmsten Fall mussten sie mit Beschuss rechnen. Die Möglichkeit, die Fahrt nicht zu überleben, bestand durchaus – auch wenn die Patrouillenboote nach einem Zwischenfall, bei dem zwei Flüchtlinge von Geschossen tödlich getroffen worden waren und der einen öffentlichen Aufschrei samt politischer Debatte nach sich gezogen hatte, streng vertraulich angewiesen wurden, keinesfalls mehr Gewalt anzuwenden, wenn Migrantenschiffe ihren Anweisungen nicht nachkämen.[83] Es gab wenig bis gar keine Rettungsboote, dafür waren die Schiffe bis auf den letzten Platz vollgestopft mit Flüchtlingen. Auch wenn diese zu penibelster Reinlichkeit angehalten waren – was sich in der Praxis über einen längeren Zeitraum jedoch nicht umsetzen ließ –, boten die herrschenden hygienischen Bedingungen den idealen Nährboden für Krankheiten.[84] Und selbst bei erfolgreicher Ablieferung ihrer „Fracht" konnte die Crew auch noch in der Heimat im Gefängnis landen, weil die griechische Regierung ihren Staatsbürgern sowie Schiffen unter griechischer Flagge jede Beteiligung an illegalen Einwanderungsversuchen nach Palästina verboten hatte.

Angesichts dieser Summe an besonderen Herausforderungen waren nur sehr spezielle Zeitgenossen bereit, auf Davaris' Schmugglerschiffen anzuheuern. Sicherlich gab es fähige und integre Männer, ansonsten wäre den Transporten wohl kaum Erfolg beschieden gewesen. Vielfach rekrutierten sich die Crews jedoch aus Verbrechern, Abenteurern und ganz generell Leuten mit zweifelhaften Moralvorstellungen und wenig Perspektiven im Leben, die in manchen Fällen noch nie zuvor ein Schiff betreten hatten.

Doch wie schlimm die Zustände an Bord und das Verhalten der Mannschaften auch sein mochten, die brutalen Ausschreitungen gegen die jüdische Bevölkerung im gesamten Deutschen Reich im Zuge der Novemberpogrome 1938 ließen die Nachfrage nach Transporten nach Palästina ein weiteres Mal in die Höhe schnellen. Das Wiener Büro am Stubenring und auch Perls Gruppe in Bukarest wurden mit Bittgesuchen überschwemmt. Deren Zahl nahm neuerlich zu, als sich herumsprach, dass mit Teilnahmebescheinigungen für die Transporte Menschen aus den Konzentrationslagern befreit werden konnten. Das führte dazu, dass immer mehr Menschen auf einen der wenigen Plätze kamen und die Auswahl immer schwieriger wurde. So wie Perl regelmäßig die Behörden schmierte, wurden auch ihm am laufenden Band Bestechungen angeboten, darunter Geld, Juwelen, Frauen und sogar eine Wohnung in Brooklyn sowie eine halbe Firma in der Bronx. Doch davon ließ er sich nicht beeinflussen. Junge Leute wurden nach wie vor bevorzugt und ältere Personen nur akzeptiert, wenn sie gesund waren und davon ausgegangen werden konnte, dass sie sich der Disziplin an Bord fügten.[85] Dies konnte allerdings im Vorfeld nur schwer abgeschätzt werden. Ein als ursprünglich zu schwach eingestufter Geiger, den Perl nach langem Abwägen dennoch mitfahren ließ, stellte sich als große Inspiration für seine Mitreisenden heraus. Anderen blieb dieses Glück verwehrt, wie einem Knaben, den Perl nicht mitnehmen konnte, weil er einfach zu jung war und es niemanden gab, der sich auf der Reise oder in Palästina um ihn gekümmert hätte. Der emotionale Druck, der auf Perl lastete, wenn er die Passagierinnen und Passagiere auswählte, war und ist nach wie vor für Unbeteiligte kaum nachvollziehbar. Als er Jahrzehnte später seine Erinnerungen zu Papier brachte, wusste er selbst nicht, wie er jemals zu solcher Hartherzigkeit im Stande gewesen war. Denn jedes Nein, so notwendig es auch sein mochte, war für die Zurückgebliebenen beinahe gleichbedeutend mit einem Todesurteil.

Im Dezember 1938 traf Perl mit Davaris eine Übereinkunft für einen weiteren Transport. Weder die *Draga* noch die *Elli* kamen dafür jedoch in Frage, da beide Schiffe den Briten mittlerweile bekannt waren; britische Agenten sowie die *Royal Air Force* hatten sie in der Türkei angeblich fotografiert. Davaris schickte daher die *Chepo*, die allerdings erst entsprechend adaptiert werden musste und daher nicht sofort verfügbar war. Während der Wartezeit wurde Perl aus Wien täglich per Telegramm und Telefon zu mehr Eile gemahnt, denn Heinrich Haller und den anderen konnte es aus verständlichen Gründen nicht schnell genug gehen.

Als Perl erfuhr, dass die Ankunft der *Chepo* bevorstand, gab er in Wien Bescheid und machte sich mit Jabotinskys Nichte Mila Epstein Anfang Dezember 1938 auf den Weg nach Tulcea. Es war sozusagen ein kleiner Familienausflug, denn in ihrer Gesellschaft befand sich auch Jabotinskys Sohn Eri. Dieser hatte bislang den *Betar* in Palästina geleitet und war nun nach Europa gekommen, um an den Transporten mitzuarbeiten.[86] Perls Spezialassistent Jonel Popescu blieb währenddessen in Bukarest, um bei der Regierung zu lobbyieren, sollte es zu unerwarteten Problemen kommen.

In Galaţi legten die drei einen Zwischenstopp ein, um den Polizeipräfekten zu bestechen, der sich weigerte, 15 rumänischen Betarim eine Ausreisegenehmigung zu erteilen. Als sie schließlich in Tulcea eintrafen, war die *Chepo* bereits angekommen, und zu ihrer Freude stellten sie fest, dass Davaris das Schiff mit Holz hatte beladen lassen. Um Zeit zu sparen, hatten Handwerker sogar schon auf der Fahrt nach Rumänien begonnen, daraus die Plattformen und die darauf montierten Schlafkojen im Frachtraum herzustellen. Zur Verbesserung der hygienischen Bedingungen an Bord wurden zudem zusätzliche Toiletten gebaut. Die Arbeiten mussten allerdings so schnell wie möglich fertiggestellt werden, denn die Ankunft der neuen Gruppe mit 544 Flüchtlingen aus Wien und Prag sowie 150 ehemaligen Häftlingen aus Dachau stand unmittelbar bevor. Deswegen sah Perl sich gezwungen, den Handwerkern zusätzlich zu ihrer normalen Arbeitszeit trotz knapper Finanzen den doppelten Lohn für Nachtschichten zu bezahlen.

An welche oft banalen Details die Organisatoren der Flüchtlingstransporte zu denken und mit welchen Problemen sie zu kämpfen hatten, lässt sich exemplarisch anhand dieser Fahrt der *Chepo* anschaulich darstellen. Zunächst mussten Perl und die anderen mit den Hafenbehörden, dem DDSG-Vertreter vor Ort und dem Kapitän der *Chepo* alle Abläufe abklären. In der Zwischenzeit wurden mehrere Betarim verhaftet, weil ihre Papiere angeblich nicht in Ordnung waren; das von der Polizei geforderte Bakschisch für ihre Auslösung musste jedoch erst aufgetrieben werden. Mila Epstein wachte indes mit Argusaugen über den Baufortschritt unter Deck, damit die Arbeiter nicht trödelten und sich kein Zubrot sicherten, indem sie Material entwendeten. Perl wiederum bemühte sich, an 200 Decken für die in Bälde erwarteten Flüchtlinge zu gelangen, denn ein Teil von ihnen war bei einem Zwischenstopp in Bratislava von Milizionären ausgeraubt worden und dabei auch aller Decken verlustig gegangen. Diese waren angesichts der zu erwartenden Temperaturen im Frachtraum allerdings absolut unentbehrlich. Zwar gab es Öfen, die rund um die Uhr von einer eigenen Wachmannschaft im Auge behalten wurden, damit es auf den hölzernen Plattformen zu keiner Brandkatastrophe kam, aber deren Heizleistung reichte bei Weitem nicht aus. Per Telefon verständigte Perl daher Betar-Chef Jakob Schieber und Edgar Kanner in Bukarest, denen es gelang, rechtzeitig Decken in ausreichender Zahl zu beschaffen.

Doch noch etwas anderes musste kurzfristig aus der Hauptstadt angeliefert werden. Denn Mila Epstein als der primären Logistikerin war aufgefallen, dass sie zwar an zusätzliche Toiletten gedacht hatten, nicht aber an Toilettenpapier.[87] Also bestellte sie in Bukarest eine Wagenladung alter und damit kostenloser Zeitungen, die aus Zeitgründen per Taxi nach Tulcea zugestellt wurde. Noch wichtiger war allerdings, dass es Epstein über persönliche Kontakte gelang, die Summe von insgesamt 200.000 Lei aufzutreiben. Dieses Geld wurde für den Kauf zusätzlicher Verpflegung und Medikamente dringend benötigt, da mehr Flüchtlinge als geplant an Bord der *Chepo* gehen sollten.

Als die Raddampfer der DDSG in Tulcea eintrafen, wurde umgehend mit dem Umstieg begonnen. Mit einer Liste in der Hand standen Willy Perl und Eri Jabotinsky an Deck der *Chepo* und hakten die Namen der Passagierinnen und Passagiere ab. Als der Transfer nach vier Stunden abgeschlossen war, machten sich die Flussboote auf den Rückweg nach Wien. Zuvor musste allerdings noch ein Journalist aus Vilnius ausgelöst werden, den die DDSG-Besatzung wegen angeblicher Verbreitung kommunistischer Propaganda in Ketten gelegt hatte und wieder mitnehmen wollte. Diese Aufgabe übernahm Mila Epstein, weil der entgegen der ihm ausgestellten Aus- und Einreisegenehmigung nicht nach Deutschland zurückgekehrte Perl sich nicht auf ein Schiff der DDSG wagen konnte.

Die *Chepo* ankerte noch zwei weitere Tage in Tulcea, bis alle Vorräte verladen und der Umbau an Bord unter Mithilfe von 50 Flüchtlingen endlich fertiggestellt war. Allein die Verpflegung für drei Wochen sah unter anderem 9000 Kilogramm gebackenes Brot, 700 Kilogramm rohes Fleisch, 1750 Kilogramm getrocknete Salami, 10.200 Kilogramm Kartoffeln, 200 Kilogramm Butter, 500 Kilogramm Zwiebeln, 1700 Kilogramm Zucker sowie 9000 Zitronen gegen Seekrankheit vor.[88] Mit zusätzlich 25 Betarim aus Rumänien sowie 15 Jüdinnen und Juden aus rumänischen Gefängnissen nahm der Frachter unter den Klängen der *Hatikva* am 5. Dezember 1938 schließlich Kurs auf Palästina.[89]

Bis Istanbul verlief die Fahrt relativ ereignislos, doch nach der Durchfahrt der Dardanellen bestand die Gefahr, die Aufmerksamkeit eines britischen Kriegsschiffs auf sich zu ziehen. Immer wieder musste sich die *Chepo* in den Buchten ägäischer Inseln für mehrere Tage verstecken, dann wagte ihr Kapitän nach knapp zwei Wochen die Annäherung an ihr Ziel. In einer mondlosen Nacht Mitte Dezember gelang wie vom Protokoll vorgesehen schließlich der Umstieg auf die kleineren Schiffe und auch die Landung selbst bei Netanya.

Zu diesem Zeitpunkt steckte Perl schon in den Vorbereitungen für den nächsten Transport. Für diesen kam die Donau allerdings nicht in Frage. Denn ein neuer Gegner hatte sich in Stellung gebracht – der fatalerweise immun war gegen Tricks und Bestechungen.

10 — Von Schmugglern, Hasardeuren und Alphatieren

Mehr Schiffe, mehr Schiffe, mehr Schiffe. Das war zusammengefasst der Inhalt der unzähligen Anfragen, die Perl bei seiner Rückkehr aus Tulcea erwarteten. Per Telefon, Telegramm und Eilbrief trafen Gesuche aus Wien und Prag, aber auch aus Budapest, Warschau und Danzig in Bukarest ein. Perl beeilte sich daher, neue Verträge mit Davaris zu unterzeichnen, auch weil die Gestapo in Wien einmal mehr drohte, die für die nächsten Transporte eingeplanten Reisegruppen nach Dachau zu schicken, sollten sie das Land nicht in Bälde verlassen.[90] Für die Vertragsverhandlungen schickte der Grieche seine Frau sowie einen seiner Kapitäne nach Bukarest.

An dieser Stelle soll kurz näher auf Davaris eingegangen werden. Perl selbst gibt über diesen in seinen Memoiren nicht viel preis. Sie scheinen einander allerdings gut verstanden zu haben, denn Perl zufolge war Davaris zwar mit Vorsicht zu genießen, aber doch ein „anständiger Mensch“. Er hatte sich beispielsweise von Perl davon abbringen lassen, die damals in Fiume an Bord der *Draga* gegangenen Passagiere wieder auszubooten, weil die Beschaffung des ihm versprochenen und von Haller verlorenen Geldes doch länger dauerte als angenommen. Perl hatte ihn mit neuerlichen Zahlungsversprechen beschwichtigen können, der Grieche erhielt aber schließlich anstelle der ausstehenden 600 Pfund lediglich die wertlose Summe von 7200 Sperrmark.[91]

Allerdings, und auch das wirft ein interessantes Schlaglicht auf die Rahmenbedingungen der Transporte, scheint Davaris entweder nur ein Strohmann gewesen zu sein oder er hatte mit anderen Reedern eine Art Syndikat gebildet. So erwähnt Mila Epstein – vielleicht irrtümlicherweise – anstelle von Davaris einen Griechen namens Andronikos, der seine Frau und seinen Kapitän zu den Verhandlungen mit Perl nach Bukarest schickte. Bei diesem und Davaris handelte es sich zweifellos nicht um dieselbe Person, denn im *Lloyd's Register of Shipping* für das Jahr 1938 findet sich ein A. Davaris aus Piräus, unter dem unter anderem die Schiffe *Chepo* und *Elli* gelistet sind, ebenso wie ein N. M. Andronicos, der gemeinsam mit einem J. Stephanopoulos die *Balkans & Near East Shipping Agency* betrieb. Der britischen Gesandtschaft in Bukarest wiederum war im Dezember 1938 ein anonymer Hinweis in französischer Sprache zugegangen, dem zufolge sich *Draga* und *Elli* im Besitz eines ehemaligen Spions namens Socrates Theophanides befanden, der nicht nur jüdische Flüchtlinge, sondern auch Waffen nach Palästina schmuggelte. Über Constanța und einen kleinen Hafen in Jugoslawien, womöglich Sušak, habe dieser bereits mehrere Ladungen in den Nahen Osten – sowohl für Juden als auch Araber – verschoben und es so aussehen lassen, als sei die Ware für das vom Bürgerkrieg gebeutelte Spanien bestimmt.[92]

Abgesehen von der Frage, wer der anonyme Hinweisgeber war und was dieser damit bezwecken wollte, schließt sich hier der Kreis zu Davaris. Denn dieser hatte laut britischem *War Office* Verbindungen zur Munitionsfirma *Poudreries et Cartoucheries*

Helleniques, dem größten Industriebetrieb jener Zeit in Griechenland mit rund 12.000 Mitarbeitern.[93] Besitzer war der aus Anatolien stammende Prodromos Bodosakis-Athanasiadis, der Waffen an beide Seiten im Spanischen Bürgerkrieg lieferte und den auch der CID-Beamte Cocorempas in seinem Bericht vom September 1938 erwähnt und als „ungekrönten König von Griechenland" bezeichnet. Einem deutschen Bericht zur griechischen Seefahrt aus dem Jahr 1940 zufolge gab es im Hafen von Piräus eine Schifffahrtsgesellschaft namens Davaris, die sich im Besitz von Bodosakis und eben eines gewissen Theophanidis befand; das *Lloyd's Register of Shipping* nennt 1938 „S. Theofanides & Co." als Eigner.[94]

Das britische Konsulat in Constanţa wiederum war bereits im Juli 1938 informiert worden, dass eine in Kisten verpackte Ladung allgemeiner Handelswaren den Verdacht der rumänischen Hafenbehörden erregt hatte; bei einem daraufhin fingierten Unfall, bei dem absichtlich eine Kiste vom Kran fallengelassen wurde und beim Aufschlag auf dem Kai zerbrach, kam der Inhalt zum Vorschein: zerlegte Maschinengewehre.[95] Fügt man die einzelnen Puzzlesteine also zusammen, so hat es den Anschein, als sei Davaris lediglich Mittelsmann oder verlängerter Arm des Industriellen Bodosakis und seines „Spediteurs" Theophanides gewesen, die für ihre Geschäfte dieselben Häfen benutzten wie die Flüchtlingstransporte – und vermutlich auch dieselben Schiffe.[96]

Nachdem jedenfalls die Verhandlungen in Bukarest – mit wem auch immer – erfolgreich abgeschlossen worden waren, informierten Perl und Epstein umgehend das Wiener Büro am Stubenring sowie die Gestapo, dass bald Schiffe bereitstehen würden. Die Verfügbarkeit von Hochseeschiffen für den Transfer von Europa nach Palästina war im Dezember 1938 allerdings nicht das große Problem. Die Herausforderung lag vielmehr in der Anreise nach Rumänien – und zwar bedingt durch die Jahreszeit. Denn der Winter hatte Osteuropa mittlerweile fest im Griff und die Donau war abschnittsweise zugefroren. Ab der bulgarisch-rumänischen Grenze war der Fluss nicht mehr schiffbar. Der Transport der Flüchtlinge zu den Abfahrtshäfen am Schwarzen Meer musste daher erneut per Bahn erfolgen, was wiederum Transitvisa für eine Handvoll Donaustaaten erforderlich machte. Die Rumänen forderten zudem gültige Endvisa, denn nur so konnte der Schein aufrechterhalten werden, dass das Land die internationalen Spielregeln einhielt und die illegale Migration nach Palästina nicht unterstützte. Dass allerdings die rumänische Regierung die Auswanderung ihrer eigenen Juden auf Schmugglerschiffen sogar förderte, indem sie die Ärmeren von ihnen mit neun Pfund pro Kopf und freiem Transport zu einem Mittelmeerhafen sponserte, hatten die Briten schnell in Erfahrung gebracht.[97]

Wegen der nötigen Endvisa hatten Verhandlungen der Transportorganisatoren mit den diplomatischen Vertretungen Liberias, Chinas sowie einer Reihe südamerikanischer Länder Hochkonjunktur. Dass vor allem Beamte weit entfernter Staaten für derartige Anfragen empfänglich waren, lag einerseits an den gezahlten Bestechungsgeldern, andererseits an der schlichten Tatsache, dass keine der betreffenden Personen ernsthaft vorhatte, in den fernen Osten oder nach Paraguay auszuwandern. Das führte zu der grotesken Situation, dass Passagiere auf ihrer angeblichen Reise nach Südamerika im östlichen Mittelmeer auftauchten. Doch auch wenn die Briten dieses Spiel schnell durchschauten, waren ihnen rein rechtlich die Hände gebunden. Sofern es gültige Endvisa gab, konnten die Balkanländern von sich weisen, die Flüchtlinge illegal passieren zu lassen.

Den Ungarn wiederum verdeutlichte Perl, dass jüdische Auswanderer auch ohne Visa ins Land strömen würden. Daher bot er ihnen, ähnlich wie den Rumänen, an, mit seinen Transporten unerwünschte Juden aus dem Land zu schaffen und deren Zahl bei jeder Fahrt sukzessive anzuheben. Durch die Zusage, 100 ungarische Juden und 50 Juden aus ungarischen Gefängnissen mitzunehmen, gelangte er an insgesamt 1500 Transitvisa. Damit war der Weg frei für zwei Flüchtlingsgruppen aus Wien und der Tschechoslowakei, die in versiegelten Zügen über Ungarn nach Rumänien kamen. Für ihre Weiterreise nach Palästina schickte Davaris die *Katina* sowie die schon bewährte *Chepo,* für die allerdings teilweise eine neue Crew gefunden werden musste, weil mehrere Seeleute die Risiken nicht mehr eingehen wollten.

So war es die *Katina,* die trotz der erforderlichen Umbauarbeiten als erstes Schiff abfuhr. Gemeinsam mit Mila Epstein überwachte Perl am 18. Januar 1939 ihre Abreise in der rund 100 Kilometer südlich von Constanța gelegenen Hafenstadt Balchik, die damals zu Rumänien gehörte.[98] Unter den rund 800 Personen an Bord befand sich auch Moshe Chasan, der zuvor die Landungsoperationen in Netanya befehligt hatte und nun als Vertreter der *Irgun* das Kommando über die Passagierinnen und Passagiere übernahm.[99] Dies stellte ein Novum dar, denn der Schiffskommandant war bislang ebenfalls ein Auswanderer gewesen und hatte dem *Betar* angehört. Dass die *Irgun* nun einsprang und den Schiffskommandanten stellte, war durch den eigenen Erfolg von Perl und der *Aktion* notwendig geworden: Sie hatten die meisten Betarim aus Wien und der „Ostmark" außer Landes gebracht, sodass keine Personen mehr mit ausreichend Führungserfahrung zur Verfügung standen, und je weniger Betarim im Lauf der Zeit an den Transporten teilnahmen, desto mehr nahm Perl zufolge die Disziplin ab. Wie sehr eine ordnende Hand an Bord allerdings notwendig war, damit sich angesichts der Fährnisse der Reise niemand zu Dummheiten hinreißen ließ, sollten die nächsten Wochen auf der *Katina* unter Beweis stellen. Eine wahre Odyssee begann.

Voller Hoffnung blickten die Passagierinnen und Passagiere der *Katina* nach Osten, als sich der Frachter endlich der Küste Palästinas näherte. Einmal schon hatte der Kapitän abdrehen müssen, weil ein britisches Schiff in der Nähe aufgetaucht war. Und auch in dieser Nacht verhießen die Lichtsignale, die das Team der *Irgun* an Land sendete, nicht Gutes. Dem Schiffskommandanten Chasan und dem Kapitän blieb keine andere Wahl. Erneut mussten sie den Kurs ändern und sich in die Bucht einer griechischen Insel zurückziehen, um nicht die Aufmerksamkeit der Briten zu erregen, die wachsamer denn je waren.

So hatte Hochkommissar MacMichael mittlerweile den britischen Gouverneur von Zypern gebeten, ihn umgehend zu benachrichtigen, sollte die Anzahl von ausländischen Juden auf der Insel rapide ansteigen, ein Schiff ungewöhnlich lange in der Nähe der Küste vor Anker liegen oder aufgrund schlechten Wetters und vollbesetzt mit Flüchtlingen in einen zypriotischen Hafen gezwungen werden. Auch an die britischen Gesandten in Athen und Bukarest hatte sich MacMichael gewandt mit der Bitte, ihn mit Informationen zu versorgen sowie erneut die rumänische und griechische Regierung zu ersuchen, gegen die illegale Migration vorzugehen.[100] Und schließlich hatten die Briten, wie angekündigt, ihre Patrouillen aufgestockt, wenn auch nur mäßig. Perl zufolge geschah dies wohl auch mit dem Zweck, die Gerüchte über eine Duldung der Einwanderung oder gar einer angeblichen Kooperation mit der *Aktion* zu entkräften. Denn dem CID-Beamten Cocorempas zufolge hatte die griechische Regierung die britische Kritik an ihrer Duldung der illegalen Migration mit dem Argument gekontert, dass die britischen Behörden in Palästina der jüdischen Einwanderung ebenfalls nichts entgegensetzten. Cocorempas hatte nämlich von einem Polizeimajor in Athen, den er für einen Deutschlandfreund und möglichen Agenten von Joseph Goebbels hielt, gehört, Juden seien sogar in Gegenwart britischer Truppen gelandet.

Solche Gerüchte – die möglicherweise auf Perl zurückgingen – kursierten laut dem britischen Konsul auch im rumänischen Galați. Dort hatte sich herumgesprochen, dass die Flüchtlinge der *Draga* und der *Chepo* in Palästina gelandet waren, ohne von den Briten behelligt worden zu sein. Cocorempas wie auch sein Vorgesetzter Alan Saunders, der Chef der *Palestine Police,* fürchteten, diese offensichtliche Untätigkeit würde die Juden ermutigen und die illegale Einwanderung zum Ärger der Araber weiter befeuern.

Dennoch umfasste die *Police Port & Marine Section* auch im Januar 1939 noch immer nur 51 Mann und drei eigene Motorboote sowie ein angemietetes Segelboot – erstaunlich wenig für eine Küste von rund 300 Kilometern und zwei große Häfen, Haifa und Jaffa. Von den drei eigenen Booten war noch dazu lediglich eines für Patrouillen auf hoher See geeignet und dieses schaffte nicht mehr als zehn Knoten. Ein viertes, rund 15 Meter langes Motorboot des Typs „Thornycroft", das aufgrund seines Doppelantriebs die für einen effektiven Einsatz notwendigen

15 Knoten erreichen konnte und an die 6000 Pfund kostete, war in Bestellung.

Anstatt jedoch das Meer mit Schiffen zu durchkämmen, wollte MacMichael, wie von Polizeichef Saunders vorgeschlagen, eine stärkere Überwachung der Küste von Land aus forcieren. Bislang hatten lediglich berittene Beamte der regulären Polizei Patrouillen entlang der Küste unternommen, doch selbst dafür fehlte angesichts der Sicherheitslage seit dem Ausbruch des Arabischen Aufstands 1936 das Personal, das auf das Landesinnere konzentriert war. Insgesamt erachtete Polizeichef Saunders daher neben zwei zusätzlichen Thornycroft-Booten acht neue Küstenüberwachungsstationen zwischen Rafa im Süden und Naqura im Norden mit 200 Mann und drahtloser Telegrafie als notwendig. Das bedeutete fünf britische Polizisten sowie 20 lokal rekrutierte Männer je Station, die mit den Booten auf See Verbindung halten und selbst Patrouillen zu Fuß, per Fahrrad oder mit Pferden unternehmen konnten.[101]

Auch wenn es dieses engmaschige Stationsnetz bei der Ankunft der *Katina* vor der Küste Palästinas Anfang 1939 noch nicht gab, fand das Schiff keine Möglichkeit zur Landung. Auf offener See konnte es aber nicht bleiben. Die Trinkwasserspeicher mussten regelmäßig aufgefüllt werden und weil das die einzige Möglichkeit war, wurde dafür sogar die lange Fahrt zurück nach Griechenland in Kauf genommen. Weder Zypern und Ägypten, beides von den Briten kontrolliert, noch die Türkei stellten eine Alternative dar, ebenso wenig das französische Mandatsgebiet Syrien oder die von Italien besetzten Inseln des Dodekanes. Auf diese Weise vergingen Wochen, doch die *Katina* konnte nicht endlos auf eine günstige Gelegenheit warten. Die Zustände an Bord wurden immer prekärer, viele Passagierinnen und Passagiere waren krank und die Verpflegung wurde trotz eiserner Rationierung immer knapper. Auf derart lange Verzögerungen war man nicht eingestellt – nicht, weil Epstein und Perl solche kategorisch ausschlossen, sondern weil die Vorräte absichtlich so knapp wie möglich bemessen wurden, damit auf den Schiffen das Maximum an Platz für Menschen zur Verfügung stand. Die Versorgungsnotlage führte dazu, dass Teile der besser verpflegten Crew trotz Verbots des Kapitäns den verzweifelten Flüchtlingen ihre Rationen zu Wucherpreisen verkauften. Oft wurde mit Eheringen bezahlt – dem einzigen Schmuckstück, dessen Mitnahme Juden bei der Ausreise aus dem Deutschen Reich erlaubt war.

Trotz der Gefahr, von den Briten erwischt zu werden, entschlossen sich der Kapitän und Chasan daher zu einem Landungsversuch.[102] Als sie erneut von Land aus gewarnt wurden, ignorierten sie die Lichtsignale und behielten ihren Kurs bei. Mehr als 300 Flüchtlinge stiegen auf die bereitstehende *Artemisia* um, mussten aber aus Platzgründen ihre Rucksäcke zurücklassen. Doch zwei Meilen vor der Küste wurden sie von einem britischen Boot abgefangen. Wohl wissend, dass sein Schicksal damit besiegelt war, gab der Kapitän der *Artemisia* Vollgas und hielt auf den Strand zu, dann wurden die Passagierinnen und Passagiere angewiesen, ins Wasser zu springen und die verbleibenden 50 Meter an Land zu waten. 283 Menschen kamen dem nach und konnten sich an diesem 6. Februar 1939 auf wagemutige Weise dem Zugriff der Briten entziehen. Zurück blieben 17 Alte und Kranke, die gemeinsam mit zwölf Seeleuten verhaftet wurden, als die *Artemisia* bei der Fahrt zurück aufs offene Meer von den Briten geentert und nach Haifa gebracht wurde. Der *Katina* blieb nichts anderes übrig, als sich mit den an Bord verbliebenen Flüchtlingen zurückzuziehen.

Während sich im östlichen Mittelmeer derart dramatische Szenen abspielten, hatte Willy Perl in Rumänien mit ganz anderen Problemen zu kämpfen. Im Januar 1939 hatte er mit Moritz Pappenheim von der Wiener *Aguda* telefonisch über den Transport von 150 Personen gesprochen, die aufgrund ihrer Endvisa als „China-Gruppe" bezeichnet wurden. Perl hatte für sie im Moment allerdings kein Schiff zur Verfügung und musste vorerst auf ihren Verbleib in Wien bestehen. Am 1. Februar teilte Pappenheim ihm jedoch brieflich mit, dass er die für den 3. Februar geplante Abreise der „China-Gruppe" nicht länger hinausschieben könne – es handele sich um eine Existenzfrage für alle Beteiligten und den Flüchtlingen drohe ein Schicksal, das nicht verhindert zu haben Perl und seine Freunde sich niemals verzeihen könnten.[103] Vermutlich hatten Eichmann oder die Gestapo wieder einmal mit der Deportation nach Dachau gedroht.

Perl und Epstein mussten improvisieren. Zwar hatten sie keinerlei finanzielle Mittel, um 150 Leute über mehrere Wochen oder gar Monate in Rumänien zu versorgen, es gelang ihnen aber immerhin, ein Quartier im alten Zollhaus von Constanța aufzutreiben, wo sie die Flüchtlinge mit Einverständnis der Polizei unterbringen konnten. Das Problem war, dass die zweite Fahrt der *Chepo* unmittelbar bevorstand und die verfügbaren Plätze auf dem Schiff schon vergeben waren. Perl und Epstein überlegten angesichts der nicht mehr abwendbaren Ankunft der „China-Gruppe", diese dennoch irgendwie auf dem Schiff unterzubringen.

Doch diese Entscheidung lag nicht mehr bei ihnen. Denn zum ersten Mal hatte Perl, was seine Arbeit als Reiseorganisator betraf, einen Vorgesetzten.

Die Führung der revisionistischen Bewegung musste sich zu Beginn des Jahres 1939 eine entscheidende Frage stellen: Wie sollte sie mit der illegalen Einwanderung nach Palästina – auch *Alija Bet* genannt – umgehen?[104] Angesichts der sich zuspitzenden Lage vor allem für die deutschen Juden nach den Novemberpogromen im Vorjahr konnte sie nicht länger inaktiv bleiben, zumal es mittlerweile in ganz Europa lokale Initiativen gab, die im Dunstkreis der Revisionisten operierten.[105] Dabei handelte es sich meistens um Funktionäre des *Betar* oder der *Irgun,* die teils kooperierten, teils rivalisierten und in manchen Fällen sogar gegeneinander arbeiteten. Dies führte wiederum dazu, dass die Taten dieser Einzelkämpfer in der öffentlichen Wahrnehmung auf die revisionistische Bewegung zurückfielen, im Guten wie im Schlechten.

So dürften im Januar 1939 die ersten Beschwerden die NZO-Zentrale in London erreicht haben, nachdem die Zahl von älteren und weniger disziplinierten Personen unter den Passagieren zugenommen hatte. Zwar wurden diese vorab sehr anschaulich davon in Kenntnis gesetzt, dass es sich bei der Auswanderung nach Palästina um keine Urlaubsfahrt auf einem Luxusschiff handelte, und mittels schriftlicher Einverständniserklärung mussten sie zur Kenntnis nehmen, dass die Transporte „eventuell mit Gefahren und Gesundheitsschäden verbunden“ sein konnten und die Organisatoren weder für eine Landung am Bestimmungsort noch für die veranschlagte Reisedauer eine Garantie abgaben.[106] Allerdings war diese jedenfalls erforderliche Bestätigung, dass eine Teilnahme „vollkommen freiwillig und aus freien Stücken“ erfolgte, angesichts der Bedrohung durch die Nationalsozialisten und der daraus resultierenden Verzweiflung vieler Auswanderungswilliger kaum das Blatt Papier wert, auf dem sie gedruckt war.

Insofern häufte sich die Kritik an der Art und Weise, wie die Transporte durchgeführt wurden. Der Grundtenor lautete: Nicht nur die Zustände auf den Flüchtlingsschiffen waren zum Teil katastrophal, auch die Organisation war mangelhaft. Dazu kamen Spannungen unter den Passagierinnen und Passagieren, wenn auf manchen Transporten in Uniform gekleidete Betarim mit teils harschen Methoden für Ordnung an Bord sorgten, wovon sich Nicht-Betarim bedroht fühlten. Allerdings schien es hier unterschiedliche Wahrnehmungen zu geben, denn laut dem Grazer Kurt Berman, der entweder auf der *Draga* oder der *Elli* im November 1938 nach Palästina reiste, hatten sich viele Jugendliche auf den beiden Schiffen befunden, die wie er dem zionistischen Jugendbund Blau-Weiß angehörten. Mit den mitreisenden Betarim hatte es weder ein Politisieren noch ideologische Auseinandersetzungen gegeben; sowohl die Organisation als auch die Disziplin an Bord sei gut gewesen und die Reisenden hätten eine uniformähnliche Einheitskleidung getragen, keine Betar-Uniformen.[107]

Weitaus schwerer als die Beschwerden über die Zustände an Bord wog der Vorwurf, manche Transportorganisatoren hätten ihre Stellung ausgenutzt und sich persönlich bereichert. Dabei ging es um niemand anderen als um Perls alte Mitstreiter Paul Haller und Erich Wolf, deren Verhalten schon im Herbst 1938 Gegenstand von Ermittlungen durch den Generalanwalt der NZO, Yehuda Benari, geworden war. Ihnen wurde unter anderem die Unterschlagung von Geldern und ein missbräuchlicher Handel mit Einreisezertifikaten nach Palästina vorgeworfen. Haller wurde darüber hinaus beschuldigt, kritische Parteimitglieder, die nicht auf seiner Linie waren, bedroht und denunziert zu haben – was sich mit der Aussage von Perls zuvor erwähntem Freund Israel deckt. Zudem soll er die

„Arnoldsteiner" Reisegruppe kaltblütig im Stich gelassen haben, indem er sich still und heimlich nach Palästina abgesetzt hatte.[108] Wie Wolf wurde Haller für die Dauer der Ermittlungen, im Zuge derer auch Perl im Falle einer Rückkehr nach London befragt werden sollte, zuerst suspendiert und schließlich im Januar 1939 aus der Partei ausgeschlossen, um einen weiteren Reputationsschaden von der NZO abzuwenden.[109] Die Partei distanzierte sich öffentlich von ihnen und beeilte sich, zu betonen, dass Haller mit der revisionistischen Bewegung nichts mehr zu tun hatte.[110]

Wenn die NZO geglaubt hatte, dass dieses unrühmliche Kapitel damit beendet war, hatte sie sich getäuscht. Haller hatte in der Zwischenzeit in Palästina eine neue radikale Bewegung ins Leben gerufen, der sich – neben dem ebenfalls emigrierten Wolf – weitere ehemalige Mitglieder der *Aktion* angeschlossen hatten, darunter Berthold Kornmehl unter dem hebräischen Namen Baruch Dagan. Da es ihnen an Geld mangelte, beschloss Haller, einen neuen Transport auf die Beine zu stellen. Zu diesem Zweck gründete er in Tel Aviv eine Vereinigung zur Unterstützung von bereits in Palästina angekommenen Flüchtlingen, über die in Wirklichkeit jedoch Geld für die Passage weiterer Einwanderer gesammelt werden sollte. Er kehrte auch selbst nach Europa zurück und zog einen Handel mit rumänischen Transitvisa auf, die er zu Wucherpreisen verkaufte.[111] Zu diesen Visa hatte er Zugang, weil er sich als Vertreter der NZO ausgab und somit von der Zusage Gebrauch machen konnte, die Jabotinsky bei seinem Besuch im Oktober 1938 von der rumänischen Regierung erhalten hatte. Nachdem Generalanwalt Benari in London davon erfahren hatte, forderte er Mitte Januar 1939 den rumänischen NZO-Vorsitzenden Edgar Kanner in Bukarest auf, Hallers Akkreditierung umgehend zu widerrufen und diesem das Recht, Transitvisa in unbegrenzter Höhe zu erhalten, abzuerkennen.[112]

Hallers Umtriebe zogen allerdings noch viel weitere Kreise. Um der Missstände Herr zu werden, wollte Jabotinsky die Rolle der revisionistischen Bewegung für die *Alija Bet* genauer definieren.[113] Das bedeutete nichts anderes, als dass die Leute, die bislang aus Eigeninitiative und aus unterschiedlichen Motiven die treibende Kraft der illegalen Einwanderung nach Palästina gewesen waren, an die Leine genommen werden sollten. Der typische Arbeitstag eines Transportorganisators war allerdings nichts für schwache Nerven. Es brauchte Abenteurer wie Krivoshein und Draufgänger wie Perl, um die Hindernisse zu überwinden, die tagtäglich auftauchten. Improvisationstalent, eine kommunikative Ader und der Hang zur Theatralik, um Partner zu überzeugen und Gegner einzuschüchtern, waren die Grundvoraussetzung für den Erfolg in diesem „Geschäft", weshalb nur ein ganz besonderer Menschenschlag dafür geeignet war. Kurz gesagt: Die Organisatoren der Transporte waren in der Regel dickköpfige Alphatiere. Der Versuch, den Ehrgeiz dieser sehr speziellen Charaktere zu bändigen oder in ein formales Korsett zu zwängen und – in den Worten Yehuda Benaris – den Separatismus und den Zustand der Anarchie zu beseitigen, hatte wenig Aussicht auf Erfolg.[114]

Noch 1936, als die NZO von Wolfgang von Weisl über Krivosheins Pläne informiert worden war, hatte sie wenig begeistert reagiert und die Verantwortung der Wiener Gruppe um Perl überlassen. Nachdem die *Aktion* mit ihren Erfolgen gezeigt hatte, dass die illegale oder „freie" Einwanderung nach Palästina auch in größerem Umfang möglich war, war sie Mitte Mai 1938 allerdings auf den Zug aufgesprungen. Und nun, ein halbes Jahr später, kamen Vertreter der revisionistischen Bewegung in Paris zusammen, um die *Alija Bet* zur offiziellen Parteiangelegenheit zu erklären. Innerhalb der Bewegung, bestehend aus NZO, *Betar* und *Irgun,* gab es allerdings verschiedene Ansichten über Ziel und Durchführung der *Alija,* weswegen laut Benari bereits im Dezember 1938 eine spezielle Kommission mit Eri Jabotinsky an der Spitze gegründet worden war, um alle Reibungen in dieser Frage zu beseitigen.[115]

Die NZO wollte vor allem denjenigen die Ausreise ermöglichen, die sich der Partei gegenüber treu verhalten hatten und in der Regel auch über die Mittel verfügten, die Reise zu finanzieren. Der *Betar* wollte naturgemäß seine eigenen Leute retten, die aber vorwiegend aus den ärmeren Schichten kamen und wenig bis kein Geld hatten. Der *Irgun* war vor allem an der Rekrutierung neuer Mitglieder unter den Flüchtlingen gelegen und sie bevorzugte daher wehrtaugliche Personen.[116] Die Diskussion um diese Fragen, die womöglich auch zum Bruch zwischen Haller und Krivoshein im Sommer 1938 geführt hatte, wurde so hitzig geführt, dass Jabotinsky selbst als Gründer und zentrale Figur der revisionistischen Bewegung die Wogen glätten musste. Am Ende der Zusammenkunft stand eine Einigung und die Gründung des *Zentrums für Alija,* das fortan das Monopol auf die revisionistische *Alija Bet* besitzen sollte. Individuen wurde verboten, auf eigene Faust Transporte zu organisieren.

Festgelegt wurden zudem die Aufgaben der einzelnen Flügel der Bewegung. Die *Irgun* war, wie gehabt, für die Landeoperationen und die Verteilung der Flüchtlinge in Palästina verantwortlich. Als Gegenleistung erhielt sie einen fixen Prozentsatz des eingenommenen Geldes. Um den Transport der Passagiere zu den Abfahrtshäfen kümmerte sich der *Betar.* Die Finanztransaktionen fielen der NZO zu, die auch die Oberaufsicht über die gesamte Unternehmung führte, in Gestalt von Jabotinskys Vertrautem Shlomo Jacoby. Jacoby war allerdings nicht mit dem Tagesgeschäft betraut, etwa der personellen Zusammenstellung der Transporte und dem Chartern und Ausrüsten der Schiffe. Dies hielt die NZO mit ihrem Sitz in der britischen Hauptstadt aus politischen Gründen für zu gefährlich – auch wenn die Briten ohnehin schnell in Erfahrung bringen konnten, dass diese Konferenz über die revisionistische *Alija* in Paris stattgefunden hatte, was ihr Zweck gewesen war und wer an ihr teilgenommen hatte.[117] Die Zentrale an der Finchley Road sollte daher lediglich als Inkassostelle fungieren. Die eigentliche Leitung der Einwanderungsoperationen wurde einem verdienten Revisionisten und Irgun-Veteranen namens Yosef Katznelson überantwortet, mit dem Jacoby losen Kontakt hielt und der weitgehend freie Hand hatte.[118] Für den *Betar*, und auch das blieb den Briten nicht verborgen, übernahm Eri Jabotinsky.

Perl, der in Paris nicht dabei gewesen war, erhielt keine Führungsposition. Er zeichnete sich zweifellos durch große Expertise aus, besaß aber zu wenig Rückhalt in der Führungsetage der Bewegung. Zudem hatte er ein entscheidendes Manko, nämlich seinen deutschen Pass. Aufgrund seiner Nationalität war er in seiner Bewegungsfreiheit entscheidend eingeschränkt, und selbst wenn er gewollt hätte, wäre ihm eine Teilnahme an der Pariser Konferenz nicht möglich gewesen, da ihm die französischen Behörden die Einreise verweigert hätten. Der bereits in den 1920er-Jahren von Weißrussland nach Palästina ausgewanderte Katznelson hatte hingegen, wie Krivoshein, einen von den britischen Behörden ausgestellten Pass. So konnte er im Februar 1939 problemlos als Delegierter an der Saint-James-Konferenz im gleichnamigen Palast in London teilnehmen, mit der die Briten einen Ausgleich zwischen Juden und Arabern herbeiführen wollten, und dann weiter nach Paris zur Zusammenkunft der Revisionisten reisen.[119]

Perl konnte von so einer Mobilität nur träumen. Für ihn blieb daher nur ein Platz in der zweiten Reihe. Und bald nicht einmal das.

11 — Transporte zwischen Pragmatismus und Politik

Mit Yosef Katznelsons Bestellung zum Leiter der gesamten revisionistischen *Alija* änderte die NZO ihre Prioritäten.[120] Als sichtbarstes Anzeichen dafür schlug Katznelson sein Hauptquartier in Warschau auf. Nicht mehr Wien, sondern Osteuropa stand damit ab dem Beginn des Jahres 1939 im Fokus. Das dahinterliegende Motiv lässt sich leicht ausmachen. Der Großteil der Wiener Betarim war mittlerweile emigriert, daher verlor die NZO das Interesse an Österreich. Relativ deutlich belegt wird dies unter anderem durch ein Telegramm, in dem Eri Jabotinsky – ebenfalls von Warschau aus – den rumänischen NZO-Vorsitzenden Kanner in Bukarest anweist, für die weitere Entwicklung der Transporte die Beteiligung der Wiener energisch einzuschränken und diesen nur 20 Visa für den nächsten Transport zuzugestehen.[121]

In diesem Zusammenhang ist auch ein Bericht über einen Besuch von Jabotinskys Privatsekretär Hans Löw in Wien interessant. Aus ihm geht hervor, warum die NZO keine Transporte mehr von dort wollte: In der Stadt gab es nur mehr 300 bis 400 Revisionisten und Betarim. Für diese sowie die Eltern der Betarim sollte noch eine Möglichkeit zur Auswanderung gefunden werden, danach war die NZO zu weiteren Transporten aber nur unter der Bedingung bereit, dass ein Mindestbetrag von 16 Pfund gezahlt wurde und die Teilnehmerinnen und Teilnehmer ausnahmslos national gesinnt waren, wie Hans Löw dem Direktor der Jüdischen Gemeinde Wien, Josef Löwenherz, bei einem persönlichen Treffen erklärte.[122]

Die Tendenzen, Wien den Rücken zu kehren, können bereits ab Herbst 1938 festgestellt werden. So hatte Heinrich Haller, der seit der Auswanderung seines Bruders die Geschicke in Perls ehemaliger Kanzlei am Stubenring leitete, sich im November bei Jabotinsky in London erkundigt, ob dieser gedenke, die *Aktion* fortzuführen oder das Büro aufzulösen. Für den Fall einer Fortführung hatte er die NZO ersucht, eine geeignete Persönlichkeit nach Wien zu schicken, weil er selbst eine Reise nach Shanghai plante und es in Wien niemanden gab, dem er seine Agenden überantworten wollte.[123] Hallers Ansuchen war jedoch ignoriert worden, sodass dieser Ende Dezember erneut um Ablöse bat. Er brachte zudem sein Missfallen über die Neigung zum Ausdruck, „bei künftigen Transporten Wien zu umgehen, ja auszuschalten", weil die Stubenring-Kanzlei nicht in der Lage war, „Beträge in der Höhe aufzubringen, wie es die ausländischen Organisationen zu tun" vermochten.[124]

Aus Hallers Sicht war dies ein Skandal. Denn einerseits war in Wien das gesamte Unternehmen ins Leben gerufen worden und andererseits war die Lage in der „Ostmark" bei Weitem dringlicher als anderswo. Aus diesem Grund drohte er auch damit, aus Protest das Büro von sich aus zu sperren und damit die Verantwortung auf diejenigen zurückfallen zu lassen, die seiner Meinung nach das, was von der *Aktion* übriggeblieben war, zum Stillstand bringen wollten.

Haller wusste vermutlich nicht, dass die NZO in London sich bereits Anfang Dezember 1938 bei Perl in Rumänien über ihn erkundigt hatte. Perl zeichnete damals ein durchaus positives Bild seines Nachfolgers und beschrieb ihn als ruhig und seriös, als sachlichen und fleißigen Mitarbeiter, zu keiner Gemeinheit fähig. Haller habe zudem sehr geschickt die seinerzeit von ihm zur Gestapo und zur Devisenbank aufgenommenen Beziehungen übernommen und sei auch der Einzige, der als Partner für die NZO dort in Frage komme.[125]

Trotz dieser lobenden Worte würde Hans Löw, an den Perl seine Einschätzung adressiert hatte, Haller zwei Monate später vorwerfen, ein Doppelspiel gespielt zu haben und die ganze Zeit über mit seinem in Ungnade gefallenen Bruder Paul in Kontakt gewesen zu sein.[126] Hallers Drohung verpuffte wirkungslos und das Stubenring-Büro ging nach seiner Abreise vollständig in die Hände der *Aguda* unter Julius Steinfeld und Moritz Pappenheim über. Doch die Dinge dort schienen nicht mehr rund zu laufen, wie auch Perl in seinen Memoiren anklingen lässt, sodass das Büro Ende Januar 1939 von der Gestapo geschlossen wurde und die *Aktion* damit endgültig Geschichte war.

Perl erwähnt in seinen Memoiren die genauen Gründe für die Schließung seiner Kanzlei nicht, sie finden sich allerdings in den Akten der Gestapo. Diesen zufolge fürchtete das Stubenring-Büro, bei dem Ende Januar 9000 Anmeldungen von Juden zur Auswanderung nach Palästina vorlagen, die Konkurrenz der Wiener Filiale eines Hamburger Reisebüros, das ebenfalls heimliche Auswanderungsfahrten nach Palästina organisierten wollte. Um diesen Rivalen auszuschalten, soll Heinrich Haller einen bereits vorbereiteten Transport des Hamburger Büros mit 500 Personen an die Briten verraten haben. Durch eine „vertrauliche Mitteilung“ erfuhren allerdings die deutschen Behörden von Hallers Vorgehen, und aus Angst vor „aussenpolitische[n] Verwicklungen zum Nachteile des Reiches" untersagten sie den 500 Flüchtlingen die Abreise aus Wien. Das bezahlte Geld erhielten sie zurück.[127] Die führenden Mitarbeiter des Stubenring-Büros – darunter ein weiterer Haller-Bruder namens Hermann – wurden verhaftet, kamen aber laut Heinrich Haller, der sich zu diesem Zeitpunkt bereits in Tel Aviv aufhielt, nach vielen Mühen und Interventionen schließlich wieder frei.

Heinrich Hallers Versuch, sich eines Mitbewerbers zu entledigen, stand möglicherweise in Verbindung mit den Umtrieben seines Bruders Paul. Dieser versuchte mittlerweile, einen Transport in der Schweiz zu organisieren. Auch die ehemaligen Stubenring-Mitarbeiter Fritz Herrnfeld und Paul Ellbogen tauchten in Zürich auf und gaben sich wie Haller bei der Auswanderungsaktion des Schweizer Fluchthelfers Ernst Fink als Wiener Vertreter des internationalen Sportverbands *Maccabi* aus. Damit gerieten sie ihrerseits offenbar in Konkurrenz zum dortigen Vertreter der Revisionisten, Perls späterem Freund Reuben Hecht, was den Unmut der NZO hervorrief. Dafür spricht ein Schreiben Heinrich Hallers nach London, in dem er die Einstellung seiner persönlichen Tätigkeit am Stubenring plötzlich damit erklärt, dass er nach dem in Zürich entstandenen Zwiespalt den Freunden – gemeint ist wohl die NZO – keine Handhabe geben wolle, Wien vollständig im Stich zu lassen. Haller wiederholt in diesem Brief allerdings seine Kritik an der Politik der NZO: „Ich weiss nicht, wie weit die Arbeit in Wien weitergeht, ich darf es aber nicht unterlassen, immer wieder zu betonen, dass die Partei eine viel grössere Tat vollbringt, wenn sie nur einen Juden aus Wien herausführt, als wenn sie zehn aus irgend einem anderen Land herausbrächte."[128]

Die Frage stellt sich allerdings, ob Heinrich Haller den Transport des Hamburger Reisebüros überhaupt an die Briten verraten hatte. Denn ein weiteres und äußerst pikantes Detail über die Auflösung des Stubenring-Büros liefert abermals das Geheimdossier des *CID Jerusalem* vom Mai 1939. Diesem zufolge hatte eine Intrige zur Schließung von Perls ehemaliger Kanzlei geführt – eingefädelt von Moses Krivoshein. Es ist daher wahrscheinlich, dass Krivoshein die im Gestapo-Bericht erwähnte „vertrauliche Mitteilung" getätigt hatte und diese womöglich gar nicht der Wahrheit entsprach. Tatsächlich saß auch er Anfang 1939 in Wien im Gefängnis, nachdem er offensichtlich nach Österreich zurückgekehrt und wegen der Affäre von Arnoldstein verhaftet worden war. Er schob jede Verantwortung dafür allerdings Paul Haller zu und wollte mit weiteren Anschuldigungen gegen das Stubenring-Büro möglicherweise seinen Kopf aus der Schlinge ziehen. Gegenüber dem ebenfalls im Zuge der Stubenring-Affäre verhafteten Mithäftling Kurt Schallinger, bei dem es sich vermutlich um den Leiter des *Betar* in Baden bei Wien handelte, drohte er jedenfalls, den Briten Passagierlisten auszuhändigen und die Namen der Transportleitungen bekanntzugeben, sollte er von den deutschen Behörden nach Palästina abgeschoben und dort interniert werden.

Vieles spricht also dafür, dass die Gestapo genug von den internen Streitereien der Revisionisten und deren Konflikten mit möglichen Mitbewerbern hatte. Dies brachte ein Beamter gegenüber Schallinger – den Jabotinskys Sekretär Löw als „unseren verlässlichen und tüchtigen Mann in Österreich" bezeichnete und der aus Sicherheitsgründen schnell außer Landes gebracht werden sollte – in einem Verhör jedenfalls unmissverständlich zum Ausdruck: „[W]enn sich die Juden selbst auf den Kopf sch[eißen], dann gibt es keine Transporte mehr."[129]

Angesichts dieser Drohung ist es sehr wahrscheinlich, dass die Vorfälle rund um die Kanzlei am Stubenring auch Auslöser für den überstürzten Aufbruch der als „China-Gruppe" bezeichneten Flüchtlinge waren. Deren Ankunft in Rumänien führte sofort zu Querelen zwischen Perl und Katznelson, der seinerseits Ende Januar 1939 in Bukarest eingetroffen war. Katznelson hatte die bisherige Organisation der Transporte kritisiert, weil Perl seiner Meinung nach bislang zu viel für die Schiffsmiete bezahlt hatte. Nun erteilte er auch dem Vorschlag, die „China-Gruppe" an Bord der *Chepo* mitzunehmen, eine harsche Absage.[130] Dabei soll er sich Mila Epstein zufolge sogar einer direkten Anweisung Jabotinskys widersetzt haben, nachdem Epstein bei ihrem Onkel zugunsten der Flüchtlinge interveniert hatte.[131]

Wieder einmal ging es ums Geld. Katznelson erkannte die Abmachungen nicht an, die Perl mit Steinfeld und Pappenheim von der *Aguda* getroffen hatte, und forderte die Überweisung von weiteren 1645 Pfund – offensichtlich hatte Perl „ausnahmsweise [...] in Anbetracht der Tatsache, dass der größte Teil dieser Teilnehmer aus Dachau zurückkam, ausgewiesen war und dringend abreisen musste", nur 9,25 Pfund pro Person in Rechnung gestellt.[132] Steinfeld sollte Perl später unterstellen, den Transport mit diesem Entgegenkommen leichtsinnig initiiert zu haben, anders lässt sich eine in einem Schreiben an NZO-Finanzreferent Siegfried Graubart vom 14. März 1939 gemachte Aussage nicht interpretieren.[133] Wie Perl allerdings an Shlomo Jacoby schrieb, hatte nicht er, sondern Eri Jabotinsky den Fahrpreis verhandelt.[134]

So oder so war die „China-Gruppe" vorerst in Constanța gestrandet. Sie durften ihr Quartier im Unterbau des Hafenbahnhofs nicht verlassen, wo sich die hygienischen Bedingungen von Tag zu Tag verschlechterten. Die Angelegenheit entwickelte sich allmählich zu einem ernsten Problem für die NZO und belastete deren Verhältnis zu den Behörden zunehmend, denn die provisorische Unterbringung im Hafenbahnhof war nur unter der Bedingung genehmigt worden, dass die Gruppe das Land so schnell wie möglich wieder verließ. Dass sich die Revisionisten für sie nicht verantwortlich fühlen wollten, war den Behörden gleichgültig. Schließlich hatte sich die NZO beim rumänischen Konsul in Wien um Einreisevisa für die Gruppe bemüht, nachdem sie mit Julius Steinfeld bereits im Dezember 1938 eine entsprechende Vereinbarung getroffen hatte.[135]

Als auch noch Scharlachfieber ausbrach und die Sanitätsbehörde mehrfach drohte, die Gruppe zu „evakuieren", musste die NZO reagieren. Der rumänische NZO-Vorsitzende Kanner ersuchte Anfang März 1939 die rumänische *Aguda*, sich der Angelegenheit anzunehmen, bot aber an, sich an einer Lösung zu beteiligen. Dabei schob er die Schuld an der Angelegenheit Steinfeld in Wien zu, der den vereinbarten Preis nicht bezahlen wollte oder konnte, sodass die NZO noch versucht hatte, die Ausstellung der Visa durch das rumänische Konsulat in Wien und damit die Abreise der „China-Gruppe" zu verhindern.

Steinfeld widersprach dieser Darstellung auf Schärfste.[136] Er beharrte darauf, die mit Perl als Bevollmächtigtem der NZO getroffenen Vereinbarungen eingehalten zu haben, und beschwerte sich bei der NZO in London über Kanner sowie den „sattsam bekannten Herrn Katznelson" und dessen überzogene Geldforderungen.[137] Er warf ihnen vor, für seine Leute nichts übrig zu haben, nur weil sie von der *Aguda* seien, und es sei ein Verbrechen und eine Dummheit, „was diese Herren mit Wien aufführen".[138] Schließlich, so Steinfeld, habe die NZO kein Monopol auf die Transporte und obwohl er eigentlich nicht wolle, müsse er angesichts dieses Undanks und dieser Unverantwortlichkeit zu anderen Organisationen übergehen.

Schon zuvor hatte Steinfeld wie Heinrich Haller die Bevorzugung von Flüchtlingen aus der Schweiz, Belgien, Frankreich, Ungarn oder der Tschechoslowakei kritisiert und „endlich richtige Massnahmen [für] eine geordnete Auswanderung aus der Ostmark nach Übersee“ gefordert, auch von Perl: „Sie müssen sich unbedingt mit Ihren Freunden in London, Paris, Zürich, Warschau und Prag ins Einvernehmen setzen, ebenso auch mit denjenigen in Palästina, um die Gründung dieser Filialorganisationen in den verschiedenen Zentren Europas und Palästinas [...] mit allen Mitteln zu verhindern [...]. Wir sind heute soweit, dass wir über genügend Valuta im Auslande verfügen können. [...] Ich bitte Sie daher konkret die Anzahl der Teilnehmer an den Transporten, die Höhe des Pfundbetrages per Kopf genauestens zu kalkulieren und uns auch bekanntzugeben, wann mit geregelten Transporten in geregelter Art begonnen werden wird.“[139]

Die NZO-Funktionäre in London zeigten Steinfeld allerdings die kalte Schulter. Als Steinfeld sich direkt an Jabotinsky wandte und die Notwendigkeit betonte, den österreichischen Juden finanziell entgegenzukommen, wurde ihm lediglich mitgeteilt, dass dieser krank sei und sich ohnehin nicht mit solchen Angelegenheiten beschäftige.[140] Katznelson sei der „entscheidende Faktor“, von ihm hänge die ganze Sache ab und London könne nur „einen geringen Einfluss auf seine Entscheidungen nehmen“.[141] Zudem wurde Steinfeld an Eliyahu Gleser verwiesen, der den tschechoslowakischen *Betar* sowie das Alija-Zentralbüro in Prag leitete. Diesem und Katznelson oblag es als Einzigen, bindende Arrangements über Transporte zu treffen. Solange jedoch das Scharlachfieber grassierte und jeder neue

Fall eine potenzielle Abreise um weitere Wochen hinauszögerte, war an einen Transport nach Palästina ohnehin nicht zu denken. Der machtlose Perl besuchte die isolierte und zunehmend verzweifelte Gruppe immer wieder, die unter anderem von Mila Epstein betreut wurde. Epstein ersuchte die Behörden sogar um Erlaubnis, ein vierjähriges Mädchen zu sich nach Hause mitzunehmen, allerdings vergeblich.[142]

Wie schlimm die Lage war, schildert ein an Jabotinsky adressierter Hilferuf des Reiseleiters Emil Patlaschenko, der sich auch von Perl nur mehr vertröstet fühlte: „Sechswöchentlicher Aufenthalt in einem Keller, Schlafen auf einem Steinboden, Entbehrungen, Krankheiten und Epidemien haben wir bisher mit Geduld und Disziplin ertragen. Nicht ertragen auf die Dauer aber können wir die Tatsache, dass die Führung der N.Z.O. [...] uns verraten hat und uns in unserer derzeitigen Lage im Stich lässt. Die Juden von [C]onstanta [...] sind nicht mehr imstande, uns weiter zu unterstützen. Die Lebensmittelvorräte, ohnedies nur mehr Kartoffel[n,] reichen nur mehr für einige Tage. Die Polizei wollte uns schon vor einer Woche ausweisen und über die Grenze abschieben. Bis dato konnten es die Juden von Constanta verhindern. Jetzt aber [...] müssen wir jede Stunde mit einer für uns katastrophalen Wendung rechnen. Unser Transport besteht zum Teil auch aus Nichtrevisionisten. Sie machen uns Revisionisten die grössten Vorwürfe, denn sie haben sich dem revisionistischen Transport anvertraut [...] und benutzen nun die Gelegenheit, die ganze N.Z.O. als unfähig, korput [sic!], als Menschenhaendler, Diebe, kurzum als Verbrecher hinzustellen. [...] Nur noch wenige Tage lässt sich bei grösster Energie die ohnedies schon sehr gelockerte Disziplin der Reiseteilnehmer aufrechterhalten. Dann droht der Zerfall und die völlige Auflösung des Transportes. Betrugsanzeige, Intervention der Polizei und Regierungsstellen – Skandal. Dass dies alle weiteren derartigen Transporte durch Rumänien [...] unmöglich machen wird, versteht sich von selbst."[143]

Katznelson sah die Schuld an der ganzen Misere bei Willy Perl, weil es diesem nicht gelungen war, die Abreise der Gruppe aus Wien zu verhindern. Doch das war noch längst nicht alles an Vorwürfen. Dem zum Sündenbock gemachten Perl wurde von seinem neuen Vorgesetzten auch mitgeteilt, dass die NZO überaus unzufrieden mit ihm war, und zwar wegen der Missstände in seinem ehemaligen und mittlerweile geschlossenen Büro am Stubenring. Diesen Vorwurf konnte Perl schon gar nicht nachvollziehen, denn nach seiner Abreise aus Wien hatte er auf die dortigen Vorgänge keinerlei Einfluss mehr. Genau aus diesem Grund hatte er sogar einen Anruf von Eichmann erhalten, der dem Stubenring-Büro vor der Schließung noch einen persönlichen Besuch abgestattet und ihn zur Rückkehr aufgefordert hatte, um in Wien wieder die Führung zu übernehmen und die Dinge in Ordnung zu bringen. Perl hatte trotz der Zusicherung freien Geleits selbstverständlich abgelehnt. Die Worte, mit denen Eichmann daraufhin das Gespräch beendet hatte, sollte er niemals vergessen: „Wir kriegen dich trotzdem, Perl."

12 — Anfeindungen in den eigenen Reihen

Die Posse um das Ende der Stubenring-Büros und das ungeklärte Schicksal der „China-Gruppe“ waren nicht Perls einzige Sorgen in diesen Tagen und auch nicht der einzige Reibepunkt mit Katznelson. Auch die Irrfahrt der *Katina* dauerte immer noch an. Perl war über die schlimmen Zustände an Bord im Bilde, denn Davaris hatte ihm mitgeteilt, dass die Lebensmittel auf dem Schiff nach dem unfreiwilligen Rückzug von der Küste Palästinas fast vollständig aufgebraucht waren. Aus diesem Grund ersuchte der Grieche um Geld für neuen Proviant. Auch wenn er Davaris prinzipiell für einen anständigen Mann hielt, war Perl zunächst skeptisch. Mittlerweile kannte er seine griechischen Geschäftspartner recht gut und wusste, dass derart dramatischen Meldungen von Haus aus ein gewisser Grad an Unwahrscheinlichkeit anhaftete.[144] Doch nachdem er seine eigenen Berechnungen angestellt hatte, kam er zu dem Schluss, dass Davaris nicht zu lügen schien. Perl hatte allerdings noch keine Kenntnis davon, dass es um den Proviant noch schlechter bestellt war als angenommen, da ein Teil durch einlaufendes Meerwasser verdorben war. Davaris zufolge hatte es auch bereits Tote gegeben. Perl bezweifelte dies, lag damit allerdings falsch. Tatsächlich waren zu diesem Zeitpunkt drei Menschen gestorben und weitere Tote würden aufgrund der Zustände an Bord folgen.

In mehreren Telefonaten schilderte Perl daher Shlomo Jacoby eindringlich die Notlage der Passagierinnen und Passagiere und erbat mehr Geld aus London. Er und Epstein hatten sich auch umgehend an Katznelson gewandt, nachdem sie von Davaris über den Verlust der *Artemisia* und den Rückzug der *Katina* informiert worden waren – und waren prompt in eine neuerliche Auseinandersetzung mit ihrem neuen Vorgesetzten geraten.[145] Denn Katznelson vertrat die Meinung, dass sie Davaris' Nachricht einfach ignorieren sollten. Der Grieche konnte die Leute auf seinem Schiff schlecht verhungern lassen und würde sie daher schon mit Lebensmitteln versorgen.

Perl war anderer Ansicht. Davaris war gemäß ihrer Übereinkunft nicht für die Proviantbeschaffung zuständig und konnte dazu auch nicht verpflichtet werden, schon gar nicht auf diese Weise. Die Zwickmühle des Griechen – die Leute auf der *Katina* entweder verhungern zu lassen oder auf eigene Rechnung zu versorgen – auszunutzen, war für Perl moralisch nicht vertretbar. Davaris hatte sich ihnen gegenüber bislang untadelig verhalten und ihnen bei der Arnoldstein-Affäre aus der Klemme geholfen, indem er nicht nur Schiffe geschickt, sondern auch bei der Sicherstellung des von Haller verlorenen Geldes geholfen hatte.[146] Perl wollte mit einem solchen an Erpressung grenzenden Vorgehen nichts zu tun haben – ebenso wenig wie Mila Epstein, die offenbar aus Sorge um die Passagierinnen und Passagiere dem „gewissenlosen, unmenschlichen" Katznelson gegenüber leicht ausfällig wurde.[147] Dieser entband sie daraufhin von ihren Aufgaben, was sie jedoch ignorierte, und sie rief ihren Onkel in London an. Jabotinsky ordnete daraufhin an, die laut Davaris benötigte Summe von 1100 Pfund nach Griechenland zu schicken, aber Katznelson hielt an seinem Entschluss fest, für Proviant keinen Groschen mehr als die bereits geleisteten 350 Pfund zu bezahlen. Obwohl Perl zuversichtlich war, die von Davaris geforderte Summe durch Verhandlungen zu reduzieren, stieß er mit seiner Bitte auch bei Jacobi auf taube Ohren. Epsteins Intervention bei Jabotinsky schien dennoch gefruchtet zu haben, denn Katznelson überwies schließlich 300 Pfund nach Athen, allerdings ohne Perl davon in Kenntnis zu setzen. Dieser sollte von der Zahlung erst durch Davaris erfahren, dem Katznelson zu einem späteren Zeitpunkt und diesmal in Perls Gegenwart weitere 100 Pfund bei Ausbootung zusagte.[148]

In der Zwischenzeit hatte, am 20. Februar 1939, auch die *Chepo* mit 750 Flüchtlingen aus Wien endlich ihre zweite Fahrt nach Palästina angetreten. Vermeintlich am Ziel angekommen, erging es ihr nicht viel anders als der *Katina*. Mehrmals musste sie sich von der Küste Palästinas zurückziehen, und mehr noch als auf der *Katina* nutzte die Crew die Gelegenheit aus, aus der Notlage der Reisenden persönlichen Profit zu erzielen.

Doch das wahre Unglück ereignete sich in einer stürmischen, nebligen Nacht. Die *Chepo* lief an der Südküste Kretas auf ein Riff auf, drohte zu sinken und musste aufgegeben werden. Glücklicherweise geschah dies langsamer als vom Kapitän angesichts der Notlage zuerst angenommen, sodass die Frauen und Kinder mit den zwei vorhandenen Rettungsbooten auf eine kleine, unbewohnte Insel in der Nähe in Sicherheit gebracht werden konnten. Während der Funker unentwegt Notrufe absetzte, machte sich die Crew mit einigen Passagieren ans Pumpen. Der Untergang des Schiffs konnte damit zwar bestenfalls verzögert werden, mehr war allerdings auch nicht nötig, denn die Hilferufe waren gehört worden. Als sich eine

Silhouette am Horizont abzeichnete, befürchteten die Schiffsbrüchigen zunächst die Ankunft eines britischen Kriegsschiffs, doch es war ein Frachter, der sich der Unfallstelle im Morgengrauen näherte – und sich bei näherer Betrachtung zum Erstaunen aller als *Katina* entpuppte.

Auf den ersten Blick war diese nämlich nicht als solche zu erkennen. Denn da die Wahrscheinlichkeit hoch war, dass auch die *Katina* wie zuvor die *Draga* und die *Elli* von den Briten fotografiert worden war, hatte Davaris entsprechende Vorkehrungen getroffen. Als erfahrener Schmuggler unterhielt er auf einer griechischen Insel eine Werkstatt, in der seine Schiffe bei Bedarf einer kosmetischen Korrektur unterzogen werden konnten. So war ein zweiter, unechter Schlot an Deck der *Katina* installiert und dem einstmals grauen Schiff ein schwarzer Anstrich verpasst worden. Mit einer portugiesischen anstatt einer griechischen Flagge hatte es Davaris' Schönheitssalon daraufhin wieder verlassen. Diese optische Verwandlung war den Passagieren, die sich noch auf der *Chepo* befanden, herzlich egal. Sie waren froh, ihren schwimmenden Sarg gerade noch rechtzeitig verlassen zu können, ehe er auf den Grund des Meeres sank.

Nachdem auch die auf die Insel geflüchteten Frauen und Kinder an Bord geholt worden waren, waren insgesamt rund 1200 Menschen auf der *Katina* zusammengepfercht. Angesichts dieser Überbelegung und der nach wie vor katastrophalen Lebensmittelsituation nahm der Kapitän mit Volldampf Kurs auf Palästina, gefolgt von einem kleineren Landungsboot, das die *Artemisia* ersetzen sollte. In einer stürmischen Nacht wagte man Umstieg und Landung. Wohl aufgrund des Wetters schienen die Briten nicht mit einem Landeversuch zu rechnen, denn von ihren Patrouillenbooten war diesmal nichts zu sehen. Drei Personen gingen über Bord, eine musste nach der Rettung wiederbelebt werden. Doch alle 1225 Passagierinnen und Passagiere erreichten in jener Nacht im März 1939 den Strand bei Netanya und tauchten unbemerkt von der Mandatsmacht unter.[149] Sie waren die letzten Flüchtlinge, denen Perl im Namen der NZO zu einem neuen Leben verholfen hatte.

Perl hatte sich mit seiner Forderung nach mehr Geld für die *Katina* durchgesetzt, doch es war bereits offensichtlich, dass er auf dem kürzeren Ast saß und Katznelson drauf und dran war, diesen abzusägen. Sein neuer Vorgesetzter drängte ihn immer weiter an den Rand, indem er von ihm getroffene Vereinbarungen einfach für nichtig erklärte, ihn mit Falschinformationen versorgte und ihn vielfach desavouierte. Anfang März 1939 wurde Perl schließlich mitgeteilt, dass er fortan von jeglicher Verschiffungsarbeit ausgeschlossen sei und eine andere Verwendung finden werde. Lediglich an der Einschiffung der Reisenden eines neuen Transports mit dem Frachter *Astir* durfte er noch mitwirken und arbeitete drei Tage und zwei Nächte ohne Schlaf durch, weil ein Streik der Mannschaft die Abreise des Schiffs gefährdete. Als die *Astir* am 6. März 1939 den Hafen von Varna verließ, hatte er seine Schuldigkeit getan und wurde von seinen Aufgaben entbunden.

Noch schockierender für Perl war allerdings, dass Katznelson sich ihm gegenüber benahm, als sei er ein Verbrecher, und sogar Einsicht in seine Konten verlangte.[150] Offensichtlich stand er unter Verdacht, sich wie Haller an den Transporten bereichert zu haben. So hatte Julius Steinfeld Anfang Februar 1939 NZO-Finanzreferent Graubart mitgeteilt, die Passagiere der *Aguda* hätten bislang jeweils eineinviertel Pfund direkt an Perl abgeliefert, wie im Vorfeld mit diesem vereinbart.[151] Dies dürfte Misstrauen bei der NZO erregt haben, ebenso wie die immer neuen Geldforderungen Perls für die Verpflegung der Leute auf der *Katina*. Perl konnte das Eintreffen des Schiffs vor Palästina allerdings nur schätzen, und da es sich immer weiter – erst um sechs Tage, dann um acht Tage und schließlich um einen Monat – verzögerte, wurden auch fortlaufend mehr Mittel für den Provianteinkauf notwendig. Perl erhielt aber keine Gelegenheit, sich zu rechtfertigen. Nachdem die *Astir* abgelegt hatte, brach Katznelson nach Warschau auf, ohne ihn von seiner Abreise in Kenntnis zu setzen. Zudem war Betar-Leiter Jakob Schieber angewiesen worden, Perl kein Geld ohne Katznelsons ausdrückliche Zustimmung auszuzahlen. Das stellte Perl vor gravierende Probleme, denn er hatte im Namen der NZO Schulden gemacht, auf denen er nun sitzenzubleiben drohte. Da er Katznelson in Warschau tagelang nicht erreichen konnte, musste ihm Mila Epsteins Vater aushelfen. Als schließlich doch ein Telefonat mit Katznelson zustande kam, erklärte dieser, ihm nur aus seiner Zwangslage zu helfen, wenn er, wie gefordert, seine Konten prüfen ließe.

Perl war zutiefst gekränkt und wollte sich angesichts seiner Verdienste um die *Alija* und der damit verbundenen großen persönlichen Risiken nicht auf diese Weise behandeln lassen. Denn schließlich war er es gewesen, dem die rumänischen Behörden bei den bisherigen Transporten den Pass abgenommen hatten, bis die jeweilige Flüchtlingsgruppe das Land auch wirklich verlassen hatte. Ihn hatte die rumänische Polizei – wohl auf Druck der Briten – erst unlängst verhaftet, verhört und zwei Tage lang eingesperrt. Selbst in dieser Situation hatte er Katznelson noch gedeckt und dessen Namen nicht preisgegeben, als die Beamten nach dem Leiter der Unternehmung gefragt hatten. Für diese Loyalität hatte Perl sich eigentlich den

Dank seines Vorgesetzten erwartet, über den er sich bereits seit Längerem bei der NZO in London hatte beschweren wollte. Bislang hatte er damit gezögert, weil er wusste, dass Jabotinsky genug vom „Gezänke in der Partei" hatte. Er wollte diesen daher nicht mit noch einer Klage behelligen, obwohl er von Mila Epstein dazu ermutigt worden war. Nun aber war der Bogen endgültig überspannt. In einem langen Brief brachte Perl sein Unverständnis über seine Behandlung durch Katznelson zum Ausdruck. Er adressierte ihn allerdings nicht an Jabotinsky, sondern an Shlomo Jacoby, den er lange nur für den Finanzreferenten gehalten hatte. Dass in Wirklichkeit Jacoby die Oberaufsicht führte, hatte er erst kürzlich von Katznelson erfahren – was unterstreicht, wie sehr Perl auch von der Führung der NZO außen vor gelassen worden war. Es ging allerdings nicht nur um gekränkten Stolz und um die Schulden, die Perl im Namen der Bewegung gemacht hatte. Tatsächlich war er auf seine Arbeit für die *Alija* angewiesen, weil er mit einem Teil der erzielten Überschüsse und dem Spesenersatz durch die NZO seinen Lebensunterhalt finanzierte. Im Grunde war er selbst nichts weiter als ein mittelloser Flüchtling, der seiner Profession als Rechtsanwalt im Ausland nicht nachgehen konnte und sehen musste, wie er über die Runden kam, während er weiter auf dem Balkan ausharren musste.

Ursprünglich hatte Perl geplant, eines Tages wie die Haller-Brüder, Wolf und Kornmehl selbst nach Palästina zu gehen, die übrigens nicht mit einem illegalen Transport, sondern legal mit einem Einwanderungszertifikat ins Land gekommen waren. So hatte er bereits im Herbst 1938 an seinen Freund Eduard Pachtmann vom *Zionistischen Landesverband* geschrieben und sich nach dem Zertifikat erkundigt, das auch ihm offenbar zugesagt worden war. Pachtmann hatte wenig später geantwortet, dass Perls „Gesinnungsgenossen" – gemeint sind wohl Heinrich Haller und der in Wien verbliebene Rest der *Aktion* – ihm eine Liste mit potenziellen Kandidaten für Zertifikate aus den Reihen der Revisionisten vorgelegt hatten, auf der Perls Name allerdings nicht enthalten war. Als Begründung wurde angegeben, dass die Briten ihn auf der sogenannten schwarzen Liste der in Palästina unerwünschten Personen führten. Perl hatte dem damals widersprochen und dies sogar durch den ihm bekannten britischen Parlamentarier George Lansbury überprüfen lassen, von dem er während seiner Zeit in London Unterstützung erhalten hatte. Dennoch hatte er den für die Zertifikatsvergabe zuständigen Alois Rothenberg als Leiter des Wiener *Palästinaamts,* mit dem Pachtmanns *Zionistischer Landesverband* im Rahmen der legalen jüdischen Einwanderung nach Palästina eng zusammenarbeitete, trotz Pachtmanns Fürsprache nicht überzeugen können.[152] Dass Paul Haller – laut Perls zuvor erwähntem Freund Israel – im Sommer 1938 angekündigt hatte, Perl sein Zertifikat vorzuenthalten, um ihn auf diese Weise fertigzumachen, wirft abermals kein gutes Licht auf diesen.[153]

Im Frühjahr 1939 hatten sich Perls Situation und seine Fluchtpläne ohnehin geändert. Aufgrund seiner Aktivitäten und seiner Bekanntheit war Perl sich sehr sicher, dass die Briten ihn mittlerweile auf dem Radar hatten und ihm bei der Einreise nach Palästina die Internierung drohte. Damit lag er richtig, denn das *Criminal Investigation Department* der *Palestine Police* betrachtete ihn als den führenden Vertreter der revisionistischen *Alija* für den gesamten Balkan, gemeinsam mit Eri Jabotinsky und, kurioserweise, Jonel Popescu, dem in diesem Zusammenhang irrtümlich der Vorname „Trajan" zugeschrieben wird.[154]

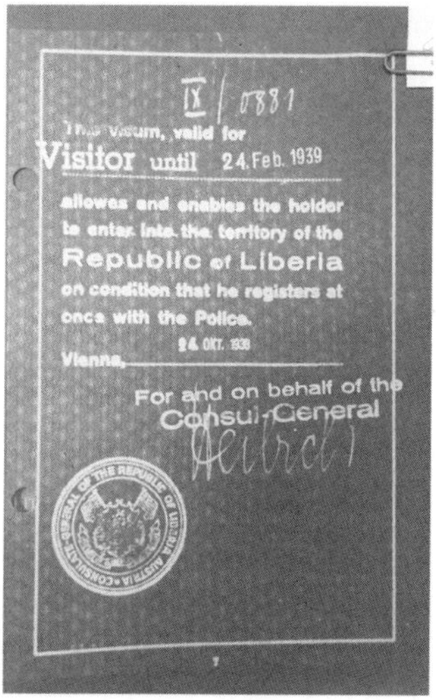

Liberisches Visum, ausgestellt in Wien im Oktober 1938

Zwar wird Perl im Bericht des CID-Beamten Cocorempas vom September 1938 noch als britischer Staatsbürger bezeichnet, doch spätestens seit Anfang Dezember 1938 wusste das britische *Passport Control Office* in Wien, dass es sich bei ihm um einen Wiener Advokaten handelte. So hatte das Kreuzverhör einer Frau, die sich um ein britisches Visum beworben hatte, ergeben, dass deren Mann sich bei einem Anwalt namens Willy Perl für einen illegalen Transport angemeldet hatte und im November entweder auf der *Draga* oder der *Elli* nach Palästina gereist war. Die britischen Beamten hatten daraufhin in Erfahrung bringen können, dass Perl einen neuen Transport vorbereitete, der laut Visa für Liberia bestimmt war und Ende Januar oder Anfang Februar 1939 – *Katina* oder *Chepo* – aufbrechen sollte. Sie hatten sogar einen der Passagiere ausfindig gemacht und befragt, konnten diesem allerdings trotz mehrfacher Versuche keine Details entlocken und gewannen den

Eindruck, dass die Teilnehmer von den Organisatoren komplett im Dunklen gelassen wurden.[155]

Aus Gründen der persönlichen Sicherheit gab Perl sich Mühe, auch seine eigene Identität und Rolle zu verschleiern, und benutzte einen Decknamen, um die Briten zu narren. In seinen Memoiren findet sich eine ausführliche Beschreibung, wie er mittels fingierter Briefe und Fotografien die Briten glauben machen wollte, der eigentliche Drahtzieher sei ein Mann namens Teff. „Teff" war in Wahrheit sein Spitzname aus Studientagen, den er im Rahmen der Transporte verwendete, so auch bereits im Dezember 1937 in seiner Korrespondenz mit Krivoshein. Doch bezüglich des Erfolgs dieses Unterfangens gab er sich keinen Illusionen hin, wie er in seinem Brief an Jacoby bitter resümiert: „Ich stehe heute da, nach Palästina kann ich nicht, da ich infolge dieser Tätigkeit auf der schwarzen Liste bin. Ich habe ein weiteres Jahr meines Lebens – von meinem persönlichen Standpunkt ausgehend – verloren, und hänge heute mit noch unrealisierten Zukunftsplänen, irgendwo in einem fremden Lande, in der Luft."[156]

Aus diesem Grund blieb Perl nur eine einzige Möglichkeit, um nicht vor die Hunde zu gehen: Er musste die Expertise nutzen, die er sich in den vergangenen Jahren angeeignet hatte, und sich als Reiseorganisator selbstständig machen. Knapp drei Wochen nach dem Auslaufen der *Astir* schloss er seinen ersten eigenen Vertrag, wie er Jacoby gegenüber angab. Denn Menschen mit Emigrationsbedürfnis gab es auch auf dem Balkan genug, sodass Perl nicht auf die NZO und ihr Netzwerk in Osteuropa angewiesen war. Auch in Wien arbeiteten – trotz Ende der *Aktion* und Schließung des Büros am Stubenring – weiterhin Leute daran, Flüchtlingsgruppen nach

Palästina zu schicken. Einer von ihnen war Julius Steinfeld von der *Aguda,* dem Perl schon im Februar 1939 ein Angebot über einen neuen Transport von 600 Personen vorgelegt hatte. Steinfeld wusste allerdings nicht, ob dieses Angebot mit der NZO abgestimmt war. An deren Finanzreferenten Siegfried Graubart schrieb er deswegen, er müsse wissen, wer sein Partner sei und ob die NZO überhaupt noch Transporte aus Wien organisieren werde.[157] Steinfeld zufolge hatte Perl behauptet, London habe in der Sache nichts zu melden, die NZO hatte wiederum Perl angeblich als unverantwortlich bezeichnet. Der Bruch zwischen beiden schien sich also bereits zu diesem Zeitpunkt abgezeichnet zu haben, was vielleicht auch daran lag, dass die NZO eifersüchtig auf Perl war – schließlich waren die Transporte seit den Anfängen in Wien vor allem unter dem Namen „Perl-Aktion" bekannt und das Stubenring-Büro hatte sich immer als eigenständige Unternehmung verstanden und nicht als revisionistische Parteiangelegenheit. Für Unmut bei der NZO sorgte vermutlich zudem, dass Perl, anders als sie selbst, nicht aus ideologischen oder politischen Überlegungen handelte, sondern einfach pragmatisch Menschen zur Flucht verhelfen wollte.

Ein weiterer möglicher Partner für den frischgebackenen unabhängigen Transportunternehmer war daher Joshua Torczyner von der Wiener Sektion des apolitischen Sportverbands *Maccabi.*[158] Dieser charterte Anfang April 1939 den Frachter *Efterpi,* mit dessen griechischem Eigner Andronikos Willy Perl zuvor in Bukarest verhandelt hatte.[159] Umbenannt in *Liesel* und umgebaut für eine Kapazität von 1000 Passagieren hätte die *Efterpi* ursprünglich in Triest in See stechen sollen, aber die dortige Hafenbehörde kommissionierte das Schiff für lediglich 600 Personen. Der mit einer entsprechenden Vollmacht von Eichmann ausgestattete Torczyner reiste mehrmals in die italienische Hafenstadt, konnte aber selbst nach wochenlangen Verhandlungen keine Aufstockung erreichen. Schließlich leitete er die *Liesel,* möglicherweise auf Perls Betreiben, nach Rumänien um. Die Anreise der Passagierinnen und Passagiere wickelte er über die Donau und die DDSG ab.[160]

Ob und in welchem Ausmaß Perl in den Transport mit der *Liesel* involviert war, geht weder aus Perls Memoiren noch aus den übrigen verfügbaren Quellen eindeutig hervor. Faktum ist, dass sich Torczyner mit Paul Haller zusammengetan hatte, wie unter anderem eine abgefangene Korrespondenz und ein fingierter Telegrammwechsel des *Criminal Investigation Department* mit Torczyner zeigen, über den die *Palestine Police* an mehr Informationen gelangen wollte.[161] Diese Zusammenarbeit erklärt auch, warum sich Haller und die ehemaligen Stubenring-Mitarbeiter Herrnfeld und Ellbogen Anfang des Jahres beim Schweizer Fluchthelfer Ernst Fink in Zürich als „Herren vom Makkabi Wien“ vorgestellt hatten und die *Liesel* von Triest aus aufbrechen sollte. Dort verfügte Haller laut *CID* offensichtlich mit einem gewissen Ingenieur C. Kornfeld über einen Kontakt.

Eine Umleitung nach Rumänien aber war nur sinnvoll, wenn auch dort Transporthelfer bereitstanden. Haller hatte an der Schwarzmeerküste jedoch niemanden, denn Angehörigen der NZO war die Zusammenarbeit mit ihm untersagt. Es ist also durchaus denkbar, dass der eben arbeitslos gewordene Perl in seiner Notlage seine Dienste anbot. Sollte dies der Fall gewesen sein, wäre er aufgrund von Hallers Ächtung durch die NZO infolge der Arnoldstein-Affäre vermutlich unter allem Umständen um Geheimhaltung der Kooperation bemüht gewesen. Er stand jedenfalls zumindest mit Kornfeld in Triest in Kontakt, wie dieser im Dezember 1938 einem Betar-Funktionär in Tel Aviv – das Schreiben gelangte später in den Besitz der *British Palestine Police* – bezüglich der heimlichen Einwanderung von 200 polnischen Juden nach Palästina mitteilte: „In der Sache der Reisemöglichkeiten haben wir das Interesse unseres Freundes Dr. W. P. geweckt, derzeit in Bukarest.“[162]

In seinen Memoiren bezeichnet Perl den Transport mit der *Liesel* als Kooperation zwischen Revisionisten und *Maccabi*. Die NZO bestritt allerdings, irgendetwas damit zu tun zu haben. Bei seinem Besuch bei der Jüdischen Gemeinde Wien im Februar 1939 bezog Jabotinskys Sekretär Hans Löw sogar klar Stellung gegen den Transport und wollte den Amtsdirektor der Gemeinde, Josef Löwenherz, zu einer Intervention bewegen: „Ich habe ihn als die verantwortungsvolle Persönlichkeit des Wiener Judentums davor gewarnt, es zuzulassen, dass Hunderte Leute entweder nach Ako [sic!] oder nach Dachau gebracht werden [...], da diese Leute keine Landungs-Agency besitzen, welche eine einwandfreie Landung durchführen [kann]. Ich habe ihm zu verstehen gegeben, dass ein solcher Transport ein für allemal jede weitere Möglichkeit Transporte durchzuführen unmöglich machen wird.“[163] Löwenherz entgegnete, keinen Einfluss auf die Organisatoren zu haben, wollte diese aber zumindest auf Löws Einwände aufmerksam machen. Löw zog in seinem darauffolgenden Bericht an London auch die Möglichkeit in Betracht, beim chinesischen Konsulat Einfluss zu nehmen, weil der *Maccabi* seine Leute mit chinesischen Visa ausgestattet hatte. Ebenso betonte er die Notwendigkeit, eine weitere Vergabe von Transitvisa durch das rumänische Konsulat in Wien zu verhindern, weil die dortigen Mitarbeiter im Verdacht standen, leicht käuflich zu sein.

Dennoch konnte die NZO den Transport mit der *Liesel* nicht abwenden, dessen Teilnehmende je nach Vermögensverhältnissen zwischen 200 und 1300 Reichsmark bezahlten. Unter ihnen befand sich auch eine Gruppe von rund 150 Personen aus Graz, die von der dortigen Kultusgemeinde zusammengestellt worden war.[164] Diese reiste zunächst nach Wien und sammelte sich in einem Vereinslokal des *Maccabi*. Am Abend des 29. April 1939 fuhren die Grazer und die wesentlich größere Wiener Gruppe und damit insgesamt 720 Personen mit von Torczyner organisierten Straßenbahnsonderzügen zur Station der DDSG bei der Reichsbrücke.

Die Reise stand aber weiterhin unter keinem guten Stern. Nach den Schwierigkeiten in Triest kam es auch in Sulina zu einer Verzögerung, weil der griechische Konsul aufgrund der den Briten gemachten Zusagen die Abfahrt zu verhindern versuchte.[165] Erst nachdem die *Liesel* unter panamaischer Flagge registriert und laut dem britischen Konsul in Galaţi zu diesem Zweck zuvor in London verkauft worden war, konnte sie am 22. Mai Kurs auf Palästina nehmen.[166] An Bord befanden sich neben den Passagierinnen und Passagieren aus Wien und Graz auch 120 Betarim aus Ungarn sowie 80 rumänische Jüdinnen und Juden.[167] Es ist durchaus denkbar, dass Perl in die Organisation dieser zusätzlichen Gruppen involviert war. Die Mitnahme von ungarischen und rumänischen Juden als Gegenleistung für die Zuerkennung von Transitvisa entspricht jedenfalls den Vereinbarungen, die Perl für gewöhnlich mit den Behörden dieser Länder traf. Die Reise dauerte knapp vier Wochen, dann wurde die *Liesel* vor der Küste Palästinas von den Briten aufgebracht und von einem Kriegsschiff nach Haifa eskortiert.[168]

Mit Blick auf den Reiseverlauf scheinen die von Löw und der NZO geäußerten Bedenken also nicht unberechtigt gewesen zu sein. Denn bereits ein ebenfalls von Haller in Zusammenarbeit mit Ernst Fink organisierter und Mitte März 1939 in Fiume gestarteter Transport auf der *Aghia Zioni* hatte einen beinahe fatalen Ausgang genommen. Schon die mangelnde Verpflegung der Passagierinnen und Passagiere, die Erpressung durch die Crew und Machtkämpfe an Bord hatten für reichlich Kontroversen gesorgt. Der traurige Höhepunkt war jedoch die Landung in Palästina gewesen, die, extrem schlecht vorbereitet, erst nach langer Verzögerung und unter halsbrecherischen Bedingungen zwischen Gaza und Aschkelon – auf arabischem Gebiet – über die Bühne gegangen war. Nachdem sich die Flüchtlinge aus Angst vor einem Überfall durch Araber zunächst in einer alten Festung am Strand verschanzt hatten, waren sie tagsüber dreieinhalb Stunden in eine jüdische Siedlung marschiert, wo die Hälfte von ihnen von alarmierten britischen Soldaten verhaftet worden war.

Dass die *Liesel* vor Aschkelon aufgebracht wurde, deutet darauf, dass auch sie dort hätte landen sollen – womöglich unterstützt von denselben Männern, die, von Haller angeheuert, bereits für die *Aghia Zioni* angeblich keine sonderlich gute Arbeit geleistet hatten.[169] Welcher Gruppierung diese Männer angehörten, ist umstritten. Einem Brief eines nicht identifizierbaren Absenders an Perls Freund Reuben Hecht zufolge handelte es sich bei ihnen um zwei ehemalige Leute der *Irgun*, die wegen Disziplinlosigkeit und Geschwätzigkeit hinausgeworfen worden waren.[170] Nach einer Aussage von Joshua Torczyner kamen die beiden von der radikalen *Stern Gang*, was einer vormaligen Mitgliedschaft in der *Irgun* nicht widerspricht.[171] Auch Julius Steinfeld von der *Aguda*, der dem Maccabi-Transport wie die NZO kritisch gegenüberstand, war zu Ohren gekommen, dass angeblich die *Irgun* die Landung durchführen sollte, und zeigte sich sehr erstaunt darüber.[172] Wenig später ließ ihn die NZO allerdings wissen, dass weder sie noch die *Irgun* mit dem Transport etwas zu tun habe, und erteilte ihm die Befugnis, derartige Behauptungen als unwahres Gerücht zu brandmarken.[173]

Die *Liesel* scheint der Schlusspunkt in Paul Hallers Karriere als Transportorganisator gewesen zu sein. Die meisten Mitglieder seiner Gruppe wurden noch im Mai 1939 von der *Palestine Police* verhaftet. Haller selbst war laut CID-Bericht zu diesem Zeitpunkt noch auf freiem Fuß, doch seine Spur verliert sich danach.[174] Was von ihm blieb, war jedoch sein zweifelhafter Ruf, und auch deswegen wollte Perl unter allen Umständen verhindern, mit ihm in einen Topf geworfen zu werden. Aus diesem Grund hatte er sich sogar noch vor seiner „Freistellung" durch Katznelson von diesem die Erlaubnis geholt, unter eigenem Namen Transporte zu organisieren – anders als Haller, der sich auch nach dem Bruch mit der NZO als deren Vertreter ausgegeben hatte. Doch wie sich bald zeigen würde, war Perls Bemühen um ein gutes Einvernehmen mit seinem ehemaligen „Arbeitgeber" vergeblich.

13 — Einzelkämpfer in Rumänien

Mit der steigenden Zahl der verzweifelten Menschen, die Europa angesichts der politischen Entwicklungen am Vorabend des Zweiten Weltkriegs verlassen wollten, nahmen auch die dubiosen Machenschaften bei der Organisation der Fluchtmöglichkeiten zu. Paul Haller war nur ein Beispiel dafür. In Bukarest hatten zwielichtige Geschäftsleute begonnen, „Fahrkarten" für die von Perl organisierten Transporte zu Wucherpreisen zu verkaufen. Dabei arbeiteten sie mit korrupten Polizisten zusammen, die in allerletzter Minute vor dem Auslaufen der Schiffe mit bis zu 50 Fahrscheinkäufern im Hafen auftauchten und diese an Bord pferchten, ähnlich dem Vorgehen der Gestapo in Wien auf den vollgestopften Raddampfern der DDSG.[175] Weder die Organisatoren noch die Schiffsbesatzungen konnten sich dagegen wehren. Abgesehen von Platz- und Versorgungsproblemen stellte diese Praxis auch ein Sicherheitsrisiko dar, weil Perl nicht wusste, um wen es sich bei diesen Leuten handelte. So gelangten auf diese Weise zumindest zwei britische Spione an Bord eines Transportschiffs, die jedoch schnell identifiziert waren. Im Gegensatz zu den restlichen Passagierinnen und Passagieren sprachen sie nur Jiddisch und kein Deutsch und hoben sich deshalb wie die sprichwörtlichen bunten Hunde von der Masse ab. Einer der Männer hatte zudem ein auffällig großes Gepäckstück mitgebracht, in dem eine Funkausrüstung versteckt war. An deren unbemerkter Verwendung war aufgrund der Platzverhältnisse jedoch ohnehin nicht zu denken.

Zu Unstimmigkeiten, die sich ebenfalls auf Perls Arbeit auswirkten, kam es auch in der Tschechoslowakei. Dort gab es neben dem Alija-Hauptbüro in Prag mehrere regionale Vertretungen, unter anderem in Brünn unter der Leitung von Hermann Flesch. Dieser hatte Anfang März 1939 auf eigene Faust einen Transport mit 700 Personen auf der *Aghios Nicolaos* auf die Reise nach Palästina geschickt. Für die Finanzierung hatte die tschechoslowakische Nationalbank den Teilnehmenden Devisen in Höhe von 30 Pfund pro Kopf genehmigt. Kurz danach überschlugen sich jedoch mit dem Einmarsch der Wehrmacht die Ereignisse, nachdem einen Tag zuvor die Slowakei auf deutschen Druck ihre Unabhängigkeit erklärt hatte. Das verbliebene Staatsgebiet wurde als „Protektorat Böhmen und Mähren" vom Deutschen Reich annektiert.

Infolge dieser Wirren verzögerte sich auch die Auszahlung der Devisen an Flesch. Dadurch stand der Vorwurf im Raum, der Reiseorganisator habe das Geld unterschlagen und die Flüchtlinge im Stich gelassen, die erst nach mehr als zweimonatiger Odyssee in Palästina einreisen konnten – auch weil kein Landungsteam bereitgestanden hatte. Bei einem gescheiterten Landungsversuch war die *Aghios Nicolaos* sogar von einem britischen Patrouillenboot beschossen und dabei ein Flüchtling getötet worden.[176] Der nach dem deutschen Einmarsch nach London geflüchtete Flesch wies die Anschuldigungen gegen sich allerdings zurück. Er gab an, im Auftrag der Gestapo nach England gereist zu sein und dass es sich bei dem Transport um kein Privatunternehmen handelte. Die Probleme mit der Landung waren seiner Meinung nach der Tatsache geschuldet, dass die Briten die Küste gesperrt hatten, wovon auch die *Katina* und die *Astir* betroffen gewesen waren – und die Disziplin an Bord dieser Schiffe sei im Gegensatz zur *Aghios Nicolaos* tadellos gewesen, so Flesch.[177] Dennoch wurde er von einigen Passagieren als „Betrüger" und „Menschenhändler der übelsten Sorte" beschimpft und ihm durch die Transportkommandanten sogar Selbstjustiz angedroht.[178]

Perl hatte mit alldem nichts zu tun. Dennoch verdächtigte ihn die NZO in London offensichtlich einer Komplizen- oder zumindest Mitwisserschaft, denn Shlomo Jacoby befragte ihn Mitte März telefonisch zu seinen Verbindungen zu Hermann Flesch. Perl gab an, Flesch weder persönlich zu kennen noch jemals mit ihm korrespondiert oder gesprochen zu haben; auch habe er erst durch Jacobis Anruf von Fleschs „Sonderaktion" erfahren. Diese Aussagen wiederholte er in seinem Schreiben an Jacoby vom 20. März 1939 und hielt abschließend fest: „Ich halte sein Vorgehen für unanständig und glaube bisher keinen Anlass gegeben zu haben mich mit Flesch in Zusammenhang zu bringen."[179]

Insofern wies Perl auch die von Katznelson vorgebrachten Anschuldigungen, er hätte in die eigene Tasche gewirtschaftet, als geradezu lächerlich zurück. Immerhin sei die Partei aufgrund seiner Expertise wesentlich abhängiger von ihm als umgekehrt und er habe mehrfach die Möglichkeit gehabt, sich persönlich zu bereichern und sich „ruhig mit einem Kapitalistenzertifikat nach Palästina zurückzuziehen".[180] Dafür hätte er keinen Partner gebraucht – weder Flesch noch Haller und schon gar keine dubiosen Geschäftemacher in Bukarest. Und hätte er wirklich ein unlauteres Motiv verfolgt und an der *Alija* verdienen wollen, hätte er die Agenden der *Aktion* gar nicht an die NZO übergeben müssen. Allein der Umstand, dass er immer noch in Rumänien war und für die Bewegung arbeitete, bewies seiner Meinung nach seinen integren Charakter.

Perl war also der Meinung, die NZO solle ihm gegenüber eher Dankbarkeit zeigen, anstatt ihn der Untreue zu verdächtigen. Deswegen stellte er seinerseits drei Forderungen. Erstens verlangte er die Auszahlung von 40.000 rumänischen Lei zur Tilgung seiner Schulden, da er für seine Tätigkeiten bislang kein Gehalt bekommen hatte. Zweitens bat er für den Zeitraum von April bis Juni 1939 um die Zahlung von 15 britischen Pfund pro Monat, um seinen Lebensunterhalt zu finanzieren, bis er seinen ersten eigenen Transport auf die Beine gestellt hatte. Diese Summe verstand er als Darlehen und wollte sie zurückerstatten – oder gar darauf verzichten, sollte er früher zu Geld kommen. Drittens ersuchte er um eine schriftliche Genehmigung, in seinem eigenen Namen mit seinen Tätigkeiten als Reiseorganisator fortfahren zu können. Wie Perl in seinem Schreiben an Jacoby bemerkte, konnte ihn die NZO schwerlich daran hindern, er wollte jedoch nicht mit der Bewegung und Jabotinsky brechen. Vor allem wollte er aber wohl verhindern, dass gegen ihn eine ähnliche Kampagne samt Parteiausschluss wie gegen Paul Haller oder auch Hermann Flesch eingeleitet wurde, was seinem guten Ruf geschadet hätte.

Jacoby wollte von einer solchen Genehmigung – wie auch von den übrigen Forderungen – nichts wissen und wiederholte, was in Paris beschlossen worden war: Für alle Belange in Zusammenhang mit der heimlichen Einwanderung nach Palästina war ausschließlich das *Zentrum für Alija* zuständig, und Mitgliedern der NZO war es keinesfalls gestattet, in irgendeiner Form auf eigene Faust tätig zu werden, selbst wenn sie als Privatpersonen handelten. Perls Einwand, dass Katznelson ihm dies jedoch mündlich vor Zeugen zugesagt habe, wies Jacoby als Missverständnis zurück und forderte ihn erneut auf, seine selbstständigen Tätigkeiten sofort einzustellen. Zudem bekräftigte Jacoby angesichts angeblicher erdrückender Indizien, aber ohne konkrete Details zu nennen, Katznelsons Forderung nach Einsichtnahme in Perls Konten – wobei NZO-Finanzreferent Siegfried Graubart zuvor auch von Katznelson Einsicht in dessen Konten in London und der Schweiz verlangt hatte, um über alle Transaktionen im Bilde zu sein.[181] Obwohl ihm bedeutet wurde, dass eine Weigerung als Schuldeingeständnis gewertet würde, lehnte Perl ab. Denn er betrachtete eine Offenlegung als einen Eingriff in seine privatesten Angelegenheiten, und nicht nur in seine eigenen. Da er der Erste aus seinem Umfeld war, der es ins Ausland geschafft hatte, hatte er nach seiner Ankunft in London seine Bankverbindung als Deckkonto benutzt und Transaktionen für verschiedene Personen durchgeführt, darunter Bekannte, Klienten sowie andere Mitglieder der *Aktion*, wie er Jacoby mitteilte. Da diese Aussage das Misstrauen gegen ihn nicht geschmälert haben dürfte, erklärte er sich als Zeichen seines guten Willens immerhin bereit, eine Klarstellung seiner finanziellen Situation zu übermitteln. Doch einmal mehr verwies er darauf, dass er seine Spesenabrechnungen für die NZO stets nach bestem Wissen und Gewissen erledigt hatte.[182]

In einer Sache war Perl jedoch zu keinem Kompromiss bereit: Er weigerte sich, seine Tätigkeiten einzustellen, und beharrte auf Katznelsons entsprechender Zusage, die dieser ihm gegenüber mehrfach getätigt hatte. Perl kam der Gedanke, dass man gerade ihm als eigentlichen Initiator die Organisation heimlicher Transporte nach Palästina verbieten wollte, einfach nur grotesk vor. Seiner Meinung nach hatte er sich immer korrekt verhalten und anders als Haller und Flesch mit seiner eigenständigen Arbeit erst begonnen, nachdem ihm Katznelson, den er lange für den höchsten Vertreter des *Zentrums für Alija* gehalten hatte, die Erlaubnis erteilt hatte – und vor allem erst, nachdem dieser ihn unfreiwillig aus der Arbeit für die NZO gedrängt hatte. Überhaupt hatte Katznelson ihm erklärt, dass Haller und auch Flesch nicht wegen ihrer Taten ausgeschlossen worden waren, sondern weil sie sich als Führungspersonen der NZO ausgegeben hatten. Perl wollte insofern die in Paris getroffenen Beschlüsse gar nicht in Frage stellen, sah aber nicht ein, warum man ihm keine Ausnahmegenehmigung erteilte, zumal man ihn „ohne einen Groschen Geld, mit Schulden in einem fremden Lande sich selbst" überlassen hatte.[183] Ebenso schwer wog der Umstand, dass er mittlerweile und ausgehend von Katznelsons Zusage vertragliche Verpflichtungen eingegangen war, die er nun ohnehin nicht mehr auflösen konnte.

Doch die NZO ließ sich nicht erweichen. Jacoby überantwortete die Angelegenheit Yehuda Benari, dem Generalanwalt der NZO. Benari bekräftigte Jacobys Forderungen unter Androhung von Konsequenzen und forderte Perl wiederholt auf, die angekündigte Klarstellung zu übermitteln, und zwar längstens bis zum 2. Mai 1939. Dem kam Perl erst Mitte Mai nach, als er für den Zeitraum Februar bis Mai 1939 für jeden Monat eine Bestätigung über den aktuellen Kontostand von etwas mehr als 20 Pfund übermittelte. Die Unterlagen, ausgestellt am 5. Mai von der Filiale der *Barclays Bank* in der Londoner Baker Street, adressierte er direkt an Wladimir Zeev Jabotinsky. Dieser war jedoch zu einer Reise nach Polen aufgebrochen und erhielt seine Post deshalb nicht oder verzögert.

Benaris Frist war damit verstrichen. Die Konsequenz: Perl wurde mit sofortiger Wirkung suspendiert.

Im Frühjahr 1939 bereiste Perl, der durch Freunde in der rumänischen NZO-Sektion von Benaris Entscheidung erfuhr, auf der Suche nach Schiffen, neuen Transportmöglichkeiten und Kooperationen den Balkan und wurde nicht nur in Rumänien, sondern auch in Jugoslawien und Griechenland mehrfach von der Polizei in Gewahrsam genommen. Sein Weg führte ihn auch nach Ungarn, wo er in Budapest mit Imre Kalman als Vorsitzendem der ungarischen Revisionisten einen Plan schmiedete, um leichter an Visa für seine Passagierinnen und Passagiere zu kommen. Denn die Zahl der Transporte stieg wieder an, kaum dass der Winter vorbei und die Donau wieder schiffbar war. Es waren aber nicht mehr nur die Revisionisten, die Flüchtlinge heimlich nach Palästina brachten. Der *Hechaluz*, der Dachverband zionistischer Jugendorganisationen, hatte bereits in der Vergangenheit einige Fahrten organisiert und weitete seine Operationen nun aus. Auch die *Jewish Agency* stellte mit dem *Mossad* – nicht zu verwechseln mit dem heutigen israelischen Nachrichtendienst gleichen Namens – eine eigene Organisation für die heimliche *Alija* auf die Beine, auch wenn sich das jüdische Establishment nach wie vor von allen derartigen Aktivitäten distanzierte.

Angesichts der stetig steigenden Zahl illegaler Neuankömmlinge in Palästina hatten die Briten erneut ihre diplomatischen Anstrengungen erhöht und ihre Botschafter in Ungarn, Rumänien, Jugoslawien, Bulgarien und Griechenland angewiesen, den Regierungen dieser Länder mit Nachdruck eine Sache in Erinnerung zu rufen: Niemand durfte ohne gültiges Endvisum durchgelassen werden, auch nicht über die Donau.[184] Aufgrund von Bemühungen des britischen Gesandten in Athen hatte die griechische Regierung tatsächlich eine Order erlassen, nach der es nicht nur Schiffen unter griechischer Flagge, sondern generell griechischen Seeleuten verboten war, Juden nach Palästina zu bringen, sofern diese nicht über einen Pass und ein gültiges Visum verfügten. Zudem erwog das *Foreign Office* eine Forderung an die rumänische Regierung, ein Transitvisum selbst bei Vorlage eines gültigen Endvisums zu verweigern, sofern nicht bewiesen werden konnte, dass tatsächlich die Absicht zur Weiterreise in das entsprechende Land bestand, etwa durch Vorlage von Fahrkarten oder entsprechender Korrespondenz.

Wie für die anderen Transportorganisatoren brachte das auch für Perl ein großes Problem mit sich. Endvisa etwa von südamerikanischen Staaten ließen sich zwar prinzipiell über dunkle Kanäle beschaffen, doch die hohe Nachfrage ließ erwartungsgemäß die Preise steigen. Da Perl das ihm zur Verfügung stehende Geld sinnvoller einsetzen wollte, als es korrupten Konsulatsmitarbeitern in den Rachen zu stopfen, kam er auf eine so simple wie anmaßende Idee: Er wollte die Visa einfach selbst ausstellen, indem er sich zum Konsul von Liberia erklärte. Weil er aber ebenso wie Kalman vermutete, dass ein solcher Schritt den Unmut der ungarischen Behörden erregen könnte, fragte er vorsichtshalber zuerst um Erlaubnis. Kalman verfügte über Kontakte zum Sicherheitsapparat und konnte ihnen einen Termin beim stellvertretenden Polizeipräsidenten von Budapest verschaffen. Diesem versprach Perl als Gegenleistung für die Duldung seines Vorhabens, noch mehr ungarische Juden sowie illegal eingereiste Juden aus ungarischen Gefängnissen aus dem Land zu schaffen. Die Antwort fiel in Perls Sinn aus. Nach einer kurzen Konsultation mit seinem Vorgesetzten machte der Polizeioffizier den beiden Bittstellern klar, dass er nie von ihrem Plan gehört hatte – und brachte so seine Zustimmung zum Ausdruck.

Perl verlor keine Zeit und ließ sich umgehend mit einem echten Visum als Vorlage einen gefälschten Stempel anfertigen. Ihm war aber bewusst, dass den Briten nicht lange verborgen bleiben würde, was er in Budapest trieb. Da er kaum verhindern konnte, dass die Sache aufflog und die Briten die ungarischen Behörden um Ermittlungen ersuchten, musste er Zeit gewinnen und so viele falsche Visa ausstellen wie möglich.

Also bastelte er an einem neuen Ablenkungsmanöver. Statt sich zu verstecken, ging er in die Offensive. Perl wollte die Briten glauben machen, er sei tatsächlich von offizieller Seite zum Konsul ernannt worden, weil er jemanden in der liberischen Regierung bestochen hatte. Dazu brachte er zunächst ein entsprechendes Gerücht in Umlauf und sorgte dafür, dass es den britischen Gesandtschaften in Budapest und Belgrad zu Ohren kam. Anlässlich seiner „Ernennung“ veranstaltete er sogar eine Party in dem Hotel, in dem er sich einquartiert hatte. Die Folge war, dass er bald auf offener Straße mit „Herr Konsul“ gegrüßt wurde.

Angesichts dieser offenen Zurschaustellung hatten die Briten keinen Zweifel daran, dass Perl sein neues Amt tatsächlich bekleidete und die Visa damit rechtlich gesehen einwandfrei waren. Daraufhin legten sie Beschwerde bei der Regierung Liberias ein, doch bis dort die Ermittlungen in Gang kamen und die Sache aufgeklärt war, hatte der vermeintliche Konsul seinen Visastempel bereits ausgiebig verwendet. Als das Außenministerium in Monrovia erklärte, gar kein Konsulat in Budapest zu unterhalten, ließ Perl seinen Stempel einfach auf „Generalkonsulat von Liberia, Paris“ ändern. Neuerliche Beschwerden der Briten folgten auf dem Fuß, doch wieder hatte Perl wertvolle Zeit gewonnen.[185]

Für eine Finte wie diese bedurfte Perl allerdings der Unterstützung lokaler NZO-Repräsentanten wie Kalman und vor allem einer einwandfreien Reputation. Die Suspendierung durch die NZO Mitte Mai 1939 kam für ihn daher äußerst ungelegen. Ein suspendiertes Mitglied verlor vorübergehend all seine Rechte und Funktionen, was noch zu verkraften gewesen wäre, zumal Perl der NZO formal gesehen ohnehin nicht angehörte. Schwerer wog der Umstand, dass Benari keine Zeit verlor, diese Disziplinarmaßname publik zu machen. Das Zentralkomitee der NZO in Rumänien wurde angewiesen, alle anderen lokalen Zweige der Bewegung sowie die jüdische Presse davon in Kenntnis zu setzen, um den Aktivitäten Perls Einhalt zu gebieten. Damit wurde den Angehörigen der revisionistischen Bewegung auch untersagt, sich mit Perl in irgendeiner Form in Verbindung zu setzen. Die NZO wies zudem darauf hin, dass sie für keinerlei von Perl gemachtes Versprechen verantwortlich war.[186]

Perl war von diesem Schritt schockiert, denn er wusste, dass er im Falle einer Veröffentlichung vor aller Welt quasi als Aussätziger gebrandmarkt wäre. In mehreren hastig verfassten Briefen und Telegrammen und sogar in einem Telefonat mit Benari Ende Mai versuchte er, das Unheil abzuwenden. Er versicherte, seine Finanzerklärung an Jabotinsky rechtzeitig abgeschickt zu haben, und wollte nicht dafür verantwortlich gemacht werden, dass dieser die Unterlagen wegen der Reise nach Polen nicht bekommen hatte. Hilfe bekam er von Mila Epstein, die Benari bestätigte, dass Perl von Katznelson die Genehmigung für Transporte in eigenem Namen wirklich erteilt worden war. Epstein tat dies übrigens ohne Perls Wissen und gegen dessen Willen, da dieser seine Freundin, die ebenfalls mit Katznelson auf Kriegsfuß stand, aus der Sache heraushalten wollte.

Perl beharrte weiterhin auf seinem Standpunkt, dass er angesichts seiner Verdienste um die Bewegung eine andere Behandlung als Haller oder Flesch verdient hatte: „Ich wurde hier mit Schulden und unbezahlten Rechnungen, mit einem deutschen Judenpass, in einem fremden Lande zurückgelassen. Ich war ja nicht [...] willkürlich aus der Arbeit ausgeschieden. Es geschah doch gegen meinen Willen. Ja, was hätte ich denn hier anfangen sollen? Mich an die Organisation mit dem Ersuchen um Geld wenden? Das habe ich in vielen Telegrammen und Telefongesprächen gemacht. Es war erfolglos. Wenn es nach mir gegangen wäre, dann wäre ich schon längst in Erez, und nicht hier in irgend einem fremden Lande mit täglichen Aufenthaltsschwierigkeiten. Mein Zertifikaz [sic!] war fest reserviert und ich erhielt es nicht wegen der Arbeit, da ich unten auf der schwarzen Liste bin. [...] Ich bin heute wegen dieser Arbeit von Erez ausgeschaltet in einem abscheulichen Lande, das mir natürlich ewig fremd bleibt."[187] Um diesen Standpunkt zu untermauern, verwies er auf den Umstand, dass das *Zentrum für Alija* seit der *Astir* und seinem Ausscheiden kein Schiff mehr auf die Reise geschickt hatte, und zitierte einen kürzlich veröffentlichten Artikel, in dem Jabotinsky die illegale Immigration nach Palästina zum „jüdischen Nationalsport" erklärt hatte.[188]

Benari zeigte sich trotz der leidenschaftlich vorgetragenen Argumente weiterhin unbeeindruckt. Die gegen Perl eröffnete offizielle Untersuchung wegen Disziplinarbruchs sowie materieller Unklarheiten infolge nicht exakter Abrechnungen wurde fortgesetzt. Bei Beibehalten seiner Tätigkeiten drohte ihm der Ausschluss aus der Bewegung. Doch wegen seiner Verdienste in der Vergangenheit kam Benari ihm entgegen. Er wies die jüdischen Zeitungen in Rumänien an, die Veröffentlichung des Kommuniqués zur Suspendierung auszusetzen, und gestand dem Beschuldigten eine weitere Woche zu, die geforderten Finanzunterlagen zu übermitteln.[189] Perl bedankte sich, ersuchte aber erneut um eine Spezialerlaubnis zur Durchführung eigener Transporte. Zudem sagte er zu, in der Zwischenzeit nichts Entscheidendes bezüglich seiner Geschäfte zu unternehmen, und bot Einsicht in seine Verträge an, um zu beweisen, dass er sich niemals als Vertreter der NZO ausgegeben hatte.

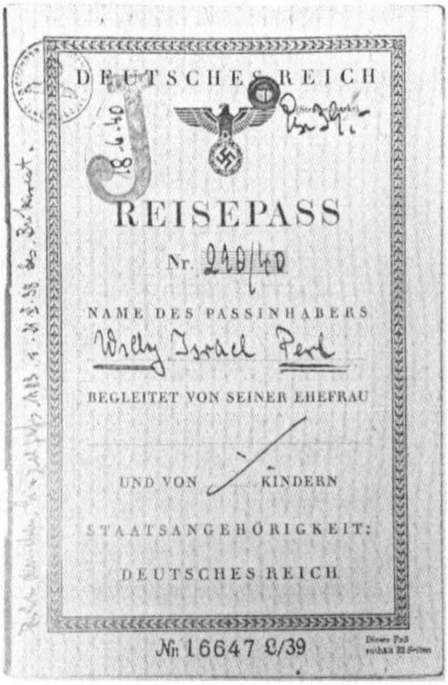

Kopie von Willy Perls Reisepass

Benari übermittelte Perls Bitte wunschgemäß an das oberste Gremium der NZO. Dieses erörterte die Angelegenheit ein letztes Mal und kam plötzlich zu dem Schluss, dass Katznelson womöglich doch gesagt habe, er habe nichts gegen die Organisation von Transporten in eigenem Namen. Doch es habe sich dabei um ein privates Gespräch zwischen Perl und Katznelson gehandelt, so das Gremium, und deswegen sei diese Aussage nicht von Belang – und ohnehin habe die Unterhaltung vor der

Konferenz von Paris stattgefunden, auf der dem *Zentrum für Alija* das Monopol auf die revisionistischen Transporte zugesprochen worden war. Perl wurde die gewünschte Ausnahmeerlaubnis endgültig verweigert, und mit dieser finalen Entscheidung war für Benari die Diskussion beendet. Ein weiteres Mal forderte er Perl auf, schriftlich von jedweder selbstständigen Tätigkeit Abstand zu nehmen.[190]

Damit saß Perl in der Zwickmühle. Er war bereit, seine getroffenen Arrangements kurzzeitig pausieren zu lassen, aber aufkündigen wollte er sie nicht. Doch bevor er eine Lösung finden konnte, eskalierte die Sache ohnehin aus einem anderen Grund. Wenn Perl geglaubt hatte, dass mit Übermittlung der Kontostände zumindest die Vorwürfe gegen ihn vom Tisch waren, hatte er sich getäuscht. Benari hatte die Unterlagen mittlerweile erhalten, wies sie aber als unzureichend zurück. Er hatte eine Vollmacht verlangt, die es einem von Perl frei wählbaren Mitglied des obersten Gremiums der NZO ermöglichte, vertrauliche Einsicht in die Kontoführung zu erhalten, um sämtliche Transaktionen nachvollziehen zu können. Die bloße Bekanntgabe der Kontostände wertete Benari hingegen als Versuch, die Ermittlungen zu umgehen, und verwies zudem auf ein weiteres Konto Perls bei der *National City Bank of New York* – wobei unklar ist, woher die NZO davon wusste, sollte ein solches tatsächlich existiert haben. Am 6. Juni 1939 forderte er Perl daher ein letztes Mal auf, seine privaten Tätigkeiten umgehend einzustellen, andernfalls drohte zum 12. Juni der sofortige Ausschluss aus der Partei.[191] Doch es war Perl, der die Reißleine zog.

Die Ausschluss-Drohung war nicht die einzige Maßnahme, die die NZO ergriffen hatte. Wie die rumänische Polizei Perl mitteilte, wurde seine Aufenthaltsbewilligung wegen der „Intervention einer ‚jüdischen Gruppe'" nicht verlängert.[192] Er begab sich deswegen Anfang Juni 1939 nach einer kurzen Zwischenstation in Bulgarien, wo er ebenfalls nicht bleiben durfte, auf die von Italien besetzte Insel Rhodos. Von dort ließ er Benari am 8. Juni wissen, dass er von sich aus und mit sofortiger Wirkung aus der revisionistischen Bewegung ausschied, weil er die gewünschte Spezialgenehmigung nicht erhalten hatte und seine vertraglichen Zusicherungen nicht auflösen wollte. Er gab allerdings an, bislang „keine endgültigen Verfügungen wegen Abreisen etc. getroffen und auch keinen Transport geführt" zu haben, denn in der Hoffnung, doch noch eine Bewilligung zu erhalten, hatte er alles aufgeschoben.[193]

Offensichtlich frustriert, rechnete Perl bei dieser Gelegenheit in einem weiteren Brief an Benari vom 9. Juni 1939 mit Katznelson ab, den er als die treibende Kraft der gegen ihn initiierten Intrige betrachtete. Schon früher hatte er die Sinnhaftigkeit von dessen Bestellung zum Leiter der *Alija* angezweifelt, denn Katznelson verstand seiner Meinung nach nichts von dem Geschäft und hatte noch kein einziges Schiff mit eigenen Augen gesehen. Katznelson kenne sich daher auch nicht mit den Kosten für die Schiffe aus und könne Perl nicht vorwerfen, er hätte zu hohe Preise gezahlt. Laut Perl gab es gravierende Unterschiede zwischen den einzelnen Frachtern, und dass seine Schiffe teurer gewesen waren als die von Katznelsons Kompagnon Avraham Stavsky organisierte *Astir*, lag daran, dass sie besser ausgestattet waren, über mehr Rettungsmaterial und teilweise sogar über separierte Kabinen für Kranke oder Kinder verfügten und im Notfall auf eine Hilfsflotte setzen konnten. Im Fall der *Chepo* hatte das vorhandene Funkgerät den Passagierinnen und Passagieren das Leben gerettet, als das Schiff in Seenot geraten war. Auf der *Astir* hingegen hatte es trotz der hohen Ticketpreise kein Funkgerät gegeben, sodass Katznelson und Stavsky laut Perl froh sein konnten, dass sich kein Unglück mit unzähligen Toten ereignet hatte, was der revisionistischen Sache kaum zum Vorteil gereicht hätte.

Damit war Perl mit seiner Kritik an Katznelson noch nicht am Ende, im Gegenteil. In seinem Brief an Benari brachte er seine tiefste Überzeugung zum Ausdruck, dass er im Gegensatz zu den Leuten, die nun am Ruder waren, mit seiner Erfahrung viele weitere Tausend Menschen nach Palästina hätte bringen können. Daher sei es geradezu seine Pflicht, seine Fähigkeiten zum Wohle jüdischer Flüchtlinge zu verwerten – vor allem weil sich unter Katznelsons Führung die ehemals erfolgreiche und noch weiter ausbaufähige Arbeit in Rumänien ins Negative gekehrt habe. Für Perl war sein ehemaliger Vorgesetzter das genaue Gegenteil von seiner eigenen Person und damit nichts weiter als ein Erbsenzähler, ein „Mann ohne Phantasie, ohne Schwung, [ein] kalte[r] Rechner, der glaubt, dass alles nur ein Produkt von Zahlen ist und dabei – und das ist das Wesentliche – nur mit dem kleinen Einmaleins operiert".[194] Diese Meinung teilte auch Mila Epstein, die Katznelson als unfähig und als „herzlosen Kerl" bezeichnete, ohne den bedeutend mehr Menschen hätten gerettet werden können.[195]

Tatsächlich war seit der *Astir* kein vom *Zentrum für Alija* in Auftrag gegebenes Schiff mehr gefahren, und auch diese war nach drei Monaten immer noch unterwegs. Denn trotz wiederholter Versuche hatten ihre 720 Passagierinnen und Passagiere in Palästina nicht landen können und die *Astir* war gezwungen gewesen, sich Mitte April 1939 in den Hafen von Lavrio, eineinhalb Stunden von Athen entfernt, zurückzuziehen. Dort schmuggelten ein paar Unzufriedene aufgrund der katastrophalen Zustände auf dem Schiff ein Hilfsgesuch an die

Hafenverwaltung von Bord. Daraufhin wurde der von Stavsky eingesetzte cholerische Transportkommandant namens Mosche mehrmals vorübergehend verhaftet. Um den Schein einer harmonischen Reisegesellschaft zu wahren, stellten die 200 Betarim an Bord bei einer Inspektion des Schiffs durch die Behörden ihre Disziplin zur Schau, während die Aufrührer unter Deck ruhiggestellt worden waren. Auch Stavsky, der von der *Palestine Police* wie Krivoshein des Waffenschmuggels verdächtigt wurde, reiste aus Athen an und mahnte die Passagiere, angeblich wenig einfühlsam, zur Ordnung: „Menschenleben spielen bei uns keine Rolle! Es ist uns ganz gleich, wenn auch 200 Menschen draufgehen! [...] Wenn Ihr Euch nicht ruhig benehmt, wird Mosche das Schiff verlassen, und dann könnt Ihr verrecken."[196] Mitte Mai brach die *Astir* wieder auf, legte jedoch vor Kos neuerlich einen Zwischenstopp ein. Dort lag sie Anfang Juni 1939, als Perl nach Rhodos übersiedelte, noch immer vor Anker.

Katznelson hatte also seit seinem Amtsantritt keinen einzigen Flüchtling in Palästina abgeliefert. Wie Perl süffisant in seinem Schreiben an Benari vom 9. Juni bemerkte, wäre die Bewegung aus diesem Grund mit ihm anstelle von Katznelson und Stavsky selbst dann noch besser gefahren, wenn die Vorwürfe gegen ihn der Wahrheit entsprächen. Doch das taten sie nicht und so hatte Perl beschlossen, sich diese Behandlung nicht länger gefallen zu lassen. Er drohte, im Falle weiterer verleumderischer Aussagen gegen seine Person, mit rechtlichen Schritten. Den Vorwurf, sich persönlich an der *Alija* bereichert zu haben, bestritt er bis zu seinem Tod vehement. Von den erwirtschafteten Überschüssen hatte er nur Mittel für das tägliche Leben und die Spesen zur Seite genommen, die durch die Tätigkeiten anfielen, etwa die hohen Telefonkosten. Alles andere war für den nächsten Transport verwendet worden, wie er an seinen Freund Reuben Hecht selbst 1991 noch schrieb: „Wir waren doch alle von einem Gedanken besessen: Das naechste Schiff hinauszukriegen."[197]

Zweifellos schwingt in Perls Abrechnung mit Katznelson, die dessen Unvermögen hervorhebt und seine eigenen Leistungen überhöht, viel von seiner großen persönlichen Enttäuschung mit. Perl beendete sein Kündigungsschreiben an Benari mit dem Hinweis, dass ihm sein Ausscheiden aus der revisionistischen Bewegung schwerfiele, da sie identisch sei mit seinem Freundeskreis. Von einigen dieser vermeintlichen Freunde verleumdet und im Stich gelassen, war er im Juni 1939 vollkommen auf sich allein gestellt und wie damals in Wien 1938 gezwungen, seine Habseligkeiten zu packen und in das nächste fremde Land zu ziehen, wo er wieder nur auf begrenzte Zeit geduldet war.

In seinen Memoiren erwähnt Perl Katznelson mit keinem Wort, ebenso wenig wie seine Suspendierung und den nachfolgenden Bruch mit der Bewegung – weil er über niemanden, der an den Transporten beteiligt war, ein schlechtes Wort verlieren wollte, wie er Mila Epstein und Reuben Hecht einmal mitteilte, und ihm dies bei manchen Personen wohl schwergefallen wäre.[198] Die Auseinandersetzung mit Benari, der niemals direkt mit den Flüchtlingen und den Transporten zu tun gehabt hatte und daher diesbezüglich ahnungslos war, bezeichnet er als nebensächlichen Streit über Spesen sowie als Querelen privater Natur, die unter anderem einer „Frauengeschichte" geschuldet waren. Benari hatte ihn Zeit seines Lebens gehasst, schrieb Perl 1991 an Reuben Hecht, weil er 1930 während eines viermonatigen Aufenthalts in London im Haus von Benaris Schwiegereltern eine Dame kennengelernt und mit ihr eine Affäre begonnen hatte. Benari hatte ihm daraufhin sinngemäß vorgeworfen, keinen Anstand zu besitzen.[199]

Am 19. Juni 1939 setzte Benari den offiziellen Schlusspunkt unter die Angelegenheit. In einem letzten Schreiben hielt er fest, dass Perl von sich aus die Bewegung verlassen hatte, und stellte die Beweisaufnahme ein. Er behielt sich jedoch das Recht vor, über die revisionistischen Zeitungen kundzutun, dass Perl diesen Schritt unternommen hatte, um sich keinem Urteil stellen zu müssen.[200] Damit gingen die beiden Streitparteien endgültig getrennte Wege, doch nicht für lange Zeit.

Es sollte schneller zu einem Wiedersehen kommen als gedacht.

14 — Gestrandet auf Rhodos

Es war kein Zufall, dass es Perl nach seiner Abreise aus Rumänien ausgerechnet nach Rhodos verschlagen hatte. Im Lauf des Frühjahres hatte er mit der dortigen jüdischen Gemeinde Kontakt aufgenommen und mit ihr einen Vertrag über einen Transport nach Palästina geschlossen. Profitieren davon sollte die bemitleidenswerte „China-Gruppe“, die nach wie vor im Hafengebäude von Constanța festsaß. Die Scharlachepidemie war Ende Mai 1939 zwar abgeklungen, doch der ungewollte und vor allem lange Aufenthalt in Rumänien hatte die finanziellen Reserven der 150 Flüchtlinge aufgezehrt. Für die Weiterreise an ihr Ziel war nicht mehr genug Geld da.

Perl löste das Problem, indem er mit der Reisegruppe aus Rhodos vereinbarte, dass diese auch für die Passage der in Constanța Gestrandeten aufkam. Doch die Qualen der „China-Gruppe“ waren damit nicht vorbei. Zwar konnte sie nach Monaten der Ungewissheit endlich auf ein Schiff gehen, das sie gemeinsam mit 351 Jüdinnen und Juden aus Rhodos und weiteren 300 Flüchtlingen aus Österreich und der Tschechoslowakei nach Palästina bringen sollte, doch bald folgte der nächste Rückschlag. Anfang Juli 1939 ging die *Rim* unterwegs in Flammen auf, möglicherweise wegen Brandstiftung durch die Crew. Wenigstens konnten sich die Passagiere auf einem nahen Felsen in Sicherheit bringen. Wenig später kam ein italienisches Schiff an der Unglücksstelle vorbei, das sie an Bord nahm und zurück nach Rhodos brachte.[201]

Gestrandete Passagiere der *Rim,* 1939

Die brennende *Rim,* 1939

Für Perl war dies die zweite Hiobsbotschaft innerhalb kurzer Zeit. Unlängst hatte ihm Mila Epstein mitgeteilt, dass ein zwielichtiger Reiseagent aus Bukarest von seiner Abreise aus Rumänien erfahren hatte und nun trotz Epsteins Proteste seinen Namen – schließlich waren die Transporte lange Zeit unter „Perl-Aktion" bekannt gewesen – missbrauchte, um auf der nach ihm benannten *Las Perlas* zu horrenden Preisen eine Fahrt nach Palästina anzubieten. Den daraus resultierenden Reputationsverlust konnte Perl im Moment überhaupt nicht gebrauchen.

Obendrein war diese Reise nicht gut organisiert, ganz anders als Perls Transporte, dessen Schiffe eine bestimmte Taktik anwendeten: Sie durchquerten zunächst die Ägäis auf einem Zickzackkurs und schwenkten danach nach Alexandria ab, um Palästina aus dem Süden kommend anzulaufen. Bei der Durchfahrt durch Istanbul hatten sich zudem alle Flüchtlinge unter Deck aufzuhalten, um keine Aufmerksamkeit zu erregen. Der Organisator und der Kapitän der *Las Perlas* berücksichtigten nichts von alledem und hatten auch keinerlei Vorkehrungen für die Landung in Palästina getroffen. Laut Perl gingen sie einfach davon aus, dass in Netanya Landungsboote und Helfer bereitstehen würden. Doch nicht die *Irgun*, sondern die Briten nahmen sie in Empfang, die die *Las Perlas* für ein echtes Perl-Schiff hielten und deren unverdeckte Fahrt als offene Provokation ansahen. Die 370 Passagierinnen und Passagiere kamen in ein Anhaltelager, das Schiff wurde konfisziert und der Kapitän zu einem Jahr Haft verurteilt, seine dreizehn Seeleute zu je drei Monaten.[202]

Zu Perls größtem Ärger wurde nun auch er selbst auf Rhodos verhaftet, da er in den Augen der Polizei für die gestrandeten Reisenden der *Rim* verantwortlich war. Immerhin hatten sich die italienischen Behörden von der Aktion eine Verringerung der jüdischen Bevölkerung erwartet, doch durch die „China-Gruppe" und die übrigen Flüchtlinge aus Österreich und der Tschechoslowakei befanden sich mit einem Mal mehr Juden auf der Insel als zuvor. Nachdem sein Pass eingezogen worden war und Perl erklärt hatte, Rhodos nicht zu verlassen, wurde er wieder auf freien Fuß gesetzt. Er musste allerdings innerhalb von zwei Wochen alle ausländischen Juden fortschaffen, ansonsten drohte ihm die neuerliche Verhaftung.

Damit befand sich Perl in einer echten Notlage. Um die Passagiere der *Rim* abtransportieren zu können, musste er ein neues Schiff auftreiben, doch wie sollte er das bewerkstelligen? Er konnte nicht persönlich nach Athen reisen, um dort mit Reedern zu verhandeln, und die Kommunikation von der Insel aus gestaltete sich schwierig. Die Postverbindungen waren sehr unzuverlässig und brachten große Verzögerungen mit sich, also blieb nur das Telefon. Doch Ferngespräche waren teuer und zuweilen technisch schwierig zu bewerkstelligen. Zudem bestand die Gefahr, dass die Briten oder auch die Deutschen die Gespräche abfingen, weshalb er sich die Verwendung von Codewörtern angewöhnte.

Perl brauchte also jemanden, der ihn während seiner Quasi-Gefangenschaft auf Rhodos auf dem Balkan vertreten konnte. Mila Epstein, mit der er immer noch in Kontakt stand, wollte oder konnte er diese Last offenbar nicht aufbürden, also rief er seine alte Bekannte Lola Bernstein in London an und bat sie, nach Rumänien zu kommen. Bernstein war gebürtige Wienerin, verfügte jedoch seit ihrer Heirat mit einem Engländer über einen britischen Pass. Vor allem aber war sie vermögend und darüber hinaus zu Perls Erleichterung bereit, ihm zu helfen – auch wenn ihre Beteiligung noch für Kontroversen sorgen würde.

In der Nacht des 23. Juli 1939 wurde Perl um zwei Uhr aus seinem Hotelbett in Rhodos-Stadt geklopft. Vor seiner Tür stand der Hotelmitarbeiter, den er geschmiert hatte, um sich von ihm mit Neuigkeiten versorgen zu lassen. Dieser Aufgabe kam der Mann auch zu so später Stunde noch gewissenhaft nach. Perl meinte im ersten Moment allerdings, sich verhört zu haben, als ihm von einem Frachter berichtet wurde, der eben auf der Insel eingetroffen war – vollbeladen mit jüdischen Flüchtlingen. Rasch kleidete er sich an und fuhr per Motorroller zum Hafen, um sich selbst ein Bild von der Sache zu machen. Dort konnte er sich in der Tat von der Ankunft eines Schiffs überzeugen, das jedoch in rund eineinhalb Kilometer Entfernung vor Anker lag, sodass er in der Dunkelheit nicht viel erkennen konnte. Perl blieb also nichts anderes übrig, als auf den Sonnenaufgang zu warten. Er kehrte vorerst in sein Hotel zurück, ehe er einige Stunden später ein Hafencafé aufsuchte und von den einkehrenden Polizisten und Hafenbeamten mehr Informationen erhielt. Sein Verdacht bestätigte sich nun. Bei dem angekommenen Frachter handelte es sich um die *Parita,* vormals *Bute,* die im Mai von Eliyahu Gleser, dem Leiter des Alija-Zentralbüros in Prag, für den erst zweiten Transport des *Zentrums für Alija* nach der *Astir* gechartert worden war.[203] Perl hatte noch vor seinem Ausscheiden aus der Bewegung den Kontakt mit ihrem Eigner Minakoulis hergestellt und vermutlich war er von Mila Epstein über die weitere Entwicklung auf dem Laufenden gehalten worden.

Die *Parita* war zunächst im französischen Küstenort Sète für die Reise adaptiert worden und fuhr dann mit 80 Jüdinnen und Juden von Marseille nach Constanța, um dort am 13. Juli 120 Betarim aus Rumänien sowie rund 600 aus Polen angereiste Passagierinnen und Passagiere aufzunehmen.[204] Zu Mittag lichtete sie den Anker in Constanța und nahm Kurs auf eine kleine Bucht auf Zypern, in der der Transfer auf ein kleineres Landungsboot erfolgen sollte. Nachdem dieses auch nach einem halben Tag nicht am vereinbarten Treffpunkt aufgetaucht war, kreuzte der Kapitän im Zickzackkurs weitere zwei Tage in der Gegend umher. Eine Kontaktaufnahme war nicht möglich, da weder die *Parita* noch das Landungsboot über eine Funkausrüstung verfügte – wie bei der *Astir* war an diesem Punkt vom *Zentrum für Alija* gespart worden.

Was im vergangenen März noch gut gegangen war, führte nun zu ernsthaften Konsequenzen. Schiffseigner Minakoulis war davon ausgegangen, dass die *Parita* nach zwölf Tagen wieder zurück in Rumänien sein würde, um die nächsten Flüchtlinge aufzunehmen. Auch die Organisatoren der NZO hatten mit einer kurzen und ruhigen Reise gerechnet und nur für sechs bis sieben Tage Wasser und Vorräte geladen. Auf Reserven war verzichtet worden, um mehr Flüchtlinge mitnehmen zu können, denn für die Anzahl an Passagierinnen und Passagieren an Bord der *Parita* benötigte die Verpflegung für jeden weiteren Tag den Platz von sechs oder sieben Menschen. Da nun Kohle und Vorräte knapp wurden, sah sich der Kapitän gezwungen, einen Hafen anzusteuern. Mit den Transportkommandanten einigte er sich auf Rhodos, denn sie hatten vom Unglück der *Rim* gehört und auch, dass deren Reisende auf der Insel Zuflucht gefunden hatten und Perl vor Ort war. In der Tat verhielten sich die Italiener den Flüchtlingen der *Rim* gegenüber korrekt, auch wenn sie sie so schnell wie möglich loswerden wollten. Der Gouverneur hatte sie in einem Zeltlager untergebracht, das sie zwar nicht verlassen durften, doch immerhin wurden sie versorgt.

Für die *Parita* verlief der Empfang auf Rhodos allerdings alles andere als freundlich. Nachdem ihr die Einfahrt in den Hafen verwehrt worden war, wurde sie zunächst auf offenem Meer isoliert. Wie Perl in dem kleinen Café in Erfahrung brachte, hatte der Kapitän verlangt, ihn zu sprechen, doch auch das hatte die Hafenpolizei abgelehnt und wollte bei Tagesanbruch zuerst den Gouverneur der italienischen Ägäis-Inseln in der Sache konsultieren. Perl ging daher abermals zurück in sein Hotel, um sich zu rasieren und entsprechend zu kleiden, und machte sich danach auf den Weg zum Amtssitz des Gouverneurs. Als er um halb acht dort eintraf, öffneten dessen Mitarbeiter gerade erst das Gebäude. Perl nahm im verwaisten Vorzimmer Platz, blieb jedoch nicht lange allein. Der Mann, der sich wenig später zu ihm gesellte, war für ihn kein Unbekannter. Es handelte sich um den britischen Konsul auf Rhodos und Perl hatte keinerlei Zweifel, was der Grund für dessen Erscheinen war. Offensichtlich hatte auch das Konsulat seiner Majestät einen Hinweis erhalten, welche Fracht die *Parita* in ihren Laderäumen transportierte. Während der Diplomat sich eine Zigarette anzündete, ließ er den Blick durch den Raum schweifen, ohne in irgendeiner Form von Perl Notiz zu nehmen.

Schweigend warteten beide Männer auf die Ankunft des Gouverneurs, der kurz nach acht Uhr erschien. Cesare Maria De Vecchi hatte offenbar noch nicht von der *Parita* gehört, denn der Italiener war erstaunt, Perl und den britischen Konsul Seite an Seite in seinem Vorzimmer anzutreffen. Nachdem ein Mitarbeiter ihn kurz auf den neuesten Stand gebracht hatte, ließ er seine Besucher in sein Amtszimmer bitten. Wenig überraschend erhielt der Konsul den Vortritt. Als Perl rund fünfzehn Minuten später an der Reihe war, drückte De Vecchi ihm sein Mitgefühl bezüglich des Schicksals der Menschen auf der

Parita aus. Es war aber eindeutig, dass sich der Italiener vom Briten hatte einkochen lassen. Denn er habe, so der Gouverneur, den jüdischen Plan durchschaut, seine Insel als Ausgangspunkt für eine Invasion Palästinas durch Zehntausende illegale Einwandernde zu missbrauchen. Schließlich konnte es kein Zufall sein, dass Rhodos innerhalb weniger Wochen gleich zweimal von großen jüdischen Flüchtlingsgruppen heimgesucht wurde, zumal es gar nicht auf der direkten Route nach Palästina lag. Und er war keinesfalls gewillt, dies zu tolerieren.

Warum die *Parita* ausgerechnet nach Rhodos gekommen war, wusste Perl nicht und sagte dies auch dem Gouverneur. Zur Klärung ersuchte er De Vecchi, mit dem Kapitän sprechen zu dürfen, was ihm unter Beisein eines italienischen Majors und dessen Adjutanten gestattet wurde. Der Kapitän wurde zu diesem Zweck an Land gebracht und erzählte Perl vom verpassten Treffen mit dem Landungsboot. Er versicherte ihm auch, dass er noch am selben Tag wieder abfahren könnte, wenn er die Erlaubnis erhielte, Kohle, Wasser und Vorräte zu kaufen. Perl kehrte daraufhin zum Gouverneur zurück, doch dieser hatte in der Zwischenzeit mit Rom telefoniert und eindeutige Anweisungen erhalten: Er durfte sich weiter um die Gestrandeten der *Rim* kümmern, musste aber jedem weiteren Flüchtlingsschiff die Hilfe verweigern. Perl wusste, dass den Passagierinnen und Passagieren auf der *Parita* nicht mehr viel Zeit blieb. Ohne Wasser bei Temperaturen um die 40 Grad waren die ersten Todesfälle auf dem Schiff nur eine Frage der Zeit.

Es blieb nur ein Ausweg. Er griff zum Telefonhörer.

Perl hatte erkannt, dass er in seiner Lage wenig zur Lösung des Problems beitragen konnte. Denn weder sprach er im Namen der Revisionisten noch handelte es sich bei der *Parita* um seinen Transport, sodass er für die Menschen an Bord auch gar nicht verantwortlich war. Zudem hatte sein Prestige als Reiseorganisator durch den Unfall der *Rim* zweifellos gelitten, er hatte ja die Weiterreise der Gestrandeten immer noch nicht zuwege gebracht. Faktisch war er selbst ein Gefangener, auch wenn er sich frei bewegen durfte. Er rief daher trotz aller vorangegangenen Streitigkeiten die NZO in London an und schlug vor, sofort einen offiziellen Vertreter der Bewegung nach Rhodos zu schicken, um dem Gouverneur persönlich zu versichern, dass kein Flüchtlingsschiff mehr auf seiner Insel Zuflucht suchen werde, sobald die *Parita* mit Kohle und Vorräten versorgt sei.

In diesem Telefonat erfuhr Perl, warum das Landungsboot nicht am vereinbarten Treffpunkt gewesen war. Es war nicht von Minakoulis, sondern von jemand anderem geschickt worden. Perl hatte jedoch gelernt, dass es für einen reibungslosen Ablauf absolut notwendig war, dass das große wie das kleine Schiff von derselben Reederei koordiniert wurden, deswegen hatte Davaris bei seinen früheren Transporten auch die *Artemisia* gechartert. Der Besitzer des Landungsbootes gab Perl zufolge später an, dass seine Besatzung betrunken in eine Schlägerei geraten und danach inhaftiert worden war, während in einem Bericht in den Akten der NZO von Motorproblemen die Rede ist.[205]

Einen Tag nach Perls Telefonat mit London landete Eri Jabotinsky auf der Insel, um die Verhandlungen zu übernehmen. Aber auch dieser konnte, trotz seines Namens, nichts erreichen. Zwar überredete er den Gouverneur, nochmals mit Rom Rücksprache zu halten, doch das italienische Außenministerium lehnte, wie von Perl befürchtet, jedwede Hilfeleistungen weiterhin ab. Die *Parita* erhielt daraufhin die Anweisung, sofort die Gewässer der Insel zu verlassen, der der Kapitän allerdings nicht nachkam.

Perl versuchte derweil auf andere Weise, das Leid der Menschen an Bord zu lindern, die ohne Wasser im Hochsommer entweder in der prallen Sonne an Deck oder im stickigen Laderaum ausharren mussten. Kurz nach der *Parita* war ein Kreuzfahrtschiff in Rhodos eingetroffen, das nur rund 200 Meter von ihr entfernt Anker geworfen hatte. Perl hoffte, dass sich unter den Passagierinnen und Passagieren eine einflussreiche Person befand, die möglicherweise bei den Verhandlungen mit dem Gouverneur helfen konnte. Allerdings war die *Parita* immer noch von der Außenwelt abgeschnitten und Perl wurde nicht einmal mehr erlaubt, das Hafengelände zu betreten. In einem kleinen Geschäft in Rhodos-Stadt traf er jedoch auf zwei Touristinnen, die mit dem Luxusliner gekommen sein mussten, und sprach sie kurzerhand an. Es handelte sich um Amerikanerinnen, und nachdem er ihnen von der Not an Bord der *Parita* erzählt hatte, versprachen sie, sich an ihren Kapitän zu wenden. Entweder aufgrund dieser Intervention oder ganz einfach, weil auf dem Kreuzfahrtschiff bemerkt worden war, was sich auf der *Parita* abspielte, wurde ein kleines Boot zu Wasser gelassen, das sich mit mehreren Kisten auf den Weg zu den Flüchtlingen machte. Der Inhalt dieser Kisten allerdings – Bier und Orangen – sorgte auf der *Parita* für Erstaunen.

Diese „Notverpflegung“ war aber immer noch besser als das, was der italienische Gouverneur schickte: eine Handvoll bewaffneter Marineinfanteristen, um den bislang ignorierten Befehl zur Abfahrt an Bord durchzusetzen. Die Crew behauptete nun, sie könne nicht auslaufen, weil sie von den Flüchtlingen bedroht werde – was allerdings nicht der Wahrheit entsprach. Auf Druck der Soldaten lichtete die *Parita* schließlich den Anker, und Perl blieb nichts anders übrig, als ihr nachzublicken, bis sie allmählich am Horizont verschwand.

Für sie konnte er nichts mehr tun, wohl aber für die Leute der *Rim*. In Zusammenarbeit mit Lola Bernstein, die Geld für die Anzahlung vorstreckte, gelang es ihm, endlich ein Schiff aufzutreiben.[206] Bei diesem handelte es sich ausgerechnet um die *Aghios Nicolaos*, die der verfemte Hermann Flesch für seine Transporte gechartert hatte.[207] Mit ihr machte sich die Rim-Gruppe mit acht weiteren Juden aus Rhodos am 10. August 1939 auf den Weg nach Palästina, gefolgt von drei kleineren Begleitschiffen. Diese wurden bei der versuchten Landung an einem Samstagmorgen allerdings von der britischen Polizei entdeckt und aufgebracht und die Flüchtlinge allesamt interniert. Dennoch hatten sie ihr Ziel erreicht. Für die 150 Personen der „China-Gruppe" endete damit eine Reise, die mehr als ein halbes Jahr zuvor begonnen hatte.

Und Perl durfte Rhodos endlich verlassen.

15 — Von der Ägäis in die Schweiz

Nachdem er seinen Pass zurückbekommen hatte, flog Perl nach Athen. Über das Schicksal der *Parita,* die weiterhin durchs östliche Mittelmeer irrte, konnte er nur mutmaßen. Das ohne Funkgerät ausgestattete Schiff fuhr zunächst ins türkische Iskenderun, dort durfte es zumindest Wasser und Kohle laden, aber keine weiteren Vorräte.[208] Danach steuerte der Kapitän Zypern an, doch wieder fehlte vom erwarteten Landungsboot jede Spur. Nun entschlossen sich die Flüchtlinge auf der *Parita,* ihr Glück in Izmir zu versuchen, aber auch dort weigerten sich die Türken nach Intervention der Briten, ihnen Lebensmittel zu verkaufen oder sie an Land zu lassen. Obwohl es zu Demonstrationen der örtlichen jüdische Bevölkerung kam und einige Passagiere mit Suizid drohten, blieben die Behörden unerbittlich. Die türkische Polizei versuchte, das Schiff mit Gewalt aus dem Hafen zu drängen. Die Nerven lagen angesichts der Zustände an Bord nun auch bei der Mannschaft blank. Als der Kapitän den Befehl zur Abfahrt gab, verweigerten mehrere Seeleute den Gehorsam und stießen sogar Morddrohungen gegen ihren Chef aus. Dieser rief die türkische Polizei zu Hilfe, um der mittlerweile gewaltsamen Auseinandersetzung ein Ende zu bereiten und die Meuterer, die von den Passagierinnen und Passagieren unterstützt wurden, in die Schranken zu weisen.

Tatsächlich hatten Teile der Crew auf der langen Reise begonnen, sich mit dem Leid der Flüchtlinge zu identifizieren, zumal sie buchstäblich im selben Boot saßen. Manche teilten daher sogar ihre Rationen mit ihnen. Vor allem der Zweite Schiffsingenieur schien sich besonders hervorgetan zu haben, wie der Beiname andeutet, der ihm von den Passagierinnen und Passagieren laut Perl verliehen worden war: der Engel.

Der *Parita* blieb schließlich nichts anderes übrig, als den Anweisungen der Türken nachzukommen. Nachdem ein Hilferuf an das *Zentrum für Alija* abgesetzt worden war, nahm sie Kurs auf Istanbul. In der Metropole, so das Kalkül der Transportkommandanten, würde ihr schreckliches Schicksal von der internationalen Öffentlichkeit stärker wahrgenommen werden als in Izmir und Iskenderun und die Türken vielleicht zum Einlenken bringen. Denn an eine Weiterfahrt nach Palästina war ohne Lebensmittel und angesichts des schlechten Gesundheitszustands vieler Passagierinnen und Passagiere ohnehin nicht zu denken. Die NZO schickte unterdessen einen Sondergesandten nach Istanbul. Dieser hatte entsprechende Geldmittel im Gepäck und konnte die Behörden tatsächlich umstimmen. Für insgesamt 1000 Pfund wurden Wasser, Essen und Medikamente erstanden und auf die *Parita* gebracht, die danach ein drittes Mal nach Zypern fuhr. Da aber erneut kein Landungsboot anzutreffen war, setzten der Kapitän und die Kommandanten des Transports alles auf eine Karte. Anstatt noch länger zu warten und erneut in eine Situation wie vor Rhodos oder Izmir zu geraten, nahmen sie direkten Kurs auf Palästina, genauer gesagt auf Tel Aviv – obwohl es dort gar keinen Hafen gab.

Die *Parita* tat nun genau das, wovon Perl – er hatte einst die Vision gehabt, einen großen Überseedampfer zu kaufen und ihn mit 10.000 Menschen an Bord vor Tel Aviv stranden zu lassen – geträumt hatte.[209] Am 22. August 1939 lief sie unter dem lauten Geheul der Schiffssirenen an einem der beliebtesten Strände der Stadt auf Grund. Unzählige Menschen, die sich in der Nähe aufgehalten hatten, strömten jubelnd herbei. Die überraschten Briten, die das Schiff zwar auf ihrem Radar gehabt, aber nicht so schnell mit seiner Ankunft gerechnet hatten, sperrten den Strandabschnitt sofort ab und verhafteten die Passagierinnen und Passagiere.

Die *Parita* am Strand von Tel Aviv, 1939

Mehr als 200 von ihnen konnten jedoch in der Menge untertauchen. Auch die Crew konnte sich vorerst dem Zugriff der Sicherheitskräfte entziehen, da sie das Schiff schon vor der Landung mit Rettungsbooten verlassen hatte. Das Gerücht, sie wäre von den Flüchtlingen über Bord geworfen worden, war reine Erfindung und konnte nicht verhindern, dass die Mannschaft doch noch von der Polizei geschnappt wurde. Allerdings endete die Geschichte für sie ohne ernste Konsequenzen, denn Perl zufolge wollten die Briten dieses für sie höchst peinliche Ereignis nicht noch mehr ins Rampenlicht der Weltöffentlichkeit rücken und sahen daher von einem Gerichtsprozess ab.

Der glückliche Ausgang der Reise mit der *Parita* war für Perl einmal mehr die Bestätigung, dass sich Wagemut auszahlte. Deswegen wollte auch er aufs Ganze gehen.

Bereits auf dem Flug von Rhodos nach Athen hatte Perl ein ganz spezieller Gedanke beschäftigt: Die Probleme, die die Transporte mit sich brachten, standen in nur geringer Relation zur Zahl der Passagiere. Gewisse Herausforderungen mussten auf jeder Fahrt bewältigt werden und sie wurden nicht zwangsläufig und schon gar nicht proportional größer, je mehr Menschen befördert wurden. Deshalb, so seine Schlussfolgerung, sprach nicht viel dagegen, die Zahl der Passagiere zu erhöhen – von bisher maximal 1200 auf bis zu 3000.

So verlockend die Vorstellung war, so viele Menschen auf einmal nach Palästina zu bringen, so ernüchternd war die Erkenntnis, dass er den Gedanken nicht zu Ende gedacht hatte. Es scheiterte am Beförderungsmittel. Diejenigen Reeder und Agenturen, die sich auf das Schmugglergeschäft einließen, besaßen in der Regel nur kleinere Schiffe – aus praktischen Gründen. Die illegale Fracht musste am Ziel schnell entladen werden, um keine Aufmerksamkeit zu erregen. Je länger die Verweildauer an einem bestimmten Ort ausfiel, desto größer war das Risiko, entdeckt zu werden. Sehr große Frachtschiffe fanden bei derart heiklen Operationen also selten Verwendung.

Hinzu kamen die politischen Entwicklungen. Die Zeichen standen im August 1939 bereits auf Krieg, woraufhin selbst kleinere Schiffe nicht mehr so leicht zu bekommen waren. Viele Eigner konnten mit legaler Fracht beinahe ebenso viel Geld verdienen wie mit illegalen Transporten und wollten daher das Wagnis, Juden nach Palästina zu schmuggeln, nicht länger eingehen. Weder in Athen noch im bulgarischen Varna, wo er telefonisch Optionen auslotete, wurde Perl fündig.

Mehr Erfolg hatte er in Galaţi. Schon Monate zuvor hatte Jonel Popescu einen Kontakt zum Besitzer einer rumänischen Schiffsagentur hergestellt. Dieser Mann namens Rand hatte damals angeboten, über seinen Schwager, der geschäftliche Beziehungen in den Iran und in die Türkei unterhielt, Flaggen dieser Länder für Perls Schiffe zu arrangieren. Perl wollte nun wissen, ob es zu den Flaggen auch gleich ein passendes Schiff gab, und die Antwort fiel ganz in seinem Sinne aus. Rand sagte ihm am 31. August zu, ein Schiff für 2000 oder mehr Passagiere aufzutreiben.

Doch Perls Freude darüber hielt nicht lange an. Schon am nächsten Tag trat ein, womit er bereits länger gerechnet hatte: Deutschland überfiel seinen Nachbarn Polen. Weil er die Zeichen der Zeit zu deuten wusste, hatte Perl bereits mit Bekanntwerden des deutsch-sowjetischen Nichtangriffspakts am 23. August 1939 Vorkehrungen getroffen. Sein Plan sah vor, Griechenland bei Ausbruch von Kampfhandlungen in Europa sofort zu verlassen und in die Schweiz zu gehen, von der er annahm, dass sie in einem Konflikt neutral bleiben würde. Dass sich die dafür nötige Erlaubnis bereits in seinem Besitz befand, hatte er, wie für ihn typisch, abermals geschickt eingefädelt: Kurz vor seiner Reise nach Rhodos Anfang Juni 1939 hatte er in Bukarest ein Besuchervisum für Großbritannien erhalten, indem er erneut anmaßend in die britische Botschaft spaziert und tatsächlich von einem Beamten empfangen worden war. Auf dessen Frage, ob er derjenige Willy Perl sei, der in die „illegale Einwanderung" nach Palästina verwickelt war, hatte Perl gewohnt schlagfertig gekontert, indem er verneint und sich stattdessen als der Willy Perl vorgestellt hatte, der in die „freie Einwanderung" nach Palästina verwickelt war. Nach diesem verbalen Geplänkel hatte sich Perl zufolge eine muntere Unterhaltung entwickelt. Der Beamte hatte wissen wollen, warum Perl nach Großbritannien musste, wo seine Aktivitäten auf dem Balkan doch so gut liefen. Perl hatte zugegeben, dass seine Organisation Geld brauchte, und er plante, dieses bei reichen Juden in England aufzutreiben.

Eine Woche nach dem Treffen, von dem er ein Gesprächsprotokoll angefertigt hatte, erhielt er tatsächlich ein Visum für die einmalige Einreise nach Großbritannien, datiert auf den 31. Mai 1939. Ergänzt war es um eine handschriftliche Anmerkung in roter Tinte: „Pleasure visit only". Dies war die von Perl erwartete Falle. In Palästina hätte er aufgrund der dort gültigen Bestimmungen bei der Einreise interniert werden können, auf den britischen Inseln jedoch nicht. Um ihn dennoch aus dem Verkehr zu ziehen, brauchten die Behörden in einem funktionierenden Rechtsstaat wie dem Vereinigten Königreich einen triftigen Grund. Das Sammeln von Spenden konnte als geschäftliche Tätigkeit ausgelegt werden und verstieß daher gegen die Einreiseauflagen seines Besuchervisums für Vergnügungszwecke, womit seine Verhaftung möglich wurde – auch wenn schwer vorstellbar ist, dass die Briten wirklich damit rechneten.

Tatsächlich hatte Perl nie geplant, nach London zurückzukehren. Das Visum hatte er sich nur besorgt, weil er davon ausging, dass es ihm das Herumreisen auf dem Balkan erleichtern sowie die Mär von seiner angeblichen Kooperation mit den Briten aufrechterhalten würde. Es war für ihn eine Art Freifahrtschein, der als Beleg für seine Behauptung diente, bald wieder nach England zu fahren und das weitere Vorgehen punkto illegaler Einwanderung nach Palästina mit dem *Foreign Office* abzustimmen. So wollte er möglichen Geschäftspartnern die Angst vor der *Royal Navy* nehmen. Der wahre Wert der Einreisegenehmigung ins Vereinigte Königreich lag allerdings darin, dass sie die Beschaffung von Visa anderer Staaten erleichterte, weil diese Perl ins eigene Land lassen konnten ohne zu riskieren, ihn nicht mehr loszuwerden. So hatte er damit nach seiner Rückkehr aus Rhodos tatsächlich problemlos ein Schweizer Durchreisevisum erhalten – und obendrein sogar kostenlos, weil er sich als ein im Auftrag einer Zeitung reisender Journalist ausgegeben hatte.

Auch dieser Trick war nicht neu. Schon in Rumänien hatte Popescu das Gerücht gestreut, Perl sei ein vermögender Financier der illegalen Einwanderung nach Palästina, der sich aus Gründen der Geheimhaltung jedoch als Sonderkorrespondent der *New York Herald Tribune* ausgebe. Um seiner Tarnung mehr Gewicht zu verleihen, hatte Perl sich einen gefälschten Presseausweis mit dem Logo der Zeitung besorgt und ließ sich vertrauliche Post an die Adresse der amerikanischen Botschaft schicken, die er dort zweimal pro Woche abholte.[210] Auch zuvor in Athen war er als Vertreter einer großen und einflussreichen Vereinigung aufgetreten. Dass er im Bericht des CID-Beamten Cocorempas ebenfalls als Financier bezeichnet wird und zudem von der Existenz einer mächtigen jüdischen Organisation die Rede ist, lässt sich als Beleg für den Erfolg dieser Scharade werten. Dazu beigetragen hatte vermutlich auch sein

Erscheinungsbild, auf das er stets Wert legte, um von Geschäftspartnern und Behörden respektiert zu werden. Keinesfalls wollte er als armer Schlucker und damit als vogelfrei gelten. In seine beiden ohnehin hochwertigen Anzüge hatte er daher noch in Wien Originaletiketten der bekannten und für ihn unbezahlbaren Nobelmarke *Knize* einnähen lassen, da er bereits damals davon ausgegangen war, dass die Polizei im Ausland nicht nur seine Post abfangen, sondern möglicherweise auch seine Hotelzimmer durchsuchen würde. Dass er in billigen Hotels abstieg, verkaufte er in Verhören wiederum als Versuch, möglichst wenig Aufmerksamkeit zu erregen.

Willy Perls „Presseausweis“

Dieser Einfallsreichtum war auch im Athen des Sommers 1939 das Gebot der Stunde. Perl war sich im Klaren darüber, dass im Kriegsfall eine Abreise aus Griechenland schwierig werden könnte. Der zivile Flugverkehr würde womöglich eingestellt werden und daher jeder Ausländer im Land versuchen, ein Zugticket in Richtung Westen zu ergattern. Daher hatte er seit dem 23. August für eine Woche im Voraus eine tägliche Platzreservierung im Orient-Express. Verwaltet wurde diese ungewöhnliche Buchung von einem ihm freundlich gesinnten Mitarbeiter der Zuggesellschaft. Im Gegenzug für einen kleinen „Beitrag" zu dessen Lebenserhaltungskosten stornierte der Bahnangestellte die aktuelle Reservierung, sollte Perl sie nicht benötigen, und fügte für die kommende Woche eine neue hinzu. Um sicherzugehen, dass er in dem zu erwartenden Chaos den Bahnhof rechtzeitig erreichen konnte, hatte Perl zudem einen Disponenten der Athener Notrufzentrale bestochen, der ihm bei Bedarf unverzüglich ein Rettungsfahrzeug schicken würde. Er hatte dem Mann aber weder Grund noch Ziel verraten, weil er befürchtete, dieser könnte eine Gelegenheit wittern und das Arrangement auch anderen anbieten und ihn selbst außen vor lassen.

Als die deutsche Wehrmacht am 1. September 1939 in Polen einmarschierte, hatte Perl also bereits alles für eine rasche Abreise aus Athen erledigt – beinahe. Dummerweise hatte er vergessen, seine Hotelrechnung vorab zu begleichen, und als er zur Rezeption kam, hatte sich dort bereits eine lange Schlange gebildet. Weder wollte Perl einfach abreisen und die Zeche prellen noch das Geld einfach auf den Schalter legen, da er aufgrund seiner zahlreichen und teuren Ferngespräche den Rechnungsbetrag nicht kannte. Also stellte er sich an und wartete. Seine Arbeit als Transportorganisator hatte ihn zwar Geduld gelehrt, dennoch brachte ihn jede weitere Minute näher an den Rand des Wahnsinns. Zu allem Überfluss tauchte auch noch sein Kontaktmann von der Zuggesellschaft auf und verkaufte Fahrkarten an andere Hotelgäste. Als Perl endlich an der Reihe war, zahlte er hastig und rannte zum vereinbarten Treffpunkt mit dem Krankenwagen. Den Mitarbeiter der Zuggesellschaft nahm er kurzerhand mit, um zu verhindern, dass dieser es womöglich nicht zum Bahnhof schaffte und seine Reservierung damit hinfällig wurde.

Als der Rettungswagen angebraust kam, traf Perl den Disponenten auf dem Beifahrersitz an, und nachdem er und sein Begleiter eingestiegen waren, rasten sie mit Sirenengeheul zum Bahnhof. Um sicherzugehen, dass er auch das restliche Geld bekam, das Perl ihm versprochen hatte, mahnte der Disponent den Fahrer zur Eile an und ergänzte den Lärm von Sirene und Hupe sichtlich begeistert mit einer Trillerpfeife. Polizisten machten ihnen den Weg frei, und wenn es auch immer langsamer voran ging, je näher sie dem Bahnhof kamen, blieben sie im Gegensatz zu den anderen Verkehrsteilnehmern wenigstens in Bewegung und erreichten ihr Ziel rechtzeitig. Perl betrat sogar als einer der Ersten den Zug und konnte ohne Probleme den für ihn reservierten Sitzplatz in Anspruch nehmen. Doch er musste bald feststellen, dass die Eile umsonst gewesen war. Der Orient-Express setzte sich nicht in Bewegung.

Von seinem Sitzplatz aus beobachtete Perl, wie sich immer mehr Menschen auf dem Bahnsteig drängten und versuchten, sich durch Bestechung die Mitfahrt zu sichern. Er wurde zunehmend nervös, auch weil sich das Gerücht verbreitete, Italien sei an der Seite Deutschlands in den Krieg eingetreten und der Zug könne daher gar nicht mehr nach Westeuropa fahren. Erneut blieb Perl nichts anderes übrig, als abzuwarten und sich in Geduld zu üben, und er atmete erleichtert durch, als sich der Orient-Express nach zwei Stunden und zum Bersten voll mit Passagierinnen und Passagieren doch in Bewegung setzte. Kurz nach Saloniki kam ihm allerdings das nächste beunruhigende Gerücht zu Ohren: Die Wehrmacht sei bereits in Jugoslawien einmarschiert und der Zug müsste daher an der Grenze haltmachen. Dieses Mal zwang sich Perl zur Ruhe, weil er wusste, dass dies nur Unsinn sein konnte und er sich nicht von der allgemeinen Nervosität anstecken lassen durfte.

Um sein Ziel zu erreichen, brauchte er einen kühlen Kopf. Denn der Umstand, dass er über ein Visum für die Schweiz verfügte, bedeutete nicht automatisch, dass er die Schweizer Grenze unbehelligt erreichen würde. Zu viele Dinge konnten sich in einer Situation wie dieser von einer Stunde auf die andere ändern. Perl hatte vor allem Bedenken, Mussolini könnte alle deutschen Juden zu feindlichen Ausländern erklären und in ihr Herkunftsland abschieben. Aus diesem Grund beschloss er, nur kleine und isolierte Grenzübergänge zu benutzen, an denen entsprechende Anweisungen aus Rom erst verspätet eintreffen würden – im besten Fall erst, nachdem er sie passiert hatte. Perl verließ daher den Orient-Express bereits in Ljubljana, wo er ein Paar aufsuchte, das einst mit seinem Vater befreundet gewesen war. Mit dessen Hilfe reiste er über einen kleinen Checkpoint am Isonzo unbehelligt nach Italien ein. Per Taxi ging die Reise weiter nach Mailand, wo er im Haus von Leone Carpi unterkam.

Carpi war als Anführer der italienischen Revisionisten von Perls Auftauchen überrascht, freute sich jedoch darüber. Denn auch er dachte an die Organisation eines Transports nach Palästina und konnte Perls Hilfe dafür gut gebrauchen. Die Bedrohung für die jüdischen Gemeinden in Italien war zwar weit geringer als im Deutschen Reich, aber er fürchtete, dass ihre jungen Männer bald von der Armee für Hilfsarbeiten zwangsrekrutiert werden könnten und in diesem Fall das

Land nicht mehr verlassen dürften. Entsprechend enttäuscht war Carpi, als er erfuhr, dass sich sein Gast nur auf der Durchreise befand. Perl hatte Verständnis für das Anliegen des Italieners und versprach, von der Schweiz aus etwas für ihn zu unternehmen.

Nachdem Carpi Perls Taxi bezahlt hatte, fasste er zusammen, was seit dessen Abreise aus Athen von der BBC und im italienischen Radio über die Vorgänge in Polen und im restlichen Europa berichtet worden war. Erleichtert nahm Perl zur Kenntnis, dass es offenbar noch keine speziellen Regelungen für die Grenzübertritte von Juden oder deren Reisepässe gab, weder in Italien noch in der Schweiz. Danach ging er mit Carpi seine Weiterreise durch. Der Italiener holte zu diesem Zweck mehrere Erkundigungen per Telefon ein und empfahl ihm schließlich eine Einreise in die Schweiz über den Luganersee bei der Ortschaft Ponte Tresa, gleich mit der ersten Fähre des Tages. Die Grenzkontrolle fand dort erst während der Überfahrt statt und fiel in der Regel eher informell aus. Der Vorschlag erschien Perl sinnvoll. Früh am nächsten Tag machte er sich daher mit einem Bekannten Carpis auf den Weg zum Luganersee. Auf der 80 Kilometer langen Autofahrt hatte er viel Zeit zum Nachdenken und so knapp vor dem Ziel befiel ihn erneut die Angst, das Schicksal könnte seine sorgsam gemachten Pläne doch noch durchkreuzen. Was würde aus ihm werden, wenn die Schweizer Behörden ihm die Einreise in letzter Sekunde verweigerten?

Als Perl in Ponte Tresa ankam, lief jedoch alles wie geplant. Nur eine Handvoll Personen wartete auf die Überfahrt und niemand nahm Notiz von ihm. Ausgerechnet der Schweizer Grenzbeamte zeichnete sich durch besonderes Desinteresse aus und blieb halb verschlafen in einer Ecke der Fähre hocken, ohne die Papiere der an Bord kommenden Reisenden zu kontrollieren. Perl wähnte sich bereits in Sicherheit, da erhob sich der Mann – die Fähre war noch rund eineinhalb Kilometer vom Schweizer Ufer entfernt – doch noch und kam schnurstracks auf ihn zu. Perl wurde nervös, denn er ahnte, was ihm möglicherweise blühte. Seine Befürchtung schien sich zu bestätigen: Obwohl er mit mehreren anderen Leuten auf einer Bank saß, war sein Pass der Einzige, der verlangt wurde. Schließlich konnte er aber aufatmen. Denn nachdem er die Frage, ob er etwas zu verzollen habe, verneint hatte, wurde er nicht weiter behelligt. Wenige Minuten später legte die Fähre am anderen Ufer an und Perl setzte seinen Fuß auf Schweizer Boden. Damit war er nach fast genau einem Jahr, seit seiner Abreise aus London Ende August 1938, erstmals wieder in einem Land, in dem er nicht willkürlich verhaftet werden konnte oder den Launen der Obrigkeit schutzlos ausgeliefert war – wenn auch nicht für lange.

16 — Große Pläne

Das Hauptquartier der revisionistischen Bewegung in der Schweiz befand sich in der Pension Renée in einer Seitenstraße der Zürcher Bahnhofstraße. Als Standort in einem neutralen Land hatte es den entscheidenden Vorteil, dass es selbst in Kriegszeiten mit den verschiedenen Gruppen sowohl in England und Frankreich als auch in den von Deutschland besetzten Gebieten arbeiten und deren Transaktionen abwickeln konnte. Dort traf Willy Perl Anfang September 1939 Yerushalmy, den „Mann aus Jerusalem".

Hinter diesem Decknamen verbarg sich Reuben Hecht, der kein Unbekannter für Perl war, weil er ihn schon öfter auf Kongressen und anderen Veranstaltungen getroffen hatte. Hecht, drei Jahre jünger als Perl und Spross einer vermögenden Familie, war in Antwerpen geboren, als Kind in die Schweiz übersiedelt und 1936 schließlich nach Palästina ausgewandert. Anfang 1939 war er von Irgun-Kommandant David Raziel zum Alija-Beauftragten der Organisation ernannt worden und dafür nach Europa zurückgekehrt. Da er immer noch auch einen Schweizer Pass besaß, konnte er frei reisen, was einen erheblichen Wert für die Organisation darstellte. Zudem war Hecht laut Perl ein menschlicher Dynamo mit ausgeprägtem Organisationstalent. Diese Eigenschaft sowie der gute Ruf seines

Familiennamens halfen nicht nur bei Verhandlungen mit den Schweizer Behörden und der Abwicklung von Bankgeschäften. Beides war auch von Vorteil, wenn es darum ging, Spenden von jüdischen Gemeinden in der Schweiz aufzutreiben.

Seine Vorzüge wurden für Hecht allerdings zum Problem, da er sich von der Bewegung zunehmend ignoriert und benutzt fühlte. Ähnlich wie bei Perl wurden gemachte Zusagen von NZO-Funktionären erst nicht eingehalten und dann geleugnet, oder Hecht erhielt überhaupt keine Antwort auf seine Nachfragen. Besonders sauer stießen ihm die Vorgänge rund um die *Parita* auf, die ursprünglich für einen seiner Transporte bestimmt gewesen, dann jedoch mit einer anderen Gruppe und noch dazu ohne sein Wissen abgefahren war. Auch aus dem bereits angemieteten Nachfolgeschiff wurde nichts. Dennoch bezahlte Hecht weiterhin Schulden der Bewegung, weil man ihm eine Refundierung versprach, zu der es allerdings nie kam.

Über diese „Irreführung" beklagte er sich bei Eri Jabotinsky, der mittlerweile zentralen Figur der revisionistischen *Alija,* da Katznelson nicht nur schwer erkrankt war, sondern seit dem deutschen Überfall auf Polen auch in Warschau festsaß: „Leider wurde ich aber nicht so sehr dazu verwendet, erfolgreiche Alijaarbeit zu leisten, sondern dazu, mit meinem in der Schweiz guten Namen, und mit meinem und meiner Familie privatem Gelde, Schulden der Bewegung zu bezahlen und fuer Betraege zu buergen, die grossteils durch die leichtfertigen Auftraege und Zusagen der damaligen Alijaleitung entstanden sind. [...] Man hat einen – sehr gelinde gesagt – unfairen und verantwortungslosen Gebrauch gemacht von meinem Vertrauen in die Zusagen der Bewegung, von meiner Bereitschaft, immer wieder neue Buergschaften zu uebernehmen, fuer die Bewegung persoenlich Schulden einzugehen. Man hat meinen Idealismus, mein Verlangen, unter Hintansetzung meiner Person der Bewegung selbstlos mit allen Opfern zu dienen, in der krassesten Weise ausgewertet."[211]

All dies hatte Hecht zufolge dazu geführt, dass er in der Schweiz mittlerweile als Betrüger galt und Verhören durch die Polizei, Drohbriefen und Anzeigen ausgesetzt war, womit sein guter Name beschmutzt war. Wegen dieser Schande war es zum Bruch mit seiner Familie gekommen, die sein Engagement für die revisionistische Bewegung ohnehin stets abgelehnt hatte, und ihm wurde von den Anwälten seines Vaters sogar mitgeteilt, „dass auf Grund all dieser Vorkommnisse ernstlich ‚Antrag auf Bevormundung gemaess Heimatstatut' bevorstuende."[212] Dem nicht genug, wies der Chef der Schweizer Fremdenpolizei, Heinrich Rothmund, Hecht Ende August 1939 an, sein Büro aufzulösen.[213]

Insofern tauchte Perl zu keinem guten Zeitpunkt in Zürich auf – oder auch genau zum richtigen. Denn Hecht blieb in seiner Situation nichts anderes übrig, als sich wie Perl selbstständig zu machen, um das Ruder doch noch herumzureißen. Daher wollte er mit diesem zusammenarbeiten, um seiner „engeren Organisation noch namhafte Vorteile zukommen lassen zu koennen".[214] Gemeint war mit dieser Organisation natürlich die *Irgun*, von deren Kommandanten Raziel er sich extra die Erlaubnis für eine derartige Kooperation geholt hatte – ein Beleg dafür, dass es um die Versuche der NZO, die revisionistische *Alija* zu zentralisieren, nicht gut bestellt war. Dass sich Hecht wie Perl schlecht behandelt fühlte, war womöglich der Grund, warum die beiden einander auf Anhieb so gut verstanden und im Lauf der Zeit zu engen Freunden wurden.

Wie Carpi brachte Hecht Perl zunächst auf den neuesten Stand, was die politischen Entwicklungen in Europa betraf.

Danach informierte er ihn über seine bisherigen Aktivitäten wie den Versuch, im vergangenen März Hunderte illegal aus Deutschland und Österreich in die Schweiz eingereiste Jüdinnen und Juden mit sieben gecharterten Flugzeugen nach Prag zu fliegen. Dort hätten sich die Flüchtlinge einem Transport nach Rumänien anschließen sollen. Doch bevor die Maschinen in Zürich hatten starten können, war die Wehrmacht in Prag einmarschiert und das Unternehmen war abgeblasen worden. Perl hatte davon gehört, erfuhr aber in diesem Gespräch erstmals die Details. Dann war er an der Reihe und ließ Hecht an seinen Erlebnissen der vergangenen Monate und Jahre teilhaben. Stundenlang tauschten sie sich aus, um von den Erfahrungen und Fehlern des anderen zu lernen – und machten vermutlich gemeinsam ihrem Ärger über Katznelson und Konsorten Luft.

An diesem Tag erhielt Perl auch einen Anruf aus seiner alten Heimat, auf den er schon gewartet hatte. Unmittelbar nach seiner Ankunft in der Pension hatte er bei der Telefonvermittlung eine Verbindung zu seiner Tante Liesel Kant-Sonnenkind in Wien in Auftrag gegeben. Deren Nachname war allerdings nur „Kant". Der Zusatz „Sonnenkind" war ein vorab vereinbartes Codewort, damit seine Tante wusste, dass sie auch eine ganz bestimmte Person zu dem Gespräch mitbringen sollte. Als Liesel Kant ihren Neffen nun in Zürich anrief, beredeten sie zunächst einige „geschäftliche" Dinge, da sie mittlerweile Perls primäre Kontaktperson in Wien war. Die attraktive und charmante Dame wusste ihre Reize für die *Alija* einzusetzen und hatte gute Kontakte zur DDSG hergestellt, sodass sie mehrfach Zahlungsaufschübe bei der Miete der Flussdampfer hatte erreichen können. Die Direktoren der DDSG vertrauten ihr und ließen ihr auch Bestätigungen über die Teilnahme bestimmter Personen an den Transporten ausstellen. Mit diesen Dokumenten konnten Perl zufolge Hunderte Menschen aus Konzentrationslagern befreit werden und das Deutsche Reich verlassen. Durch ihre Arbeit für die jüdische Auswanderung selbst noch vor der Deportation geschützt, ermahnte sie ihren Neffen am Telefon, mehr Leute aus Wien herauszuholen, zumal ein Dampfer der DDSG bereitstand. Perl versprach ihr, in Galaţi bei Rand wegen des versprochenen Schiffs nachzufragen.

Danach teilte Kant ihrem Neffen mit, dass auch Mirjam kurz mit ihm sprechen wolle. „Mirjam" war wie „Sonnenkind" ein Codewort. Dahinter verbarg sich niemand anders als Lore. So wollte Perl seine Frau schützen, für den Fall, dass die Gestapo die Unterhaltung mithörte. Obwohl nicht viel gesagt wurde, war es ein sehr emotionales Gespräch. Die Verbindung über Telefon bot dem jungen Paar, das sich seit einem Jahr nicht gesehen hatte, die Möglichkeit, einander wenigstens für ein paar Augenblicke nah zu sein. Als Mirjam alias Lore schließlich sagte, Tante Elsa sei sehr glücklich über das Paket gewesen, wusste Perl sofort, was sie meinte. Er schickte ihr von nun an Essenspakete, die für diejenigen bestimmt waren, die nach Osten deportiert wurden – allerdings jede Woche nur eines, denn mehr hätten Verdacht wecken können.

Als das Gespräch beendet war, wollte Hecht mit den Planungen für ihren gemeinsamen Transport fortfahren. Perl, mental ausgelaugt, zog sich stattdessen in sein Zimmer zurück.

Er brauchte eine Pause.

Ein wenig erholt nahm Willy Perl am nächsten Tag die Arbeit wieder auf. Wie er seiner Tante versprochen hatte, rief er Rand in Galaţi an, der mit wunderbaren Neuigkeiten aufwarten konnte. Der Rumäne hatte nicht nur große Töne gespuckt, sondern tatsächlich ein Schiff für 2000 und mehr Passagiere aufgetrieben. Auch der Preis war in Ordnung, dennoch gab es einen Haken: Die türkischen Besitzer verlangten eine saftige Vorauszahlung, und zwar nicht nur für die nötigen Adaptierungsarbeiten. 2000 Pfund waren noch vor der Überstellung des Schiffs nach Rumänien zu bezahlen. Dies war absolut gegen die bisherige Praxis, denn normalerweise war das Geld erst bei der Einschiffung der Reisenden fällig.

Perl wurde hellhörig. Zu gut war ihm das Desaster von Arnoldstein noch im Gedächtnis, das sowohl den Passagierinnen und Passagieren als auch der *Aktion* selbst beinahe zum Verhängnis geworden war. Ein solches Risiko war er nicht gewillt, einzugehen – unter normalen Umständen. Da Krieg herrschte, blieb ihm allerdings keine andere Wahl. Dennoch wollte er Rands Forderungen nicht bedingungslos akzeptieren, und er konnte es sich keinesfalls leisten, Geld zu verlieren. Perl erkundigte sich daher zuerst nach dem Namen des Schiffs und dessen momentanem Standort und auch, wann er mit ihm rechnen konnte.

Rand lieferte die gewünschten Informationen auf der Stelle. Die *Sakarya* lag in Smyrna vor Anker und war jederzeit verfügbar, denn ihre türkischen Besitzer wollten Perl gefallen. Sie hatten gehört, dass einige Griechen ein Vermögen mit dem Schmuggel von Juden gemacht hatten, und wollten ein Stück vom Kuchen. Die Vorauszahlung war allerdings nicht verhandelbar.

Perl nahm die Forderung zur Kenntnis und machte sich daran, den Wahrheitsgehalt von Rands Angaben zu ergründen. Er ging in die Zürcher Zentralbibliothek und konsultierte dort das *Lloyd's Register of Shipping*, ein weltweites Verzeichnis von Schiffen. Tatsächlich fand er darin eine *Sakarya*, die unter griechischer Fahne fuhr und deren nutzbarer Rauminhalt mit 1645 Nettoregistertonnen angegeben war. Das war ausreichend, denn in der Regel hatte er bislang mit einem Passagier pro Tonne kalkuliert. Bei der *Sakarya* war gemäß dieser Überschlagsrechnung aufgrund ihrer Größe noch Spielraum vorhanden, weil in Relation zu kleineren Schiffen proportional weniger Platz von der Infrastruktur wie Motorraum oder Kohlelager in Beschlag genommen wurde. Auch das Alter von 40 Jahren schreckte Perl nicht ab. Damit war die *Sakarya* zwar in die Jahre gekommen, aber nicht älter als seine anderen Schiffe. Vor allem die türkische Fahne war ein Vorteil, denn sowohl die Briten als auch die Deutschen wollten es sich mit der Türkei nicht verscherzen und würden daher kaum wagen, ein türkisches Schiff anzugreifen oder anderweitig zu behelligen.

Perl wusste für den Moment genug und rief Berthold Storfer in Wien an, den Eichmann im Frühjahr 1939 als Leiter des *Ausschusses für jüdische Überseetransporte* eingesetzt hatte. Diesem teilte er mit, dass er an einem großen Transport ab Sulina für die zweite Oktoberhälfte arbeitete. Perl hoffte, dass Storfer mit dieser Information bereits Inhaftierte aus den Lagern herausholen und weitere Deportationen hinauszögern konnte. Damit es nicht nur bei einer Ankündigung blieb, sondern der Transport tatsächlich durchgeführt werden konnte, war allerdings Geld nötig. Während Perl verschiedene Möglichkeiten mit Hecht besprach, läutete das Telefon. Am anderen Ende der Leitung war sein Cousin Robert Mandler, der von Liesel Kant erfahren hatte, dass Perl sich in Zürich aufhielt. Mandler, ein Geschäftsmann, hatte sich ebenfalls der *Alija* verschrieben. Nach dem „Anschluss" war er mit seiner Familie nach Prag geflohen und hatte dort eine neue, unpolitische

Organisation zur Auswanderung auf die Beine gestellt. Er arbeitete mit dem tschechischen Brüderpaar František und Karel Gross zusammen, entfernte Verwandte von ihm und Perl, die die Unternehmung nach außen vertraten. Mandler war allerdings kein Revisionist, sondern Allgemeiner Zionist, wenngleich kein sonderlich engagierter. Er hatte dafür andere Qualitäten. Er war gutaussehend, immer adrett gekleidet und mit Mitte vierzig älter als die meisten anderen Transportorganisatoren. Perl attestierte ihm daher die Fähigkeit, Situationen zu lösen, an denen Jüngere verzweifelt waren.

Als Perl ihm nun sagte, dass er ein Schiff habe, aber 2000 Pfund benötige, erklärte ihm sein Cousin, über die erforderliche Summe zu verfügen. Mandler hatte von den Behörden im nunmehrigen Protektorat die Genehmigung zum Devisentausch erhalten und durfte pro Auswanderer 6200 Kronen in 20 Pfund wechseln. Perl war hocherfreut über diese Nachricht. Zwar waren noch viele Details zu klären, aber immerhin konnte er auf dieser Auskunft aufbauen.

Während Berthold Storfer in Wien und Robert Mandler in Prag ihre jeweiligen Vorbereitungen trafen, musste Willy Perl die Verhandlungen mit Rand und den ihm noch unbekannten türkischen Eignern der *Sakarya* vorantreiben. Aus diesem Grund bat er erneut Lola Bernstein, Ende September 1939 nach Rumänien zu reisen.[215] Die Zusammenarbeit mit Bernstein – die sich Reuben Hecht zufolge wohl einen kleinen Gewinn aus ihrer Investition in die *Alija* erwartete, insgesamt dabei jedoch Geld verloren haben dürfte – war für Perl nicht nur aus finanziellen Überlegungen von Vorteil.[216] Mit ihrem britischen Pass konnte sie problemlos auf dem Balkan herumreisen und auch nicht so leicht von den Behörden unter Druck gesetzt werden. Wenn Perl Probleme mit Schiffseignern hatte, konnten diese gegen ihn vorgehen, indem sie die Polizei bestachen und so seine vorübergehende Verhaftung erwirkten. Zur Wehr setzen konnte Perl sich gegen diese Willkür kaum. Bernstein hingegen war zwar nicht unantastbar, aber immerhin konnte sie sich als britische Staatsbürgerin im Notfall auf die Hilfe der diplomatischen Vertretungen ihres Landes berufen. Zumindest hoffte Perl, dass Behörden und Geschäftspartner am Balkan dies annehmen würden. Erneut bemühte er das Bild einer heimlichen jüdisch-britischen Kooperation, die gerade durch das Mitwirken der Britin Bernstein bestätigt schien. Die Realität sah freilich anders aus. Die Briten hatten keinerlei Interesse, einer Staatsbürgerin beizustehen, die wie Bernstein dermaßen gegen ihre Interessen arbeitete. Als diese später einmal in Griechenland verhaftet wurde, kamen sie ihr daher auch nicht zu Hilfe und machten sich bei anderer Gelegenheit sogar für ihre Ausweisung aus Rumänien stark.

Bernstein war aber nur ein Puzzlestein in Perls Überlegungen. Durch Hechts Vermittlung waren bereits Gespräche mit der NZO geführt worden, sich für den nächsten Transport zusammenzutun. Konkret ging es um eine Gruppe von 400 Personen, die schon vor Monaten von Emil Faltyn als Nachfolger des mittlerweile nach Jugoslawien geflohenen Eliyahu Gleser in Prag zusammengestellt worden war und neben Betarim auch einige ältere Revisionisten und „Parteifremde“ umfasste. Der deutsche Einmarsch im März 1939 hatte ihre Abreise verzögert und da das *Zentrum für Alija* bislang kein Schiff hatte auftreiben können, saß sie immer noch in Prag fest.[217]

Perl hatte auf der *Sakarya* noch verfügbare Kapazitäten, denn für Mandler hatte er 600 Plätze, für Storfer weitere 200 reserviert. Finanzielle Meinungsverschiedenheiten verhinderten eine Übereinkunft allerdings noch, obwohl bereits ein Konto für die Transaktionen im Rahmen des geplanten Transports bei der Kantonalbank Zürich eingerichtet worden war, für das neben Perl, Bernstein und Hecht mit Abraham Abrahams auch ein Mitglied des Leitungsgremiums der NZO zeichnungsberechtigt war.[218] Bei jeder Behebung mussten zwei der vier Genannten unterschreiben, allerdings nicht in der Kombination Perl und Bernstein oder Hecht und Abrahams.[219] Damit sollte offensichtlich gewährleistet werden, dass weder die NZO noch Perls private Initiative Alleingänge unternehmen konnte. Wenig später trafen auf einem anderen Konto Perls die 2000 Pfund aus Prag ein. Zudem hatte Storfer in Wien erreicht, dass einige der für den Transport bereits registrierten Passagierinnen und Passagiere Verwandte im Ausland ersucht hatten, die benötigte Summe von jeweils 20 Pfund in die Schweiz zu überweisen. Perl war erleichtert, denn neben Bernsteins Reise nach Rumänien verursachte vor allem sein eigener Aufenthalt in der Schweiz mit den teuren Auslandstelefonaten hohe Kosten, und wie immer war er knapp bei Kasse.

Es blieb aber immer noch eine entscheidende Frage: Konnte Perl Rand und den Türken vertrauen?

17 — Rückkehr nach Osteuropa

Wieder einmal saß Perl in der Zwickmühle. Denn wie Bernstein aus Rumänien meldete, bestanden die Eigner der *Sakarya* immer noch auf einer Vorauszahlung, bevor sie ihr Schiff losschicken würden. Doch wie sein Cousin hatte Perl Sorge, es könnte wie damals beim Drama von Arnoldstein etwas schiefgehen, und der Gedanke daran war angesichts Eichmanns erneuter Drohungen wenig erbaulich. Dieser hatte Mandler gegenüber persönlich angekündigt, die jüdische Bevölkerung in Wien und Prag kollektiv zur Verantwortung zu ziehen, sollte es sich bei diesem Transport erneut um eine „jüdische Schwindelei" handeln. Eichmann bestand auf eine baldige Abreise und drohte, andernfalls die gewährten Devisen zurückzufordern.

Die Zeit drängte also, sodass Perl um die Entscheidung über die Vorauszahlung nicht herumkam. Nach langem Abwägen ging er das Risiko schließlich ein und schickte Rand die vereinbarte Summe. Es gab mittlerweile auch einen Vertrag, dessen Konditionen Bernstein mit Rand als bevollmächtigtem Vertreter der Schiffseigner ausgehandelt hatte. Wenn möglich, sollte die *Sakarya* am 4. November 1939 in Sulina eintreffen, allerspätestens jedoch bis zum 18. November.

Am Morgen des 10. Oktober erhielt Perl beim Frühstück einen Anruf von Mandler. Das Telefonat verschlug ihm den

Appetit. Sein Cousin teilte ihm mit, dass seine Gruppe in zwei Tagen aus Prag nach Bratislava aufbrechen werde. Perl war entsetzt, denn noch konnte er ihre Weiterreise von Bratislava nach Palästina nicht bewerkstelligen. Weder war die *Sakarya* in Rumänien eingetroffen, noch stand das Flussboot für den Transfer ans Schwarze Meer bereit. Mit der DDSG war ausgehandelt, dass dieses erst am 19. November in Bratislava eintreffen würde. Doch Mandler wurde sehr deutlich: Seine Gruppe würde in zwei Tagen auf die Reise gehen – entweder nach Bratislava, um von dort nach Palästina zu fahren, oder in ein Konzentrationslager. Perl war sich im Klaren darüber, dass er nun improvisieren musste. Er sagte seinem Cousin zu, die jüdische Gemeinde in Bratislava zu kontaktieren und diese zu ersuchen, sich bis zum Eintreffen des Flussboots um die Flüchtlinge zu kümmern. Danach rief er seine Tante Liesel Kant in Wien an und bat sie, wieder einmal ihre guten Kontakte zur DDSG zu nutzen und von dieser eine schriftliche Bestätigung über die Verfügbarkeit eines Schiffs für Mandlers Gruppe und dessen geplanten Ankunftstag in Bratislava einzuholen. Dieses Schreiben wollte Perl den slowakischen Behörden zur Beschwichtigung vorlegen, um zu verhindern, dass diese die Flüchtlinge aus Prag wieder auswiesen oder gar Schlimmeres mit ihnen anstellten, aus Angst, auf ihnen „sitzenzubleiben".

Liesel Kant kam dem Wunsch ihres Neffen nach, doch Perls Tag hatte es weiterhin in sich. Am Abend erfuhr er von Eri Jabotinsky aus Rumänien, dass Faltyns Gruppe ebenfalls in Richtung Bratislava aufbrach. Auch deren Weitertransport war ohne den Dampfer der DDSG nicht möglich und Perl fragte sich, wie die slowakischen Behörden auf die Ankunft von gleich 1000 jüdischen Flüchtlingen reagieren würden. Verschärft wurde die unsichere Lage durch die Tatsache, dass in

Bratislava weitere 350 slowakische Betarim festsaßen, deren erwartetes Transportschiff vom Eigner zurückgezogen worden war. Mit diesen und den Gruppen von Mandler und Faltyn würden sich also in Summe bald an die 1400 unerwünschte Juden in Bratislava aufhalten. Perl hatte mit der DDSG aber nur eine Abmachung für ein einziges Flussboot getroffen und er war sich sehr sicher, dass die Slowaken wussten, dass die DDSG kein Schiff für eine derart große Anzahl von Menschen hatte. Er konnte also nur hoffen, dass den Flüchtlingen kein Leid zugefügt wurde, und versuchen, sie während der Zeit in Bratislava bestmöglich zu unterstützen. Gemeinsam mit Hecht wandte er sich daher zunächst an die jüdische Gemeinde von Zürich, die wiederum die Gemeinde in Bratislava um Fürsorge für die Reisenden aus Prag ersuchte und finanzielle Unterstützung versprach. Die in Aussicht gestellten Schweizer Franken sollten sowohl den Flüchtlingen zugutekommen als auch die slowakischen Behörden milde stimmen.

Faltyn gelang es jedoch, selbst Flussboote aufzutreiben und seine Gruppe auf eigene Faust nach Rumänien zu bringen.[220] Eri Jabotinsky und das NZO-Büro in Bukarest, die ihn zuvor ersucht hatten, noch in Prag zu bleiben, wurden durch seine Ankunft vor vollendete Tatsachen gestellt. Weil sie sich nicht anders zu helfen wussten, mieteten sie den Frachtkahn *Spyroula* als zwischenzeitliches Quartier. Er verfügte über keinen Motor und musste zum Transport an ein anderes Boot angehängt werden.

Derweil wurde der Mandler-Transport, der seine Abreise aus Prag doch noch auf den 28. Oktober hatte verschieben können, in Bratislava durch die paramilitärische Hlinka-Garde interniert. Die Slowaken drohten, die Leute zurück ins Protektorat zu schicken, sollte sie nicht innerhalb von zehn Tagen weiterreisen. Die von Liesel Kant aufgetriebene Bestätigung der DDSG, dass ihre *Saturnus* am 19. November in Bratislava eintreffen würde, wurde zunächst ignoriert. Erst František Gross gelang es durch persönliche Vorsprache in der slowakischen Hauptstadt, eine Verlängerung der Frist bis zur geplanten Ankunft des Flussboots zu erreichen.

Perl musste also zur Kenntnis nehmen, dass wenig nach Plan lief – auch nicht die Fahrt der *Sakarya* aus der Türkei nach Rumänien. Am 3. November 1939 erfuhr er, dass sie sich leicht verspäten würde. Ihm schwante allerdings, dass „leicht“ stark untertrieben war. Dennoch konnte er die Abfahrt der *Saturnus* aus Wien nach Sulina nicht mehr verschieben, ohne Gefahr zu laufen, Eichmann und die Gestapo sowie die Slowaken zu verärgern und die Flüchtlinge in Wien und Bratislava so einem Risiko auszusetzen. Die Verspätung der *Sakarya* stellte den ganzen Transport mehr oder weniger in Frage. Auch wenn es noch keine Übereinkunft über eine Mitnahme der Faltyn-Gruppe gab, dürfte Perl sie fix eingeplant haben.[221] Er wusste allerdings, dass deren ohnehin überschaubare finanzielle Reserven durch den Mehraufwand für den Lastkahn und die notwendige Verpflegung während der Wartezeit dahinschmolzen. Konnten sie jedoch den von ihm kalkulierten Beitrag nicht leisten, konnte er wiederum die für das Schiff vereinbarte Summe nicht bezahlen und die Türken würden von ihrem Geschäft zurücktreten. Damit würden alle zusammen – die Gruppen von Mandler und Faltyn aus Prag und Storfers Leute aus Wien – in Europa festsitzen und früher oder später in einem Konzentrationslager enden.

Perl war an einem absoluten Tiefpunkt angelangt. Wie damals, als er auf Rhodos vom Brand auf der *Rim* erfahren hatte, schien er mit seinen Nerven und seinen Kräften am Ende zu sein. Doch es gab eine Lösung für das Problem, denn Mandlers und Storfers Leute belegten mit 800 Personen nicht ganz die Hälfte der auf der *Sakarya* verfügbaren Plätze. Dazu kamen die 400 Menschen auf der *Spyroula* im Hafen von Sulina. Es standen also immer noch rund 800 Plätze für weitere Reiseteilnehmende zur Verfügung. Diese konnte er jüdischen Gemeinden anbieten, von denen er ohnehin laufend Anfragen bekam. Wie damals bei der „China-Gruppe" musste er lediglich jemanden finden, der bereit war, zusätzlich zu seinen eigenen Reisekosten auch einen Beitrag zur Passage der beinahe mittellosen Leute von Faltyn zu leisten. Nachdem er sich mit Hecht beraten hatte, fiel die Wahl auf die Budapester Gemeinde der orthodoxen *Aguda Israel*. Deren Mitglieder waren zwar nicht für ihre Disziplin bekannt und aufgrund der strikten Einhaltung ihrer Speisegesetze kompliziert, was die Verpflegung an Bord anging, der logistische Vorteil war jedoch nicht von der Hand zu weisen, denn die ungarische Hauptstadt lag direkt auf dem Weg.

Perl musste also seine Koffer packen.

Nächster Stopp: Budapest.

Vor seiner Abreise aus der Schweiz rief Perl noch Lore in Wien an. Er sprach nur selten mit ihr, um die Gestapo nicht auf den Plan zu rufen und sie damit in Gefahr zu bringen. Sollten die Beamten, die ihr Gespräch womöglich belauschten, die richtigen Schlüsse ziehen und „Mirjam" als Lore Perl, geborene Rollig, entlarven, konnte sie dies das Leben kosten. Doch an diesem Tag im November 1939 schob Perl seine Bedenken beiseite. Er musste die Stimme seiner Frau hören, denn womöglich war es das letzte Mal. Er wusste, dass er sich in Gefahr begab, wenn er die sichere Schweiz verließ. Das Gespräch ließ Perl zunächst seine Sorgen vergessen – bis er seine geplante

Reise nach Budapest erwähnte. Lore schwieg erst, dann brach sie in Tränen aus. Die Angst um ihren Mann überwältigte sie so sehr, dass sie ganz auf ihre Tarnung vergaß. Ob die Reise wirklich notwendig sei, wollte sie wissen. Denn ihr war ebenso wie Perl bewusst, dass ihm eine erneute Flucht in die Schweiz verwehrt sein könnte. In Osteuropa würde er sich wieder in Eichmanns Reichweite befinden, vor allem im Falle einer Ausweitung der deutschen Aggression auf den Balkan.

Das Telefonat mit Lore hatte also nicht den gewünschten Effekt der Ermutigung, im Gegenteil. Perl fühlte sich schuldig, weil er ihr seinen Kummer aufgeladen hatte. In gedämpfter Stimmung fuhr er mit den Reisevorbereitungen fort und arbeitete seine Liste unerledigter Dinge ab. Doch wenigstens verlief die Fahrt nach Ungarn problemlos. Unmittelbar nach seiner Ankunft in Budapest traf er sich mit Vertretern der *Aguda*, die ihn im Hotel Bristol unterbrachten, wo er Monate zuvor als „liberischer Konsul" logiert hatte.[222] Eine Übereinkunft war schnell erreicht. Die *Aguda* zahlte für die Reise von rund 300 ihrer Mitglieder, allerdings nur in ungarischen Pengö. Ein Umtausch in Pfund oder Dollar war in Budapest nicht möglich, doch damit hatte Perl gerechnet und Vorkehrungen getroffen, um das Geld verbotenerweise außer Landes zu bringen. Hilfe erhielt er von einem jüdischen Arzt aus Boston, den er in seiner Zürcher Pension kennengelernt hatte. Dieser hatte sich Perl zufolge bereit erklärt, nach Budapest zu kommen und das Geld in die Schweiz zu schmuggeln, wo es auf dem freien Markt gewechselt werden konnte.

Es gab aber ein anderes Problem. Perl wurde vom ungarischen *Betar* kontaktiert, der unverzüglich von der Anwesenheit des ehemaligen „Herrn Konsul" in der Stadt erfahren hatte. Der Grund lag auf der Hand: Auch die ungarischen

Betarim wollten nach Palästina. Nun stand Perl wieder einmal vor einem Dilemma. Der Grund seiner Reise nach Budapest war der Versuch, die fehlenden Mittel für die *Sakarya* aufzutreiben. Nüchtern betrachtet, waren die Juden in Ungarn zumindest zu diesem Zeitpunkt noch weniger gefährdet als in Wien oder Prag. Einige von ihnen sollten nur deshalb auf der *Sakarya* mitfahren, weil sie für Faltyns Gruppe bezahlten. Perl fühlte sich allerdings nicht wohl bei dem Gedanken, die ungarischen Betarim einfach zurückzulassen.

Diesen moralischen Balanceakt musste Perl seit Anfang seiner Karriere als Transportorganisator bewältigen. So hätte er auch Mandler wesentlich mehr Plätze auf der *Sakarya* zugestehen können, der bereit war, dafür zu bezahlen, und sogar das gesamte Schiff gefordert hatte. Das wäre für Perl eine einfache Lösung gewesen, doch er wollte Menschen nicht aus dem einzigen Grund zurücklassen, dass sie arm waren. Zudem hatten sich etwa die Betarim im Gegensatz zu den meisten anderen Flüchtlingen lange auf ein Leben in Palästina vorbereitet. Ihnen alle Plätze zuzugestehen, war jedoch aus finanziellen Gründen nicht möglich, und daher war Perl auf Mandlers Leute angewiesen, die zwar vermögender, dafür aber wie die Passagiere der *Aguda* im Vergleich zu Mitgliedern des *Betar* auch weniger diszipliniert waren. Als Kompromiss erklärte er sich bereit, wenigstens 100 Betarim auf der *Sakarya* mitzunehmen, auch wenn sie, wie Faltyns Gruppe, nicht oder zu wenig für die Passage zahlen konnten. Gemäß seiner Abmachung mit den Behörden musste er jedoch auch 20 unerwünschte Juden außer Landes schaffen, die in ungarischen Gefängnissen saßen – und er selbst musste die Auswahl treffen.

Also suchte er das Gefängnis auf und traf dort unter anderem auf zwei österreichische Burschen im Alter von 16 und

17 Jahren. Ihre Familie hatte den Befehl erhalten, sich in Wien für eine „Umsiedlung" zu melden. Ihre Eltern und ihre Schwester waren der Anweisung nachgekommen, die Brüder über die Grenze nach Ungarn geflohen. Dort waren sie allerdings schnell von der Polizei verhaftet worden. Die beiden waren mittellos, doch Perl zögerte keine Sekunde, sie mitzunehmen und ihnen damit das Leben zu retten.

Wie wichtig Perls persönliche Visite für den Transport insgesamt war, zeigt eine andere Begebenheit. Auch einer dreiköpfigen Familie aus der Ostslowakei, die vor einem Pogrom in ihrem Heimatort geflohen war, wies er Plätze auf der *Sakarya* zu. Als der Vater daraufhin seine Erleichterung ausdrückte, weil seine erkrankte Frau Blut hustete und ohne Hilfe im Gefängnis sterben würde, wurde Perl hellhörig. Er suchte daraufhin die Gattin des Mannes im Frauentrakt auf und ließ sich von ihr ein blutiges Taschentuch zeigen. Die Frau nahm an, dieser Beweis für ihre Lungenkrankheit würde ihr die Freiheit bringen, doch das Gegenteil war der Fall. Perl konnte keinesfalls die Einschleppung irgendwelcher Krankheiten auf sein Schiff riskieren. Schweren Herzens ließ er die ganze Familie zurück – und wunderte sich viele Jahre später, wie er die Kraft dazu hatte aufbringen können.

Nachdem Perl das Gefängnis verlassen hatte, tauchte er wieder in die Karnevalsstimmung ein, die seinen Memoiren zufolge dieser Tage in Budapest herrschte. Er hatte den Eindruck, die Bewohnerinnen und Bewohner der Stadt ahnten, dass die nächsten Jahrzehnte von Totalitarismus geprägt sein würden, und wollten das Leben ein letztes Mal in all seinen Facetten genießen. Überall wurde getanzt, musiziert und gesungen. Jedes noch so kleine Speiselokal mutierte in ein Kabarett oder eine Tanzbar. Sexuelle Ausschweifungen standen auf der

Tagesordnung, die Prostitution florierte und auch Perl bekam ein unmoralisches Angebot von einer gelangweilten Arztgattin, die er nicht einmal kannte. Obwohl er mit dem Nachtleben noch nie viel angefangen hatte, tauchte auch er in diese entrückte Welt ein. Er konnte sich ihr auch gar nicht entziehen, wie er in seinen Memoiren schreibt, da Geschäfte in Budapest zu dieser Zeit immer noch in Kaffeehäusern und Bars gemacht wurden. So plagte ihn das schlechte Gewissen, weil er bei Musik, Tanz und Wein saß, während die für die *Sakarya* bestimmten Flüchtlinge im Internierungslager in Bratislava oder auf dem Lastkahn in der Flussmündung bei Sulina darbten, von der von ihm schweren Herzens im Gefängnis zurückgelassenen Familie ganz zu schweigen.

Inmitten dieser Surrealität ging die Arbeit weiter. Gemeinsam mit Hecht, der nach einer Woche zu ihm gestoßen war, kümmerte Perl sich um die genaue Zusammensetzung der Gruppe, die finanziellen Fragen und den Ankauf von Vorräten für den Flussdampfer der DDSG. Pünktlich am 19. November 1939 verließ die *Saturnus* Wien mit insgesamt 211 Menschen an Bord in Richtung Bratislava, wo weitere Passagiere zustiegen. Nur vier Tage später kam sie in Sulina an. Soweit lief also alles nach Plan.

Fast. Denn von der *Sakarya* fehlte jede Spur.

Laut seiner Vereinbarung mit Rand hätte die *Sakarya* am 18. November 1939 in Sulina sein sollen – einen Tag vor der Abfahrt der *Saturnus* aus Wien. Dass deren Fahrt nach Rumänien überhaupt genehmigt worden war, obwohl dort die Möglichkeit des Weitertransports noch nicht gegeben war, grenzte an ein Wunder. Das NZO-Büro in Bukarest äußerte mittlerweile Zweifel an Rands Verlässlichkeit und der Existenz der *Sakarya*. Perl glaubte jedoch an das, was er im *Lloyd's Register of Shipping* ausfindig gemacht hatte, und mahnte Eri Jabotinsky, Druck auf den Rumänen auszuüben. Jabotinsky misstraute Rand gewaltig, denn dieser hatte ihm bislang täglich versichert, die *Sakarya* habe Istanbul „soeben" verlassen. Als er erfuhr, dass das Schiff tatsächlich aufgebrochen, aber nach Smyrna unterwegs war, nahm er sich Perls Rat zu Herzen. Er rief Rand an und ließ keine Zweifel hinsichtlich der zu erwartenden Reaktion der an Bord der *Spyroula* hungernden und frierenden Betarim, sollte er sie betrügen und die *Sakarya* nicht bis zum 10. Dezember in Sulina sein. Rand war empört und beschwerte sich angeblich sogar beim Innenministerium über diese plumpe Drohung. Und er wähnte sich sicher, denn was konnten die Juden schon machen? Jeder würde die Schuldigen kennen, sollte ihm tatsächlich etwas zustoßen. Das war in der Tat ein starkes Argument, dennoch war Jabotinsky überzeugt, dass seine Worte den Schiffsagenten zumindest zum Nachdenken gebracht hatten.

Episoden wie diese zeigten Perl, was die Verträge mit den Schmugglern tatsächlich wert waren – nämlich oft nicht das Papier, auf das sie geschrieben waren. Schon die Rückholaktion des von Haller in Athen verlorenen Betrags im Herbst 1938 hatte viel Geld verschlungen und war nur durch die Hilfe einer einflussreichen Person wie Davaris möglich gewesen. Dass er sich auch im Fall der *Sakarya* bei Streitigkeiten kaum auf die rumänische oder türkische Justiz würde verlassen können, war Perl klar. Erstens würde ein Prozess Monate, wenn nicht länger, dauern, und diese Zeit hatten Perl und vor allem die betroffenen Flüchtlinge einfach nicht. Zweitens würde vor Gericht die Partei gewinnen, die dem Richter mehr Bestechungsgeld zahlen wollte und konnte, und das waren mit Sicherheit nicht Perl und Konsorten. Perl gab sich diesbezüglich keinerlei Illusionen hin, weil ihm völlig bewusst war, mit wem er sich eingelassen hatte und dass es sich bei seinen Partnern eben nicht um seriöse Schifffahrtsgesellschaften handelte, wie er auch dem Schweizer Fluchthelfer Ernst Fink schrieb: „Es sind vielmehr, wie ja nicht anders zu erwarten ist, Berufsschmuggler, früher einmal waren sie Bootlegger in Amerika, dann wieder schmuggelten sie Waffen nach Spanien, oder ich weiss nicht welche Rauschgifte, heute schmuggeln sie – unter anderem – auch Juden nach Erez. Dass bei solchen Leuten die schönsten Verträge nichts nützen, dass vielmehr alles eine Frage des jeweiligen Kräfteverhältnisses ist, ist klar."[223] Die revisionistischen Transportorganisatoren setzten daher zur Wahrung ihrer Interessen vor allem auf den *Betar,* der laut Perl dafür bekannt war, Wortbrüchige an getroffene Abmachungen mit „entsprechenden Mitteln" zu „erinnern".

Unabhängig davon bedeutete die neuerliche Verzögerung durch die Verspätung der *Sakarya* weitere Mehrkosten für die Flüchtlinge an Bord der *Saturnus* und der *Spyroula*. Daher brauchten sie dringend das Geld, das Perl über die *Aguda* in Budapest aufgetrieben hatte. Die Verstrickungen der verschiedenen Parteien führten nun jedoch zu einem wahren Teufelskreis. Denn die *Aguda* wollte verständlicherweise erst zahlen, wenn ihre Leute in Budapest an Bord eines Flussboots gingen. Die DDSG wollte jedoch erst ein neues Schiff schicken, wenn die *Saturnus* in Sulina ihre Passagiere ausgeladen hatte und sich auf dem Rückweg befand. Dass die Flüchtlinge von Bord der *Saturnus* gingen, ließen wiederum die Rumänen nicht zu, solange der Weitertransport nicht gewährleistet war. Dafür musste erst die *Sakarya* auftauchen. Aber selbst wenn diese am 10. Dezember in Sulina eintreffen sollte, hätten die drei Wochen Verspätung ein derart großes Loch in die Finanzen der Flüchtlinge gefressen, dass diese den vereinbarten Preis nicht mehr zahlen konnten. Das aber hieß, die *Sakarya* würde nicht abfahren, die *Saturnus* ihre Passagierinnen und Passagiere nicht auf die *Sakarya* transferieren, die DDSG kein weiteres Schiff für die *Aguda* in Budapest schicken und diese das dringend benötigte Geld nicht überweisen.

Perl konnte keinesfalls zulassen, dass sich diese Angelegenheit endlos in die Länge zog. Jeder weitere Tag bedeutete unnötige Mehrkosten, doch noch wesentlich schlimmer war die Angst vor einem altbekannten Gegner: dem Winter. Die Zeit drängte, denn die Donau konnte jeden Moment zufrieren, wie Perl schon im Vorjahr erlebt hatte. In diesem Jahr kam noch eine entscheidende Sache hinzu. Es herrschte Krieg und die Boote der DDSG wurden auch von der Wehrmacht benötigt. Perl mochte sich die Reaktion der Gestapo gar nicht ausmalen, würde die *Saturnus* wegen eines jüdischen Transports bis zum Frühjahr in Rumänien festsitzen. Vermutlich würde die DDSG ihr Schiff daher bald zurückrufen, und zwar mit den Passagierinnen und Passagieren an Bord. In einem solchen Fall bestand wenig Zweifel über deren weiteres Schicksal.

Perl sah daher nur eine Lösung. Er musste die DDSG überreden, trotz allem sofort ein weiteres Schiff zu schicken. Im Grunde war dies eine unmögliche Aufgabe, aber er hatte noch ein As im Ärmel: Liesel Kant. Seine Tante hatte generell gute Kontakte zur DDSG, vor allem aber zu einem der Direktoren namens Schätz. Dieser war für das „Geschäft mit den Juden" zuständig und hatte sich in der Vergangenheit als verlässlicher und anständiger Partner erwiesen. Erst hatte Perl gedacht, Schätz hege romantische Gefühle für seine Tante, doch mittlerweile war er zur Ansicht gelangt, dass dies nicht alles war.

Dem DDSG-Direktor schien das Schicksal der Flüchtlinge auf der *Saturnus* und der Juden generell nahezugehen und er nahm deswegen auch für sich selbst Risiken in Kauf, um zu helfen. Anfang Dezember traf er sich mit Perl in Budapest, im Gepäck ein Ultimatum: noch drei Tage, dann würde die *Saturnus* umkehren. Schätz wollte jedoch versuchen, seine Kollegen im Direktorium und die Gestapo zu überreden, doch noch die Frist bis zum 10. Dezember abzuwarten, die Eri Jabotinsky Rand gesetzt hatte. Dieser Tag war jedenfalls der absolut späteste Zeitpunkt für eine Rückkehr der *Saturnus*. Sollte ihm der DDSG-Vertreter in Sulina die Ankunft der *Sakarya* bis dahin bestätigen, würde er alles daransetzen, Perl mit der *Grein* sofort ein Schiff für die Leute aus Budapest zu schicken.

Das war vermutlich mehr, als Perl zu hoffen gewagt hatte. Dennoch löste es nicht sein Problem. Er hatte nach wie vor weder Schiff noch Geld. Dafür wurde behauptet, dass er von Rand hereingelegt worden sei, der die *Sakarya* anderweitig vermietet habe, und dass die Flüchtlinge aus Wien und Prag nun ohne Ausreisemöglichkeit in Sulina festsäßen und die *Saturnus* umkehren müsse, weil Berlin sie anderweitig zu verwenden gedenke. Diese Gerüchte hatten sich bis nach Zürich herumgesprochen, denn es war Ernst Fink, der Perl am 5. Dezember davon in Kenntnis setzte. Fink hatte Gelder für die Reisekosten eines Teils der Flüchtlinge auf der *Sakarya* aufgetrieben und wurde daher unter anderem von der lokalen Kultusgemeinde über den Wahrheitsgehalt der Gerüchte befragt. Er erbat von Perl eine Stellungnahme, um „den Schwätzern das Gegenteil beweisen" zu können, die auch behaupteten, Perl würde die Leute nur nach Rumänien transportieren, um an ihr Geld zu kommen, und sie dann im Stich lassen. Als Drahtzieher vermutete Fink den Dachverband der zionistischen Jugendorganisationen

Hechaluz, was einmal mehr auf die Konkurrenz zwischen den verschiedenen Transportorganisationen hindeutet.[224]

Wer auch immer hinter den Gerüchten steckte, der über seine Rivalen in der Regel gut informierte Perl hatte eine Antwort parat. Er konterte die Kritik, indem er darauf hinwies, dass sich andere Reisegruppen in einer ähnlich misslichen Lage befanden, darunter zwei Transporte des *Hechaluz*.[225] Zu allem Überfluss setzten allerdings auch die Briten die Regierung in Bukarest unter Druck. Ihnen waren die Vorgänge in Sulina nicht verborgen geblieben und sie intervenierten bei den Rumänen, die Flussboote zurückzuschicken und keinesfalls den Umstieg auf ein Hochseeschiff zu erlauben. Perl erfuhr davon von Lola Bernstein, die ihm die deprimierende Situation beschrieb. Er bot daraufhin an, nach Sulina zu kommen, doch seine Bekannte riet ihm aufs Schärfste davon ab. Sie hatte erfahren, dass die Rumänen ihn bei seiner Ankunft umgehend verhaften wollten, um die Briten zu beschwichtigen. Auf dem nächsten Donaudampfer, der zurück nach Wien fuhr, war angeblich schon ein Platz für ihn reserviert. Bernstein beschwor ihn daher, in Budapest zu bleiben, dort die Abreise der Aguda-Leute voranzutreiben und mit der DDSG in Kontakt zu bleiben. Perl stimmte zu und bat Hecht, an seiner Stelle nach Rumänien zu reisen.

So wurde Hecht alias Yerushalmy Zeuge, wie die *Sakarya* tatsächlich am 10. Dezember 1939 in den Hafen von Sulina einlief. Die frierenden Menschen an Bord der *Saturnus* und der *Spyruola* jubelten in dem Glauben, ihre Reise endlich fortsetzen zu können.

Weit gefehlt.

18 — Zerreißprobe in Sulina

Nachdem er von der Ankunft der *Sakarya* in Sulina erfahren hatte, benachrichtigte Perl umgehend die *Aguda* und teilte ihr mit, dass ihre Gruppe innerhalb der nächsten zwei bis drei Tage aus Budapest abreisen würde. Danach rief er die DDSG in Wien an, um die *Grein* für die Fahrt nach Rumänien vorbereiten zu lassen. Wie er mit Direktor Schätz vereinbart hatte, würde sie insgesamt 530 Personen nach Sulina bringen. Perl wusste, sie erwartete ein Wettrennen gegen den Winter, das hoffnungslos erschien. Während er telefonierte, sah er immer wieder aus dem Fenster, in der Angst, es könnte schon zu schneien begonnen haben. Dass die Zeit knapp war, wusste auch Schätz. Er wollte Perl entgegenkommen, machte aber deutlich, dass er die *Grein* nur losschicken konnte, wenn das Wetter nicht umschlug.

Doch das war an diesem 10. Dezember 1939 nicht Perls einzige Sorge. Als nämlich die *Sakarya* in Sulina einlief, befand sich nicht nur die Mannschaft an Bord. Bernstein und Hecht waren höchst erstaunt, dass auch einer der Schiffsbesitzer die Reise nach Rumänien auf sich genommen hatte. Avni Nuri Meseregi war 27 Jahre alt und hatte eine äußerst unangenehme Überraschung für alle Beteiligten parat. Als Perl von Bernstein über die Vorgänge in Sulina informiert wurde, verschlug es ihm die Sprache. Wie sich herausstellte, waren sie von Rand hinters Licht geführt worden. Die Türken waren davon ausgegangen, dass ihr Schiff für nur 900 Personen gechartert werden sollte, und zwar für die legale Einreise nach Palästina mit korrekten Visa. Zudem hatten sie bisher noch kein Geld gesehen. Der mit Rand abgeschlossene Vertrag sah vor, dass sie innerhalb von zwölf Stunden nach ihrer Ankunft in Sulina bezahlt werden mussten. Dazu waren Perl und die anderen aber nicht in der Lage, weil Rand die Anzahlung einkassiert hatte und, wie sich nun herausstellte, Faltyns Gruppe ihre Finanzen offenbar von Anfang an verschleiert hatte. In Wirklichkeit verfügte sie über viel weniger Geld, als Perl kalkuliert hatte. Trotz der Unterstützung der lokalen jüdischen Gemeinde blieb nicht viel mehr als ein Pfund pro Kopf für den Rest der Reise übrig.

Ratlos wollte Bernstein von Perl am Telefon wissen, wie es nun weiterginge. Dieser war ebenso verzweifelt und bemühte sich zunächst, seine Gedanken zu ordnen und Ruhe zu bewahren. Im Moment war es das Allerwichtigste, Zeit zu gewinnen. Die *Sakarya* durfte Sulina unter keinen Umständen verlassen, denn von ihr hing der Erfolg des gesamten Unternehmens ab. Ohne ein Hochseeschiff für den Weitertransport der Flüchtlinge von Rumänien in den Nahen Osten würde die DDSG die *Grein* in Wien nicht losschicken, und die Menschen auf der *Saturnus* und vermutlich auch auf der *Spyroula* würden zurück nach Wien und Prag gebracht werden. Die Reise nach Palästina war die einzige Möglichkeit, diesem sicheren Todesurteil zu entkommen. Daher beauftragte Perl Bernstein, direkt mit den Türken zu verhandeln und eine neue Abmachung zustande zu bringen, selbst wenn diese unvorteilhaft für sie ausfallen sollte. Perl wollte sich unterdessen mit Mandler beraten, dem er als

Finanzexperten eine Lösung zutraute und den er bat, selbst nach Rumänien zu kommen.

Es gab aber auch vereinzelte Lichtblicke in dieser misslichen Lage. Dem DDSG-Vertreter in Sulina konnte vorgegaukelt werden, dass die *Sakarya* bereit war, die Flüchtlinge aufzunehmen, obwohl das nicht stimmte. Zudem sollte es laut Wettervorhersage nicht zu kalt werden und die Donau daher nicht zufrieren. So konnte Perl die *Grein* aus Wien entgegen allen Erwartungen am 18. Dezember 1939 in Budapest in Empfang nehmen. An Bord hatte sie bereits 226 Passagierinnen und Passagiere, die größtenteils der Wiener *Aguda* angehörten und dem Transport ebenfalls aus finanziellen Überlegungen angeschlossen worden waren – Perl hatte dafür unter anderem mit Ernst Fink in Zürich ein Arrangement getroffen.[226] Mit weiteren 185 Mitgliedern der Budapester *Aguda*, 105 ungarischen Betarim und 19 Juden aus ungarischen Gefängnissen trat die *Grein* schließlich die Reise von Budapest nach Sulina an.

Avni Nuri Meseregi, der in Begleitung eines seiner Brüder sowie einer Cousine nach Rumänien gekommen war, war unterdessen nach Bukarest gefahren, wo Bernstein sich ins Zeug legte, ihm das Blaue vom Himmel zu versprechen. In einem für die Schiffseigner äußerst vorteilhaften Vertrag erklärte sie sich bereit, für vier Reisen insgesamt 48.700 Pfund zu bezahlen.[227] Dies war für die Türken verlockend, weil die vereinbarte Summe sogar den Wert des Schiffs überstieg. In Wirklichkeit hatten Perl und Bernstein nicht einmal das Geld für die erste, mit 17.100 Pfund veranschlagte Fahrt, aber das wussten ihre Verhandlungspartner nicht. Perl zog ohnehin die Möglichkeit in Betracht, dass es womöglich bei nur einem Transport mit der *Sakarya* bleiben könnte, da sie sehr auffällig war und schnell die Aufmerksamkeit der Briten erregen würde. Um aber die Türken von der Ernsthaftigkeit ihrer Absichten zu überzeugen, stellte Bernstein Forderungen wie die Installation eines 170-Tonnen-Wassertanks oder Heizungen und elektrisches Licht für den Frachtraum.

Meseregi verlangte im Gegenzug die Hinterlegung des ausgehandelten Betrags bei einer Bank. Nach einigem Zögern und im Wissen, dass dies nicht machbar war, stimmten Perl und Bernstein zu, um den Abbruch der Verhandlungen zu verhindern. Sie mussten die Türken so lange bei Laune halten, bis die Passagierinnen und Passagiere der *Grein* in Sulina eingetroffen waren. Selbst mit deren Geld hatten sie zwar insgesamt immer noch weniger, als die Türken forderten, aber es würde ihre Position zumindest etwas verbessern. Danach konnten sie immer noch versuchen, den Preis für die einzelnen Fahrten nachzuverhandeln.

Derweil regte sich jedoch Unmut in Mandlers Gruppe, die offenbar den Eindruck hatte, für alle bezahlen zu müssen. Auch deswegen hoffte Perl, dass sein Cousin zur Beruhigung seiner Leute bald nach Rumänien kommen würde. Dessen Ausreise aus dem Protektorat gestaltete sich schwierig. Mandler wollte zunächst einen Vertreter schicken, doch Perl konnte ihn davon überzeugen, dass er selbst vor Ort gebraucht wurde. Eichmann stimmte Mandlers Ausreise zu, machte aber deutlich, dass seine Familie mit Folter zu rechnen habe, sollte er nicht zurückkommen.

Bis zum 23. Dezember 1939 trafen sowohl die *Grein* als auch Mandler endlich in Rumänien ein. Dieser versuchte nun mit Bernstein, Hecht und Eri Jabotinsky, die Türken zu überreden, den Transfer der Reisenden von den Flussbooten und dem Lastkahn auf die *Sakarya* gegen eine Anzahlung zu erlauben. Das restliche Geld sei bereits aus Amerika und Südafrika unterwegs, erklärte Mandler und bemühte sich, den beiden jungen Männern klarzumachen, dass sie bei einer erzwungenen Rückkehr der Flüchtlinge ins Deutsche Reich nicht nur ihre bisherige Zeit verschwenden hätten, sondern auch auf das Geschäft verzichten müssten. Dennoch ließen sich die Türken nicht erweichen. Sie bestanden weiterhin auf der Bezahlung des Gesamtbetrags oder auf einer Bankgarantie und drohten mit ihrer Abreise. Für Perl und die anderen wurde es nun eng, denn der Wetterbericht verhieß nichts Gutes.

Perl befand sich mittlerweile auf dem Weg nach Italien. Schließlich hatte er Leone Carpi versprochen, auch etwas für die italienischen Juden zu unternehmen, und wollte zu seinem Wort stehen. Am 19. Dezember 1939, einen Tag nach der Abfahrt der *Grein*, hatte er daher Budapest in Richtung Jugoslawien verlassen. Die Strecke über Belgrad hatte er gewählt, weil er dort die befreundete Dragoner-Familie aufsuchen wollte. Er kannte sie von revisionistischen Kongressen und wusste, dass sie gute Kontakte zur Regierung ihres Landes unterhielt. Aus diesem Grund wollte er mit ihr die Ausreise jugoslawischer Juden besprechen. Das Problem war allerdings, dass er nur ein Durchreisevisum für Jugoslawien erhalten hatte. Seine Bahnverbindung sah einen Umstieg in Belgrad vor, für einen Besuch bei seinen Bekannten reichten aber die zwei Stunden Aufenthalt, die er bis zu seinem Anschlusszug hatte, nicht aus. Zudem wollte er auch das örtliche DDSG-Büro aufsuchen, um Informationen über das Wetter und die Flussboote zu erhalten. Er hatte mit den Mitarbeitern dort mehrfach telefoniert und war der Meinung, ein persönliches Kennenlernen könnte nicht schaden. Daher beschloss er, einen oder gar zwei Tage in Belgrad zu bleiben. Das würde bei der Ausreise zwar auffallen, aber Perl rechnete nicht mit ernsthaften Konsequenzen. Die Jugoslawen wollten wie alle Balkanländer die Juden loswerden, also würden sie ihn kaum an der Ausreise hindern und ihn einsperren.

Der Grenzbeamte, der ihn bei seiner Einreise kontrollierte, machte ihm allerdings einen Strich durch die Rechnung. Perls Pass wurde eingezogen und sollte ihm erst wieder im Anschlusszug nach Italien ausgehändigt werden. Damit wollten die Behörden verhindern, dass Transitreisende den Bahnhof verließen und sich absetzten. Perl wusste, dass es ohne triftigen Grund keine gute Idee war, ohne Pass in Belgrad herumzulaufen – also erfand er einen. Er fuhr per Taxi zum besten Hotel der Stadt und nahm sich dort ein Zimmer. Auch wenn er sich nur die billigste Kategorie leisten konnte, hoffte er, die noble Adresse würde die Polizei im Fall der Fälle dazu bringen, ihn besser zu behandeln. Es war derselbe Trick, den er schon in Bukarest angewandt hatte. Dem Rezeptionisten gegenüber gab er an, sein Pass sei bei der Polizei und diese würde ihn am nächsten Tag vorbeibringen. Danach telefonierte er mit der Familie Dragoner und einer alten Freundin aus Wien namens Milana Duduković, ehe er beim Belgrader Büro der DDSG anrief und einen Termin für den nächsten Tag arrangierte. Von Direktor Schätz in Wien erfuhr er, dass die Fahrt der *Grein* nach Sulina bislang ohne Komplikationen verlaufen war.

Perl blieb nun doch länger als beabsichtigt in Belgrad. Zwar rechnete er jeden Augenblick damit, verhaftet zu werden, aber er wollte erst weiterreisen, wenn er sicher sein konnte, dass die Flüchtlinge nicht mit den Flussbooten zurückgeschickt wurden. Täglich stand er im Austausch mit dem Belgrader Büro der DDSG sowie Hecht und Bernstein in Rumänien. Wie geplant, hatte er auch die Dragoner-Familie aufgesucht und mit ihr unter anderem die Frage erörtert, wie man dem Druck der Briten auf die Donauanrainerstaaten entgegenwirken könnte. Vermutlich war ihm bei diesem Treffen der Gedanke zu seinem nächsten, abermals gewagten Schritt gekommen, denn unmittelbar nach seinem Besuch bei den Dragoners wurde er bei der deutschen Gesandtschaft vorstellig.

Bei einem Diplomaten namens Puhr beschwerte er sich über die Versuche der Briten, den Transit der DDSG-Schiffe durch Jugoslawien zu behindern. Perl wusste von Bernstein und Hecht in Rumänien, dass der Umstieg der Passagierinnen und Passagiere auf die *Sakarya* immer noch nicht stattgefunden hatte, obwohl das Schiff schon vor zehn Tagen in Sulina angekommen war. Im Gespräch mit Puhr machte er britische Machenschaften dafür verantwortlich, derentwegen die DDSG die ihr aufgetragenen Aufgaben nicht zeitgerecht erfüllen konnte und ihre Flussboote Gefahr liefen, in Rumänien zu stranden. Dass Geldmangel der wahre Grund war, verschwieg er selbstverständlich. Der um die deutschen Schiffe besorgte Diplomat sagte prompt zu, etwas gegen die Briten unternehmen zu wollen. Die Bitte, bei der Polizei eine Aufenthaltsbewilligung für Perl zu erwirken, lehnte er jedoch ab.

Das Damoklesschwert einer Verhaftung schwebte also weiterhin über Perl. Doch bevor es auf ihn herabstürzen würde, erhielt er am Morgen des 24. Dezember 1939 – frisch serviert zum Frühstück – noch eine Horrornachricht: Die DDSG rief ihre Boote zurück.

Als Perl von der Entscheidung der DDSG erfuhr, rief er sofort seine Tante in Wien an, die wiederum Direktor Schätz kontaktierte. Doch auch dieser konnte nichts mehr tun. Die Meteorologen erwarteten ein baldiges Zufrieren der Donau. Die Schiffe mussten daher auf der Stelle zurück, es sei denn, das Belgrader DDSG-Büro konnte der Wiener Zentrale bestätigen, dass sich die Wettervorhersage für die Donau auf dem Balkan geändert hatte.

Perl war ratlos. Was konnte er in dieser Situation noch tun? Während er sich den Kopf zerbrach und mit Milana Duduković in der Lobby seines Hotels auf einen Anruf aus Bukarest wartete, geschah endlich das, womit er seit Tagen gerechnet hatte. Er wurde von zwei Polizisten in Zivil verhaftet, zum denkbar ungünstigsten Zeitpunkt. Perl setzte alles daran, sich herauszureden, und gab an, mit dem Grenzbeamten im Zug Tschechisch gesprochen und irrtümlich gedacht zu haben, dessen Serbokroatisch zu verstehen – so sei er davon ausgegangen, der Mann habe ihm sinngemäß gesagt, er könne ruhig länger in Belgrad bleiben. Es handele sich bei seinem unerlaubten Aufenthalt also nur um ein Missverständnis und nicht um böse Absicht. Die Beamten zeigten sich von dieser Ausrede wenig beeindruckt, gestanden ihm aber immerhin noch zu, ein Telegramm zu versenden. Perl wusste, er hatte keinen Handlungsspielraum mehr und musste alles auf eine Karte setzen, denn schlimmer konnte es nicht mehr werden. Hastig formulierte er eine Botschaft und gab sie Duduković, die sie an die Zentrale der DDSG in Wien, an deren Vertreter in Sulina sowie direkt an Direktor Schätz schicken sollte. Da es mittlerweile früher Nachmittag des Heiligen Abend war, wusste Perl nicht, ob seine Nachricht noch jemanden erreichen würde, aber er musste es zumindest versuchen. Ihr Inhalt lautete: „Alle Vorhersagen bescheinigen wärmeres Wetter an der Donau. Sonnenschein, wärmeres Wetter, kein Niederschlag in der kommenden Woche." Damit dieser offensichtliche Bluff zumindest eine kleine Aussicht auf Erfolg hatte, sollte Duduković die Telegramme im Namen des Diplomaten Puhr von der deutschen Gesandtschaft übermitteln.

Perl hatte nun alles versucht, was noch in seiner Macht stand. Duduković weigerte sich zu seinem Entsetzen allerdings, zu gehen. Aus Angst, er könnte von den Polizisten misshandelt werden, bestand sie darauf, ihn zuerst zum Bahnhof zu begleiten. Erst nachdem Perl von den Beamten in Handschellen zum Bahnsteig gebracht worden war, konnte er Duduković überreden, sich von ihm zu verabschieden und das Telegramm aufzugeben. Zusätzlich trug er ihr auf, Liesel Kant zu verständigen und sie zu bitten, sich mit Schätz telefonisch in Verbindung zu setzen. Notfalls sollte seine Tante sogar beim Direktor zu Hause anrufen, damit dieser vom vermeintlichen Telegramm der deutschen Gesandtschaft so schnell wie möglich erfuhr. Denn selbst wenn Schätz Perls Trick durchschaute, was wahrscheinlich war: Mit dem Telegramm würde er immerhin etwas in Händen halten, mit dem er sich vor dem restlichen Direktorium oder der Gestapo rechtfertigen konnte, sollte er sich dazu entscheiden, die Flussboote nicht umkehren zu lassen. Das war zumindest Perls Kalkül. Als er im Zug in Richtung Italien saß, wusste er allerdings nicht, ob es seiner Tante überhaupt gelungen war, Schätz zu erreichen, geschweige denn, ob dieser bereit war, sich der Sache anzunehmen.

Nervenaufreibende Stunden der Ungewissheit lagen vor ihm. Umso überschwänglicher war seine Freude daher, als er nach der Ankunft in Venedig Hecht und Bernstein in Rumänien kontaktierte und zur Abwechslung gute Nachrichten erhielt. Noch waren die *Grein* und die *Saturnus* in Sulina. Offenbar hatte die Nachricht aus Belgrad beim Vertreter der DDSG für Verwirrung gesorgt, der über die Weihnachtsfeiertage aber keinen Entscheidungsträger mehr für eine Nachfrage erreichen konnte, weder bei der Zentrale in Wien noch bei der deutschen Gesandtschaft. Der Bluff war nur von kurzer Dauer, aber die dadurch gewonnene Zeit reichte aus. Denn am Abend des 25. Dezember 1939 wurde endlich eine erste Einigung mit den Türken erzielt. Sie gestatteten den Passagierinnen und Passagieren auf der *Grein* und der *Saturnus*, gegen eine Anzahlung an Bord der *Sakarya* zu gehen. Der Transfer erfolgte am zweiten Weihnachtsfeiertag, und die Flussboote der DDSG konnten endlich leer die Rückfahrt antreten.

Perl erfuhr auch, wem sie zu verdanken hatten, dass die Türken ihre Meinung geändert hatten: Leyla, der Cousine des türkischen Schiffeigners. Laut Perl und Hecht dürfte es sich bei der blonden Schönheit Anfang zwanzig eher um die heimliche Freundin eines der jungen Männer gehandelt haben, aber sie fungierte auch als Übersetzerin. Denn Bernstein, Hecht und die anderen deckten zwar eine Vielzahl von Sprachen ab, aber Türkisch war nicht darunter. So waren Leylas Dienste höchst willkommen – ebenso wie ihre Empathie. Denn bei einem Besuch an Bord der *Saturnus* und der *Spyroula* hatte sie das Leid der Flüchtlinge mit eigenen Augen gesehen und auf ihre beiden Begleiter eingewirkt.

In Sulina war damit der ärgste Druck gewichen. Die Türken hatten eingesehen, dass eine Umkehr der *Grein* und der *Saturnus* mitsamt den Flüchtlingen sie um ihren Gewinn gebracht hätte. Faltyns Gruppe, der langsam das Geld ausging, war allerdings immer noch auf der *Spyroula*. Ihr verweigerten die Türken den Umstieg.

Eine Lösung musste rasch gefunden werden, denn der Winter schlug nun mit seiner ganzen Kraft zu.

19 — Das letzte Schiff

Idealismus, Ordnung und Disziplin waren laut Perl trotz der katastrophalen Zustände auf der *Spyroula* während der Wartezeit in Sulina nicht verloren gegangen. Zwar gab es wenig Platz und man konnte in den Stockbetten nicht einmal aufrecht sitzen, aber das rigide durchgeplante Sozialleben vermittelte den Passagierinnen und Passagieren zumindest einen Hauch von Normalität und verhinderte, dass sie dem Wahnsinn anheimfielen. An Deck war ein Kindergarten eingerichtet worden, Unterricht in Hebräisch und jüdischer Geschichte wurde abgehalten, es wurde gesungen und musiziert. Paare wurden verheiratet und ein Mädchen und ein Knabe an Bord geboren. Um das männliche Neugeborene zu beschneiden, kam sogar ein Rabbi aus Bukarest nach Sulina. Ein Wiener Künstler, der sich unter den Flüchtlingen befand, veranstaltete Kabarettaufführungen, in die er sein Publikum einbaute. Aus diesem Grund bekam die *Spyroula* von einem rumänischen Journalisten, der das Schiff einmal besuchte, den Spitznamen „Singender Kahn" verliehen. Perl zufolge half das Kabarett den Flüchtlingen, ihre Wut und Ängste zu kanalisieren und zu verarbeiten. So wurden Lieder getextet und lauthals gesungen, die auch von den Passagierinnen und Passagieren auf der *Sakarya* übernommen wurden. Selbst diejenigen Flüchtlinge, die auf eigene Faust nach

Sulina gekommen waren und im Hafengelände auf eine Mitfahrgelegenheit warteten, sangen mit.

Als das Wetter schlechter wurde, fanden diese Aufführungen fast jeden Abend statt, um die Moral hochzuhalten. Dennoch lagen bei immer mehr Reisenden die Nerven blank. Ein besonders unzufriedener Flüchtling auf der *Spyroula* begann mit aufwieglerischen Reden gegen die Organisatoren und fand immer wieder Zuhörer. Die Bitte der Transportkommandanten, dies zu unterlassen, ignorierte er und hetzte stattdessen noch mehr. Erst als dem Unruhestifter eines Nachts von Unbekannten sein falsches Gebiss entwendet und erst nach ein paar Tagen zurückgegeben wurde, kehrte wieder Ruhe ein.

Die Unzufriedenheit des Mannes war jedoch nachvollziehbar. Europa erlebte in diesen Tagen einen Jahrhundertwinter. Die Temperaturen gingen weit unter null und der Fluss fror selbst im Delta an der Mündung ins Schwarze Meer stellenweise zu. An manchen Tagen konnte die *Sakarya* aufgrund heftiger Stürme nicht einmal erreicht werden, weil sie außerhalb des Hafens ankerte, um Gebühren zu sparen. Den Passagierinnen und Passagieren blieb nichts anderes übrig, als eine Zeit lang ohne Essen auszukommen. Die schlechte Versorgungslage führte sogar zu Handgreiflichkeiten. Eliyahu Gleser, der wie sein Nachfolger Emil Faltyn mittlerweile ebenfalls nach Rumänien gekommen war, verabreichte Lola Bernstein einen Faustschlag, weil er sie beschuldigte, den Flüchtlingen nicht genug Geld für Lebensmittel zur Verfügung zu stellen und aus dem ganzen Unternehmen nur persönlichen Profit schlagen zu wollen.[228] Laut Eri Jabotinsky als Zeuge des Vorfalls verließ Bernstein – die bei zwei weiteren Gelegenheiten in handfeste Streitereien geraten sollte und bei einer davon selbst kräftig austeilte – daraufhin den Raum, nicht ohne den übrigen Anwesenden vorzuwerfen, sie nicht verteidigt zu haben.[229] Die Stimmung war also auf dem absoluten Tiefststand angekommen und nur Auszüge aus der hebräischen Bibel, so Perl, gaben den Flüchtlingen die Kraft, noch länger durchzuhalten.

Das Leid der Flüchtlinge ließ sich auch vor externen Beobachtern nicht verbergen. Die Briten wussten natürlich, dass Faltyns Leute im Januar 1940 schon ein Vierteljahr auf der *Spyroula* festsaßen, die mit der *Saturnus* und der *Grein* angereisten Personen auf der *Sakarya* immerhin auch schon fast einen Monat. Bereits im vergangenen Dezember hatten die britischen Nachrichtendienste einen nach Palästina geschickten Brief eines Passagiers der Faltyn-Gruppe abgefangen, in dem schwere Anschuldigungen gegen die Organisatoren erhoben wurden: „Wir sind den schlimmsten Kriminellen in die Hände gefallen, Revisionisten. Dieser Transport dient auch als Waffentransport und einer sagt, dass auch ein Teil der (Auswanderungs-)Organisation mit uns kommen wird. Ihr könnt euch nicht vorstellen, was wir an Schmutz, Hunger und Kälte zu erdulden haben, und nicht zuletzt an Terror, brutaler Gewalt und Lügen. Informiert unsere Partei über diesen ‚Faltin'-Transport, dessen Anführer bestraft werden müssen."[230]

Das *Foreign Office* wollte die Zustände an Bord daher öffentlich ausschlachten, unter anderem per Rundfunk über die BBC, um weitere Flüchtlinge von einer illegalen Reise nach Palästina abzuschrecken.[231] Derweil gingen in Sulina und Bukarest die Verhandlungen zwischen Perls Leuten und den Türken weiter. Bernstein warf den Besitzern der *Sakarya* vor, die getroffenen Abmachungen nicht einzuhalten. Diese wiederum erhöhten ständig den Preis, weil sie jeden Tag, an dem ihr Schiff unproduktiv in Sulina vor Anker lag, Geld verloren. Dass Perl stets vorgegeben hatte, eine reiche und mächtige

Organisation zu vertreten, hatte in diesem Fall auch negative Auswirkungen. Wie er an Ernst Fink schrieb, hatten die Türken 10.000 Pfund mehr verlangt als ausgemacht und waren der Meinung, sie müssten nur genügend Druck ausüben, um an das Geld zu kommen: „[S]ie glauben, dass uns die Millionen der Amerika-Juden nur so offen zur Verfügung stehen."[232]

Geld verloren jedoch auch die Flüchtlinge, die mit jedem Tag weniger finanzielle Mittel zur Verfügung hatten, weil sie sie quasi aufaßen. Zudem waren für die Stehzeit der Flussboote Gebühren an die DDSG angefallen. Bernstein argumentierte, dass die Türken für diesen Verlust verantwortlich seien, und kündigte sogar juristische Schritte an, wie sie in ihrer Übereinkunft vom vergangenen Dezember vorgesehen waren.[233] Sie befand sich allerdings in der schlechteren Verhandlungsposition, weil der Krieg die Nachfrage nach Frachtraum konstant steigen ließ. Die Türken, die offenbar vor allem um ihr Schiff besorgt waren, boten dennoch an, die Flüchtlinge auch für das wenige Geld zu transportieren, das diese noch hatten, sofern Visa oder Genehmigungen zur legalen Einreise nach Palästina aufgetrieben werden konnten. Ihre Sorge um die Sicherheit der *Sakarya* war nicht unberechtigt: Das *Foreign Office* in London hatte den britischen Gesandten in Ankara längst angewiesen, die türkischen Behörden zu ersuchen, das Schiff bei der Durchfahrt der Dardanellen zu stoppen.[234]

Wladimir Zeev Jabotinsky persönlich ersuchte daher den britischen Außenminister Halifax, die Einreisebeschränkungen zumindest für diesen Transport vorübergehend aufzuheben. Eine Kopie seines Schreibens schickte er an jedes der übrigen Kabinettsmitglieder der britischen Regierung, doch dem Gesuch wurde nicht stattgegeben. Als auch diese Option vom Tisch war, kündigten die Türken erneut ihre Abreise an und drohten, die Leute auf der *Sakarya* wieder auszubooten. Davon zeigten sich Perl, Bernstein und die anderen allerdings wenig beeindruckt, denn sie wussten, dass die 1300 Personen, die sich bereits an Bord befanden, das Schiff keinesfalls freiwillig verlassen würden – ganz abgesehen davon, dass die rumänischen Behörden sie unter keinen Umständen mehr an Land gelassen hätten.[235] Das sahen schließlich auch die Türken ein.

Nach weiteren zähen Verhandlungen wurde am 22. Januar 1940 endlich ein Durchbruch erzielt. Die Schiffseigner erklärten sich mit insgesamt rund 13.000 Pfund plus den Kosten für 75 Tonnen Kohle sowie einer Million rumänischer Lei einverstanden.[236] Die fehlenden Mittel kamen von der NZO aus London, dem *Betar,* der Hilfsorganisation *Joint Distribution Committee* und einer amerikanischen Vereinigung namens *American Friends of a Jewish Palestine.* Auch der rumänische Politiker Wilhelm Filderman als Präsident des *Zentralen Hilfskomitees für Emigranten* hatte sich an den Verhandlungen beteiligt und streckte Geld vor. Im Gegenzug wurden ihm die von Rand unterschlagenen 2878 Pfund übertragen, die er allerdings auf eigene Faust eintreiben musste.

Nachdem die Finanzierung des Transports somit gesichert war, gab es nur noch eine Frage zu klären: Wer durfte mit?

Die *Sakarya* war das größte Schiff, das Willy Perl je gechartert hatte, aber auch ihrer Kapazität waren Grenzen gesetzt. Ursprünglich hatte er mit mindestens 2000 „Fahrgästen“ kalkuliert. Zwischenzeitlich war sogar von bis zu 2600 Personen die Rede gewesen, mit den Türken hatte man sich nun auf 2200 Passagiere geeinigt. Interessentinnen und Interessenten für die noch verfügbaren Plätze gab es mehr als genug, denn in Sulina und den anderen rumänischen Häfen warteten unzählige Menschen auf eine Möglichkeit, Europa zu verlassen. Als Gegenleistung für den moralischen und vor allem finanziellen Beistand der jüdischen Gemeinden des Landes sollten vor allem deren Mitglieder berücksichtigt werden, und dann gab es da auch noch die rumänischen Betarim – von den unglücklichen 350 slowakischen Betarim ganz zu schweigen, die nach Monaten immer noch in Bratislava festsaßen.

An Perl ging der Kelch der Auswahl dieses Mal vorüber, da er nicht vor Ort war – anders als Reuben Hecht, der deswegen sogar mit einer Waffe bedroht wurde. Als dieser eines Nachts in seinem Arbeitszimmer in Sulina saß, von dem aus er über die eisige Donau blicken konnte, stürmten mehrere Betarim herein und richteten einen Revolver auf ihn. Sie ermahnten Hecht, es sei seine Pflicht, sie mitzunehmen und nicht irgendwelche Fremden, also Nicht-Revisionisten. Täte er das nicht, sei er für ihr grausiges Schicksal verantwortlich, denn sie würden sich allesamt in den Fluss stürzen. Obwohl es draußen angeblich um die 40 Grad minus hatte, öffnete Hecht das Fenster und forderte sie auf, zu springen. Die kalte Luft sorgte auf der Stelle für Abkühlung der erhitzten Gemüter und die Truppe zog wieder ab. Am nächsten Tag kehrte sie zurück und entschuldigte sich.[237]

Auch Willy Perl stand unter Druck, wie er Ernst Fink wissen ließ: „Ich brauche für die Durchführung der Sache heute alle meine Kraft und Energie. Und wenn ich heute auch nur einem meine Adresse gebe, noch so vertraulich, habe ich in 5 Tagen Dutzende von Bitten, Anfragen, Vorwürfen. Da es sich um arme verzweifelte Menschen handelt, die die Lage objektiv nicht übersehen können, aber denen man doch das Recht nicht nehmen kann, sich Gedanken zu machen, wäre ich moralisch verpflichtet zumindest dem einen oder anderen, eigentlich allen, zu antworten. Ich aber halte es für im Dienste der Sache viel wichtiger, alle Kraft und Zeit für die glückliche Liquidierung zu verwenden, als dem oder jenem einen wertlosen Gefallen zu erweisen. [...] In diesen Dingen gibt es nur eines: ruhigen Kopf bewahren, ruhig und sachlich Schritt für Schritt setzen und sich von niemandem in irgend eine [...] unbegründete Panik jagen zu lassen."[238]

Hechts Begegnung mit den bewaffneten Betarim und Perls Brief an Fink veranschaulichen, wie groß Anspannung und Verzweiflung in Sulina waren, vor allen bei denen, die nicht mit einem Platz auf der *Sakarya* rechnen konnten. Denn die Türken pochten auf eine genaue Einhaltung der Vereinbarung und bestachen die Hafenwachen, unter keinen Umständen mehr als 2200 Personen auf das Schiff zu lassen. Doch dieselben Wachen standen auf der Bakschisch-Liste von Perls Leuten, damit sie ein Auge zudrückten, wenn Menschen an Bord geschmuggelt wurden. Entweder schlüpften die blinden Passagiere beim Abzählen durch oder sie wurden als Vorräte getarnt an Bord gebracht, zum Beispiel als Inhalt von Kartoffelsäcken. In einer dunklen Ecke des Hafens war dafür extra eine Nähstube eingerichtet worden, in der diese „,illegalen' Illegalen" in ihr Versteck eingenäht wurden. Wegen der Beengtheit in den Säcken konnten sie sich nicht sehr dick anziehen und mussten bei Temperaturen unter null Grad stundenlang regungslos daliegen, um von der Besatzung nicht entdeckt zu werden. Dennoch fanden sich genug Menschen, die diese Qualen auf sich nehmen wollten, sodass es am Ende 165 Leute mehr als vereinbart auf die *Sakarya* schafften. Laut Hecht geschah dies entgegen der Anweisung der Organisatoren – allerdings hatte die für den Proviant zuständige Mila Epstein es so arrangiert, dass das Beladen des Schiffs während der Nacht stattfand und die

Aktion daher im Schutz der Dunkelheit durchgeführt werden konnte.

Unter den Passagieren befand sich auch Eri Jabotinsky, der das Kommando über die nun zu einer großen Reisegesellschaft vereinigten Gruppen aus Wien, Prag und Budapest übernahm. Eigentlich hätte er in Rumänien bleiben sollen, aber die Türken bestanden darauf, dass er mitkam. Ihnen war zugetragen worden, dass die Flüchtlinge die *Sakarya* womöglich an einem Strand in Palästina auf Grund setzen könnten, wie es bei der *Parita* der Fall gewesen war. Jabotinsky sollte die Versicherung sein, dass genau dies nicht geschehen würde. Die Türken gingen davon aus, dass die NZO dessen Verhaftung kaum riskieren und die *Sakarya* ihre Passagierinnen und Passagiere daher wie vereinbart still und heimlich abliefern würde.

Das letzte Hindernis vor der Abfahrt in Sulina war eine plötzliche Steuerforderung der Hafenbehörden in der Höhe von 800 Pfund. Meseregi sprach daraufhin beim türkischen Gesandten in Bukarest vor und bat um eine Intervention. Perl hatte ihm zuvor telefonisch geraten, den Diplomaten seines Landes klarzumachen, dass die Rumänen nicht für etwas Geld verlangen konnten, wenn sie den Briten doch versprochen hatten, gerade dies nicht zu tun: nämlich ihre Häfen für illegale Flüchtlingstransporte zur Verfügung zu stellen. Tatsächlich zogen die Hafenbehörden ihre Forderungen zwei Tage später zurück, und am 1. Februar 1940 stach die *Sakarya* unter dem Jubel der Menschen an Bord – und den Tränen der Zurückgelassenen – in See.

Die nächsten Herausforderungen ließen allerdings nicht lange auf sich warten. Ein erlittener Motorschaden fiel weniger ins Gewicht, denn der Schiffsingenieur konnte die *Sakarya* wieder flott machen. Weit unangenehmer war die Überraschung, die beim Verlassen der Dardanellen auf die Passagierinnen und Passagiere wartete. Die Briten, die bestens über die *Sakarya* und ihre Position informiert waren, lagen schon auf der Lauer – in Gestalt der *HMS Fiona*. Die *Sakarya* wurde von ihnen angewiesen, zu stoppen, und erst ein Warnschuss brachte die Crew zum Einlenken. Danach enterten schwer bewaffnete Marineinfanteristen das Schiff, die die Passagierinnen und Passagiere für so verzweifelt hielten, dass sie mit Widerstand rechneten. Zwei Offiziere verhörten mit Hilfe der mitgereisten Leyla als Dolmetscherin den Kapitän, der ihnen Bernsteins und Mandlers Vertrag mit den Eignern aushändigte. Diesem zufolge sollte die Reise in den Atlantik gehen, wobei die Flüchtlinge jedoch beim türkischen Alexandretta, dem heutigen Iskenderun, auf zwei kleinere Boote umgeladen werden sollten. Die Offiziere wiesen den Kapitän daraufhin zu dessen Erstaunen an, Kurs auf Haifa zu nehmen. Da sich die *Sakarya* in internationalen Gewässern befand, verstieß ein solcher Befehl gegen geltendes Seerecht. Dennoch gehorchte der Kapitän, ließ sich die Anweisung allerdings schriftlich bestätigen.[239]

Dass sie unterwegs nach Haifa waren, sprach sich unter den Passagierinnen und Passagieren schnell herum. Diese kamen nun allesamt an Deck, sodass sich die auf der *Sakarya* als Wachen zurückgelassenen Soldaten bedroht fühlten und bereits den Finger am Abzug hatten. Doch anstatt anzugreifen, stimmten die Flüchtlinge Perl zufolge lauthals „God save the King" an, und die Briten salutierten.[240] In einem Bericht der *Royal Navy* wiederum ist von einem prominenten zionistischen Anführer – bei dem es sich vermutlich um Eri Jabotinsky handelte – an Bord der *Sakarya* die Rede. Dieser gab später an, die Reisenden hätten gedacht, dass die Briten die heimliche

Einreise nach Palästina unterstützten und die Aufbringung und Eskortierung des Schiffs nach Haifa nur inszeniert sei, um die Araber zu beschwichtigen. Deswegen sei die Begrüßung der Soldaten so freundlich ausgefallen.

Keine zwei Wochen nach ihrer Abfahrt in Sulina lief die *Sakarya* am 13. Februar 1940 mit heulendem Nebelhorn in Haifa ein. Eine monatelange Reise fand damit ihr Ende, auf der es insgesamt vier Todesfälle gegeben hatte: zwei Männer an Bord der *Saturnus*, ein acht Monate altes Baby an Bord der *Sakarya*, als sie bei Sulina vor Anker lag, und eine Frau während der Fahrt nach Palästina. Die britischen Behörden konfiszierten das Schiff und nahmen sowohl Crew als auch Passagierinnen und Passagiere fest, darunter Eri Jabotinsky. Doch der Kapitän hatte immer noch seinen schriftlichen Beweis, dass er von den Offizieren der *Royal Navy* zur Fahrt nach Palästina faktisch gezwungen worden war. Nach Intervention der Türkei wurde er mit seinen Männern kurze Zeit später auf freien Fuß gesetzt und auch die *Sakarya* wurde wieder freigegeben. Die Flüchtlinge kamen zunächst in die Internierungslager von Atlit und Sarafand. Das *Colonial Office* und das Außenministerium diskutierten in weiterer Folge die Möglichkeit, sie entweder in türkische Hoheitsgewässer oder, im Fall der ungarischen Jüdinnen und Juden, in ihre Heimat zurückzuschicken. Doch weder das eine noch das andere hatte ernsthafte Aussichten auf Erfolg. Nach bangen Monaten wurden die Neuankömmlinge in die Freiheit entlassen.

Willy Perl, unermüdlich, hatte in der Zwischenzeit längst mit der Arbeit an seinem nächsten Transport begonnen. Von Venedig war er nach Mailand gereist, um sich mit Leone Carpi und anderen revisionistischen Funktionären zu treffen. Zwar waren sie alle der Meinung gewesen, dass weiterhin die Rettung der osteuropäischen Juden Priorität haben sollte, doch Carpi wollte mit Perls Hilfe ein eigenes Schiff organisieren, das direkt von Italien aus nach Palästina fahren sollte – was auch den Briten nicht lange verborgen geblieben war.[241] Danach war Perl, weil er nicht mehr nach Rumänien konnte, wieder nach Griechenland gefahren, wo er laut einem britischen Bericht noch in den Kauf von zwei kleineren Schiffen mit Namen *Epiros* und *Syros* involviert war.[242]

Doch im März 1940 – fast genau drei Jahre, nachdem der erste Transport der *Aktion* Palästina erreicht hatte – wurde er auf Betreiben der Briten von der griechischen Polizei festgenommen und in einen Zug nach Deutschland gesetzt.[243]

Eichmann wartete schon.

20 — Endspiel

Eines war Perl völlig klar: Er durfte auf keinen Fall zulassen, dass die Gestapo oder die SS ihn in die Finger bekam. Nicht lebendig. Denn er konnte sich noch gut an sein letztes Gespräch mit Eichmann im Zuge der Schließung der Stubenring-Kanzlei erinnern, als dieser ihm gedroht hatte, ihn schon noch zu erwischen. Insofern konnte er sich ausmalen, dass das Wiedersehen mit dem „Stellvertreter des Teufels" sehr unangenehm ausfallen würde. Weder wollte Perl Eichmann diese Genugtuung gönnen, noch wollte er einem solchen Verbrecher die Macht über sein Schicksal zugestehen. So fasste er einen schweren Entschluss und ersuchte die griechischen Polizisten in seiner Begleitung knapp vor der jugoslawischen Grenze um einen Gang zur Zugstoilette. Seinem Wunsch wurde stattgegeben und nachdem er die Tür hinter sich verriegelt hatte, zückte er ein Rasiermesser und schnitt sich die Pulsadern auf. Als die Polizisten das Blut bemerkten, das unter der Tür hervortrat, brachen sie sie auf. Perl wurde aus dem Zug geschleppt und im Niemandsland zwischen Jugoslawien und Griechenland von einem jugoslawischen Arzt behandelt. Dieser beschwor seine Landsleute bei der Grenzwache, den Schwerverletzten keinesfalls einreisen zu lassen. Die griechischen Beamten hatten zwar die strikte Anweisung, Perl unter allen Umständen loszuwerden, doch es blieb ihnen nichts anderes übrig, als ihn wieder mitzunehmen. Fürs Erste wurde er bei einer Bauernfamilie im Grenzort Idomeni untergebracht, bei der er sich erholen sollte, bis ein Weitertransport möglich war.

Damit war Perls Auslieferung an Deutschland immerhin aufgeschoben und die zuvor von Eliyahu Gleser und anderen als skrupellose Profiteurin gescholtene Lola Bernstein bekam Gelegenheit, zu seiner Rettung herbeizueilen. Nachdem sie von seinem Unglück gehört hatte, flog sie von Bukarest nach Saloniki und erreichte, dass Perl zur weiteren Genesung in ein städtisches Gefängnis verlegt wurde. In weiterer Folge verhalf ihm ausgerechnet ein deutscher Geistlicher – und pikanterweise der Beichtvater der deutschen Gesandtschaft in Athen – zu einem Visum für Portugal, mit dem er Griechenland verlassen konnte. Wie für die Passagiere seiner Transporte, die oft zum Spielball des Schicksals geworden waren, begann für Perl nun ein Spießrutenlauf, der geprägt war von Hilflosigkeit, Schikanen durch uneinsichtige Behörden und der ständigen Angst, verhaftet oder gar deportiert zu werden. So wurde ihm bei seiner so sehnlich erwarteten Ankunft in Lissabon mitgeteilt, seine Papiere seien nicht in Ordnung und er werde daher nach Italien zurückgeschickt. Dort drohte ihm mit großer Wahrscheinlichkeit die Abschiebung nach Deutschland.

Erneut schnitt Perl sich die Pulsadern auf, doch dieses Mal nur aus Taktik und zum Schein, um Zeit zu gewinnen. Im Sintra-Krankenhaus nahe Lissabon überzeugte ein ihm wohlgesinnter Arzt die Behörden, dass seine – obwohl nur oberflächlichen – Verletzungen zu gefährlich für eine Verlegung waren. Drei Wochen kurierte Perl sich aus, dann machte er sich im Mai 1940 daran, einen neuen Transport von Portugal aus vorzubereiten. Doch die Briten hatten ihn noch nicht aus den

Augen verloren. Als er sich im Hafen von Lissabon nach einem brauchbaren Schiff umsah, wurde er von einem ihm unbekannten Mann angesprochen, bei dem es sich wohl um einen britischen Diplomaten oder Agenten handelte. Die Botschaft war jedenfalls eindeutig: Entweder stellte Perl seine Aktivitäten umgehend ein oder er fände sich in Bälde in einem Flugzeug nach Deutschland wieder.

Perl wusste, dass es Zeit war, aufzugeben. In Portugal gab es für ihn nichts mehr zu tun, und so traf er die einzige Entscheidung, die für jemanden wie ihn sinnvoll war. Nachdem er mindestens 8000 jüdischen Flüchtlingen auf 14 Transporten – die Zahlen lassen sich nicht exakt bestimmen – direkt oder indirekt die Flucht vor den Nationalsozialisten ermöglicht hatte, war es endlich an der Zeit, selbst nach Palästina zu gehen.[244] Perl war sich bewusst, dass er sich im Untergrund würde bewegen müssen, um nicht von den Briten verhaftet zu werden. Aus diesem Grund wählte er eine Route, die weniger im Fokus der Behörden stand. Er wollte per Schiff Afrika umfahren und sich seinem Ziel von Süden durch das Rote Meer nähern. Ein wesentlicher Grund dafür war vermutlich der Umstand, dass das Mittelmeer mit dem Kriegseintritt Italiens zur Kampfzone geworden war – eine unerfreuliche Entwicklung, die sich natürlich negativ auf künftige Flüchtlingstransporte auswirkte.

Mit einem chinesischen Visum buchte Perl eine Passage in die portugiesische Kolonie Mosambik und ließ im Sommer 1940 das alte Europa an Bord der *Mouzinho* hinter sich. Einer seiner Mitreisenden war Moshe Smilansky, ein Veteran der *Jewish Legion* aus dem Ersten Weltkrieg, Landbesitzer in Palästina und Schriftsteller. Mit ihm führte Perl lange Gespräche, die Anteil daran hatten, dass er unterwegs seine Pläne änderte. Denn ihm wurde immer klarer, dass die Briten ihn vermutlich weiterhin jagen würden. Er hatte ursprünglich zwar auf die *Irgun* gezählt, doch diese würde unverhältnismäßig viele Ressourcen für seinen Schutz aufwenden müssen, anstatt Leute zu unterstützen, die ihrer Hilfe dringender bedurften. Die langen Tage auf der *Mouzinho,* während derer er viel Zeit zum Nachdenken hatte, führten Perl insofern schmerzhaft vor Augen, dass es für ihn keine Zukunft in Palästina gab, zumindest nicht in der momentanen Situation. In den Vereinigten Staaten konnte ein Mann wie er hingegen wesentlich mehr bewirken, dieser Meinung war auch Smilansky. Nach der Landung in Mosambiks Hauptstadt Lourenco Marques, heute Maputo, suchte Perl daher das US-Konsulat auf und beantragte als gebürtiger Prager ein Visum für Staatsangehörige der nicht mehr existenten tschechoslowakischen Republik. Davon gab es reichlich, weil auf dem afrikanischen Kontinent die für diese Personengruppe reservierte Quote, anders als in Europa, bei Weitem nicht ausgereizt war – so viele Flüchtlinge aus der Tschechoslowakei hatten sich dann doch nicht nach Afrika verirrt.

Im August 1940 ging Perl in Mosambik schließlich an Bord eines Schiffs mit dem Ziel Baltimore. Es ist gut möglich, dass ein weltweit beachtetes Ereignis diese Entscheidung maßgeblich beeinflusste: Am 3. August war der Gründer und Anführer der revisionistischen Bewegung, Wladimir Zeev Jabotinsky, in der Nähe von New York einem Herzinfarkt erlegen. Perl hatte davon bei einem Zwischenstopp an der südwestafrikanischen Küste gehört und sah darin vielleicht einen Wink des Schicksals, dass auch für ihn das Kapitel der *Alija Bet* beendet war. Auch wenn er die heimliche Einwanderung nach Palästina noch eine Zeit lang materiell unterstützte, indem er Geld für Schiffe sammelte, wandte er sich in Amerika doch anderen Dingen zu.[245]

So wurde die Fahrt über den Atlantik zu einem Schritt in ein völlig neues Leben. Und in gewisser Weise zu einer Reise ohne Wiederkehr.

Epilog

An einem sonnigen Nachmittag im Frühsommer 1945 steigt Willy Perl aus seinem Jeep und betrachtet die zerbombten Häuser in der Rosenhügelstraße im Südwesten Wiens. In einen Anzug gekleidet, hat er die Stadt vor ziemlich genau sieben Jahren mit dem Flugzeug in Richtung London verlassen, als Anwalt auf der Flucht. An diesem 22. Juni hingegen ist er kein verfolgtes, wehrloses Opfer mehr. Seit zwei Jahren Staatsbürger der Vereinigten Staaten mit dem offiziellen Vornamen „William", trägt er eine amerikanische Uniform und dazu einen Colt an der Hüfte. Nun nimmt er die Waffe aus dem Holster und hämmert mit dem Knauf gegen die Tür von Haus Nummer 31, weil bislang niemand auf sein Klopfen reagiert hat. Es ist das Gebäude, in dem Lore früher gewohnt hat, und wie das Haus gegenüber ist es schwer beschädigt, offenbar durch den Treffer einer alliierten Bombe. Zweifel fressen sich durch Perls Gedanken. Wo steckt Lore? Ist sie überhaupt noch am Leben?

Dass Perl an diesem Tag in der Rosenhügelstraße steht, verdankt er wieder einmal seinem Wagemut und seiner Entschlossenheit. Denn eigentlich hat er in Wien nichts verloren. Die Stadt ist zu diesem Zeitpunkt ausschließlich von den Sowjets besetzt. Die Einheit von Lieutenant Willy Perl, der für die US-

Armee als Spezialist für die Befragung von Kriegsgefangenen im Einsatz ist, ist hingegen im Raum Frankfurt stationiert.

Unmittelbar nach dem japanischen Angriff auf Pearl Harbor im Dezember 1941 und dem Eintritt der Vereinigten Staaten in den Zweiten Weltkrieg hat Perl sich freiwillig gemeldet, um für sein Gastland und gegen die Nationalsozialisten zu kämpfen. Doch weil er Ausländer ist, wird sein Gesuch abgelehnt; erst acht Monate später wird ein neuerlicher Antrag des mittlerweile 36-Jährigen positiv beschieden. Nach seiner Grundausbildung kommt er dank seinen Sprachkenntnissen in das *Military Intelligence Training Center* in Camp Ritchie im Bundesstaat Maryland, wo die Armee unter anderem Kriegsgefangenenbefrager, Spezialisten für Luftbildauswertung und Gegenspionage sowie Propagandaexperten ausbildet. Aufgrund seiner Fähigkeiten und seiner Erfahrung im Umgang mit Gestapo und SS wird er nach Kursende im Mai 1943 selbst Ausbilder in Camp Ritchie, ehe er auf eigenen Wunsch nach Europa versetzt wird.

Zum Lieutenant befördert, dient er ab August 1944 in einem speziellen Verhörzentrum in London, in dem Briten und Amerikaner zusammenarbeiten. Das ist wahrlich eine Ironie des Schicksals, denn so hat er tagtäglich mit jenen Leuten zu tun, die einige Jahre zuvor versucht haben, seinen Transporten einen Riegel vorzuschieben. Doch Perl lässt im Kampf gegen den gemeinsamen Feind die Animositäten beiseite, zumal er ohnehin nicht lange in London bleiben wird. Bereits im November beantragt er erneut eine Versetzung, um näher am Kampfgeschehen zu sein, denn die alliierten Armeen stehen mittlerweile an der deutschen Grenze. Als Mitglied einer mobilen Verhöreinheit, die im Hinterland der Front agiert, ist er ab Mitte Dezember 1944 im belgischen Namur im Einsatz und kommt damit gerade richtig, um Deutschlands letzten großangelegten Gegenangriff an der Westfront hautnah mitzuerleben.

Kurz geraten die überraschten Alliierten in Bedrängnis, doch dann konsolidieren sie ihre Linien und stoppen den deutschen Vormarsch. Die Ardennenoffensive ist gescheitert. Die nächsten Monate verbringt Perl mit der Suche nach Widerstandsnestern sowie nach Kriegsverbrechern in den von den Amerikanern besetzten Gebieten. Ende April 1945 hält er sich im hessischen Bad Hersfeld auf und hört einen deutschen Radiosender, als das Programm plötzlich unterbrochen wird – Hitler ist tot. Perl weiß, dass der Krieg nicht mehr lange dauern wird, und nun zählt nur mehr eine Sache für ihn: Er muss nach Wien und Lore suchen, von der er seit Jahren nichts mehr gehört hat. Doch es gibt ein Problem. Österreich liegt nicht im Operationsgebiet seiner Einheit, zudem ist der Osten des Landes von der Roten Armee besetzt, die Enns bildet die Grenze zwischen Amerikanern und Sowjets. Sein unmittelbarer Vorgesetzter hat Verständnis für seine Lage. Doch alles, was dieser tun kann, ist, den unruhigen Lieutenant nach Regensburg zu schicken. Dort ist Perl zumindest näher an der österreichischen Grenze.

Die Wochen ziehen ins Land und schließlich will Perl nicht länger warten. Ohne offizielle Erlaubnis beschließt er im Juni 1945, sich von der Truppe zu entfernen und auf eigene Faust nach Wien zu fahren. Die Order, die ihn durch die amerikanischen und sowjetischen Checkpoints bringen soll, stellt er sich kurzerhand selbst aus. Mit von der Partie sind zwei Kameraden aus seiner Einheit, beide wie er vor den Nationalsozialisten geflüchtete Exilösterreicher: Sergeant Harry Hirschbein, ebenfalls aus Wien, und Lieutenant Franz von Trauttmansdorff,

Spross einer alten Adelsfamilie. Die erste Nacht verbringen sie bei Verwandten von Trauttmansdorff, die diesen überreden können, die sowjetische Zone nicht zu betreten. Nur mit Hirschbein setzt Perl am nächsten Tag die Reise fort. Bei einer Brücke über die Enns in der Nähe von Steyr stoßen sie auf einen amerikanischen Kontrollposten, dem Perl erzählt, sie befänden sich auf einer nachrichtendienstlichen Mission. Sie werden durchgewunken. Auch die Soldaten der Roten Armee auf der anderen Seite lassen sie passieren, in der Annahme, Perl und sein Begleiter seien Teil einer amerikanischen Delegation, die sich just an diesem Tag mit einem sowjetischen General in Melk an der Donau trifft, um sich über Besatzungspolitik auszutauschen. Den russischen Offizier, der sie als Aufpasser nach Melk begleiten soll, bestechen sie unter anderem mit mitgebrachten Spirituosen und Zigaretten, sodass dieser einem kurzen Abstecher nach Wien zustimmt.

So kommt es, dass Perl an diesem Junitag mit seinem Colt an Lores Haustür hämmert und lauthals droht, sich notfalls mit Gewalt Zutritt zu verschaffen. Endlich tut sich etwas im Inneren des Gebäudes, doch es ist nicht Lore, die ihm schließlich öffnet. Eine kleine, alte Frau steht vor ihm – und teilt ihm mit, dass Lore im Moment nicht zu Hause ist. Perl atmet erleichtert durch. Das ist der so sehnlich erhoffte Beweis, dass seine Gattin noch am Leben ist.

Dann ein Schrei. Perl fährt herum und sieht eine junge Frau, die auf ihn zustürmt. Er zögert, sieht genauer hin. Ist es Lore? Ja, sie ist es. Er hat sie nur nicht gleich erkannt, weil sie fürchterlich abgemagert ist – ein Andenken an ihren Aufenthalt im Konzentrationslager Ravensbrück. Sie wird ihrem Mann noch davon berichten. Doch zunächst fallen sie sich in die Arme.

Sieben Jahre und 13 Tage, nachdem sie einander auf dem Flughafen von Wien Lebewohl gesagt haben, sind Willy und Lore Perl wieder vereint – und werden es die nächsten fünf Jahrzehnte bleiben.

Nachbetrachtungen

Erstaunlicherweise hatte der Ausflug nach Wien für Willy Perl keine dienstlichen Konsequenzen. Nach seiner abenteuerlichen Rückkehr mit Lore auf US-kontrolliertes Gebiet – unter anderem hatte er sie dafür als seine Gefangene ausgegeben – wurde er zwar zum Rapport befohlen, kam aber ohne eine Verhandlung vor dem Kriegsgericht und ohne Strafe davon. Das war zwar eine Erleichterung, allerdings machte er sich im Moment weniger um sich selbst Sorgen als vielmehr um seine Frau, die noch immer unter den Folgen ihrer Zeit im Konzentrationslager litt.

Ab Mitte Februar 1943 war Lore in Ravensbrück interniert gewesen, nachdem sie drei Monate zuvor von der Gestapo wegen „judenfreundlichen Verhaltens“ verhaftet worden war. Wie ihr Mann hatte sie sich für Menschen in Not eingesetzt und war von einem Nachbarn deshalb angezeigt worden. Im Tagesbericht der Gestapo ist der exakte Grund für die Verhaftung angeführt: „Sie hat trotz staatspolizeilicher Warnung, die am 14.2.1942 wegen Umgangs mit Juden erteilt wurde, neuerdings einer Jüdin mehrere Tage Unterschlupf in ihrer Wohnung gewährt, um sie auf diese Weise vor der Evakuierung nach dem Osten zu schützen. Sie stand außerdem mit Juden, die aus dem Sammellager in Wien in die Nähe von Warschau flüchteten, in

Verbindung und hat diese mit Leibwäsche versorgt."[246] Erst als die SS das Lager im April 1945 aufgegeben hatte und vor der nahenden Roten Armee geflohen war, war Lore nach mehr als zwei Jahren freigekommen und nach Wien zurückgekehrt, hatte aber auch dort unter chronischer Unterernährung gelitten.

Lore Perl, 1945

Perl ließ seine Frau in einem Spital in Bad Schwalbach gesund pflegen, während er selbst zur *US War Crimes Branch* versetzt wurde. Ab Herbst 1945 ermittelte er als Hauptverhöroffizier gegen eine SS-Einheit, die während der Ardennenoffensive mehrere Gräueltaten an US-Soldaten sowie der Zivilbevölkerung begangen hatte.[247] Diese Tätigkeit brachte ihm allerdings nicht nur die Anerkennung des Chefanklägers ein, der Perl als den besten Vernehmer und Ermittler bezeichnete, mit dem er jemals gearbeitet hatte.[248] Die Beschuldigten behaupteten später, ihnen seien ihre Geständnisse durch Folter abgepresst worden, was in den Vereinigten Staaten zu einer politischen Kontroverse und sogar zu einer Untersuchung durch den Senat führte. Perl wurde mehrfach vorgeladen und erteilte bereitwillig Auskunft über die Anwendung von Psychotricks und Manipulation in seinen Verhören, denn das war es schließlich, was er in Camp Ritchie gelernt und selbst gelehrt hatte. Den Vorwurf, sich jemals an einem Gefangenen körperlich vergriffen zu haben, wies er jedoch entschieden von sich und stimmte auch einem Lügendetektortest zu, zu dem es aber nicht kam. Doch obwohl die gegen Perl und andere Ermittler erhobenen Vorwürfe nicht verifiziert werden konnten, wurden Zweifel an der Rechtmäßigkeit des Verfahrens laut und daher alle in erster Instanz ausgesprochenen Todesurteile in Haftstrafen umgewandelt.

Willy Perl in US-Uniform, ca. 1945

Der Kriegsverbrecherprozess in Dachau war die letzte wichtige Etappe in Perls militärischer Laufbahn. Lore hatte sich so weit erholt, dass sie wieder reisen konnte, und nachdem Perl im Herbst 1946 aus dem aktiven Dienst ausgeschieden war, ging er mit ihr in die Vereinigten Staaten. Sich wieder in Wien niederzulassen, kam nicht in Frage – ebenso wenig wie die Übersiedlung nach Palästina. Dort machten sich jüdische Untergrundmilizen wie die *Irgun* daran, ihren Forderungen nach einem eigenen Staat mit Terror gegen die britische Mandatsmacht Nachdruck zu verleihen, und Perl wollte seine Frau nicht noch mehr Chaos und Gewalt aussetzen. Er stattete seinem Bruder Walter, den er wie Lore sieben Jahre nicht gesehen hatte, nur zwei Kurzbesuche in Tel Aviv ab, einen im Spätsommer 1945 und einen nach dem Dachau-Prozess. Vermutlich traf er dort neben mehreren Cousins und Cousinen auch seine Tante Valerie Fischer, die ihn 1938 mit Lore zum Flughafen begleitet hatte, während es Liesel Kant nach Amerika geschafft hatte. Der Großteil seines Familienverbands, der 35 Jahre zuvor von Prag nach Wien übersiedelt war, war jedoch von den Nationalsozialisten ermordet worden, darunter Robert Mandler mit Ehefrau Martha und Tochter Rita.

In den Vereinigten Staaten ließ sich das wiedervereinte Paar zunächst in New York nieder. Als Anwalt konnte Perl in seiner neuen Heimat nicht praktizierten, weil ihm die Zulassung fehlte. Also arbeitete er als selbstständiger Berater in Personalfragen für Unternehmen und hielt lukrative Vorträge über Handschriftenanalyse. Daneben absolvierte er ein Masterstudium in Psychologie an der renommierten *Columbia University*. 1951 kehrte er als klinischer Psychologe zu den Streitkräften zurück und bekleidete leitende Positionen in Fort Leavenworth in Kansas und von 1955 bis 1958 im *Army*

Hospital in München. Danach zog es ihn in die amerikanische Hauptstadt, wo er für staatliche Behörden im Gesundheitssektor arbeitete und an der *George Washington University* lehrte. Der Armee blieb Perl als Reserveoffizier weiterhin verbunden und stieg bis in den Rang eines Oberstleutnants auf.

links: Willy Perl, ca. 1950; rechts: Willy und Lore Perl, ca. 1965

Die *Alija* holte den mittlerweile zweifachen Familienvater erst nach seiner Pensionierung in den 1970er-Jahren ein, als er sich an die Aufarbeitung des damals Erlebten machte. Das Resultat war das Buch *The Four-Front War*, in dem er die Schuld am Schicksal der Juden nicht nur den Nationalsozialisten zuschreibt. Im Zuge seiner Bemühungen, jüdische Flüchtlinge vor der drohenden Vernichtung zu retten, hatte er einen „Krieg an vier Fronten" zu kämpfen – gegen Deutschland, gegen Großbritannien und dessen Einwanderungspolitik nach Palästina, gegen das jüdische Establishment, das sein Vorhaben ablehnte und ihn als Aussätzigen brandmarkte, und schließlich gegen die Elemente, also die Stürme, die raue See, die Kälte, den Hunger und die Epidemien.

Besonders bitter war für Perl das Verhalten der jüdischen Eliten. Seiner Meinung nach hätten mit einer anderen Politik gerade in der Frühphase des Krieges, als sich immer mehr Menschen auf eigene Faust nach Rumänien durchschlugen und sich die Städte an der Schwarzmeerküste in riesige Flüchtlingslager verwandelten, Tausende weitere Leben gerettet werden können. Finanzkräftige Hilfs- und Wohlfahrtsorganisationen hätten lediglich Flüchtlingsschiffe unter US-Flagge auf die Reise schicken müssen. Solche Frachter hätten die Briten kaum bedrängt, weil sie die Vereinigten Staaten zu einem Kriegseintritt an ihrer Seite bewegen wollten. Die Deutschen und Italiener wiederum hatten großes Interesse an einem neutralen Amerika, hätten ein Schiff unter US-Flagge also ebenfalls in Ruhe gelassen. Doch das jüdische Establishment, womit er vor allem die *World Zionist Organization* und die *Jewish Agency* meinte, wollte sich am heißen Eisen der illegalen Immigration nach Palästina nach wie vor nicht die Finger verbrennen. Daher unternahm es nichts in diese Richtung und machte sogar Stimmung gegen die „jüdischen Admiräle", wie ein bedeutender Vertreter der WZO Willy Perl und die anderen Transportorganisatoren einmal abschätzig nannte – durch die bis zum Ende des Zweiten Weltkriegs allerdings rund 40.000 Menschen vor dem Holocaust gerettet werden konnten.[249]

Anerkennung für seine Taten erhielt „Admiral" Perl, der die Dinge 1937 gemeinsam mit der *Aktion* in Gang gesetzt hatte, erst im hohen Alter. Das mag auch an seinen teils radikalen politischen Aktionen nach seiner Pensionierung gelegen haben, die in seiner Verhaftung und einer medial viel beachteten

Verhandlung vor einem Bundesgericht gipfelten. Als führendes Mitglied der *Jewish Defence League,* einer Selbstverteidigungsgruppe für in der Diaspora lebende Juden, hatte er seit Anfang der 1970er-Jahre gegen die Verfolgung von Juden in der UdSSR protestiert und Demonstrationen außerhalb und sogar in der sowjetischen Botschaft in Washington oder bei öffentlichen Veranstaltungen mit sowjetischen Offiziellen organisiert.

Aus diesem Grund wurde Perl vom FBI überwacht und im Juni 1976 schließlich verhaftet. Ihm wurde vorgeworfen, sich mit Unbekannten zu einem Angriff auf die Wohnungen zweier sowjetischer Botschaftsangehöriger verschworen zu haben, bei dem zwar niemand verletzt, aber mit einer Schusswaffe Fenster zerstört werden sollten. Perl bestritt das Vorhaben nicht. Er gab jedoch an, die Idee dazu sei von einem Exilisraeli an ihn herangetragen worden, der die Aktion auch ausführen sollte und bei dem es sich in Wirklichkeit um einen Informanten des FBI handelte. Mit anderen Worten: Das FBI hatte ihn in eine Falle locken wollen, und zwar aufgrund von politischem Druck aus dem *State Department,* das sich ein gutes Auskommen mit den Sowjets wünschte. Das Gericht sah allerdings keine Beweise dafür und befand Perl für Verstöße gegen das Waffengesetz sowie geplante Sachbeschädigung für schuldig; lediglich der Vorwurf der Verschwörung wurde in einem Berufungsverfahren fallengelassen.[250] Das Gefängnis blieb Perl erspart, doch unter der Auflage, seine Verbindungen zur *Jewish Defense League* zu kappen, erhielt er eine Geldstrafe sowie eine Bewährungszeit von drei Jahren. Vom Verfahren gezeichnet und finanziell angeschlagen, zog er sich daraufhin ins Private zurück.

Erst im November 1980 trat Perl wieder öffentlich in Erscheinung, als ihm anlässlich des einhundertsten Geburtstags von Wladimir Zeev Jabotinsky die *Jabotinsky Centennial Medal* für besondere Verdienste um den Staat Israel und das jüdische Volk verliehen wurde. Überreicht wurde sie ihm bei einem Galadinner in New York vom israelischen Ministerpräsidenten Menachem Begin. In den späten 1930er-Jahren hatten sie gemeinsam daran gearbeitet, jüdische Flüchtlinge nach Palästina zu bringen: Perl in Wien sowie am Balkan und Begin in Polen. Begegnet waren sie einander jedoch erst kurz nach Begins Wahl zum Regierungschef 1977 bei einem Besuch der Perls in Israel. Das Treffen war von Reuben Hecht eingefädelt worden, der als Begins persönlicher Berater wohl auch dafür verantwortlich war, dass der Ministerpräsident ein Vorwort zu *The Four-Front War* beisteuerte.

Die Verleihung der *Jabotinsky Centennial Medal* dürfte für Perl ein emotionaler und bedeutender Moment gewesen sein, und er war nur der Auftakt zu einer Reihe von Auszeichnungen. 1984 erhielt er einen Orden vom *Simon Wiesenthal Center* in Los Angeles, 1986 wurde er anlässlich seines 80. Geburtstags vom US-Senat geehrt, ein Jahr später auch von Präsident Ronald Reagan.[251] Den Höhepunkt stellte das Jahr 1990 mit zwei ganz besonderen Veranstaltungen dar, für die der an Parkinson erkrankte Perl gewaltige Reisestrapazen auf sich nahm. Zum einen wurde ihm das Goldene Verdienstzeichen des Landes Wien verliehen. Die Zeremonie im Festsaal des Wiener Rathauses war, wie er Reuben Hecht schrieb, eine sehr feierliche Angelegenheit und für ihn und Lore eine Genugtuung in Anbetracht der Dinge, die ihnen in dieser Stadt angetan worden waren.[252] Zum anderen wurde er als der Hauptinitiator der *Sakarya* eingeladen, in Tel Aviv eine Ansprache beim fünfzigjährigen Jubiläum des Flüchtlingstransports zu halten. Damit wurden seine Leistungen auch in Israel gewürdigt.

Noch wenige Jahre vor seinem Tod gab der von seiner Erkrankung mittlerweile deutlich gezeichnete Perl der *Shoah Foundation* sowie dem *United States Holocaust Memorial Museum* stundenlange Interviews. In diesen Gesprächen legte er auf bewegende Weise Zeugnis ab über sein langes Leben, das ihn mit den dunkelsten und den edelsten Seiten der Menschen konfrontiert hatte und das geprägt war von Vertreibung, Hass und Gewalt – aber mehr noch von grenzenloser Liebe, Aufopferung und dem unerschütterlichen Glauben, jedes noch so große Hindernis zu überwinden.

Am 24. Dezember 1998 starb Willy Perl im Alter von 92 Jahren in seinem Haus in Beltsville, Maryland. Was wäre zum Abschluss passender als die Worte von jemandem, der sich mit einem seiner Transporte in die Freiheit retten konnte: „Männer wie Willy Perl werden einem Volk geschenkt, wenn es ihrer am dringendsten bedarf. Bei Lebzeiten gelten sie als Abenteurer, später werden sie zu legendären Gestalten.“[253]

Dank

Ein Buch zu schreiben ist immer eine Herausforderung. Es gilt, eine Vielzahl an Hürden zu überwinden, an denen man ohne Hilfe manchmal zu scheitern droht. Das war in diesem Fall nicht anders. Deshalb bin ich unendlich dankbar für die Unterstützung, die mir von vielen Seiten zuteilgeworden ist und die mir meine Arbeit ungemein erleichtert hat.

Beginnen möchte ich mit den Mitarbeiterinnen und Mitarbeitern der Spezialsammlung an der *Gelman Library* der *George Washington University* in Washington, D.C., des Archivs am *Jabotinsky Institute* in Tel Aviv, der *National Archives* in London, der Holocaust-Gedenkstätte *Yad Vashem* in Jerusalem, des *Dokumentationsarchivs des Österreichischen Widerstandes* in Wien sowie des *Archivs für Zeitgeschichte* der ETH Zürich. Sie alle haben meine Anfragen so schnell wie möglich beantwortet und mir unkompliziert Zugang zu den von mir begehrten Quellen ermöglicht.

Mildred und Bregt Kippers danke ich für die herzliche Aufnahme während meines Rechercheaufenthalts in Tel Aviv, inklusive der (ungewollten) Dusche mit belgischem Bier am Abend meiner Ankunft.

Besonders erwähnt werden muss Eleonore Lappin-Eppel, die das Manuskript mit ihrem fachlichen Rat unendlich bereichert und mich vor so manchem Fauxpas bewahrt hat. Auch Florian Traussnig und Philipp Lesiak haben wunderbare Anregungen geliefert und alle verbliebenen Fehler und Ungenauigkeiten sind allein mir anzukreiden.

Ich bin froh, dass ich Kerstin und Philip Scheriau für Willy Perls Lebensgeschichte begeistern konnte. Sie und ihr Team um Paul Maercker, Sonja Franzke und vor allem meine wunderbare Lektorin Clara Schermer haben dafür gesorgt, dass diese Geschichte auch Leserinnen und Leser findet.

Der abschließende Dank gebührt Willy Perls Familie und vor allem seinen Söhnen Raphael Perl und Solomon Perl, die mir einzigartiges Bildmaterial zur Verfügung gestellt haben. Die Fotografien ihrer Eltern hauchen meinem Buch auf eine Art und Weise Leben ein, wie es Wörter allein nicht vermögen.

Personenverzeichnis

Abrahams, Abraham – NZO-Funktionär

Andronicos, N. M. (exakte Vornamen unbekannt) – griechischer Schiffseigner

Begin, Menachem – Leiter des *Betar* in Polen, später Anführer der Irgun sowie israelischer Premierminister von 1977 bis 1983

Benari, Yehuda – Generalanwalt der *New Zionist Organization*

Berman, Kurt – Grazer Passagier an Bord der *Draga*

Bernstein, Lola – Wiener Bekannte und Unterstützerin Perls mit britischem Pass

Bodosakis-Athanasiadis, Prodromos – griechischer Großindustrieller und Waffenproduzent

Carpi, Leone – Funktionär der revisionistischen Bewegung in Italien

Chasan, Moshe – Mitglied der *Irgun* und für diese in die illegalen Einwanderungsoperationen involviert

Cocorempas, G. D. (exakte Vornamen unbekannt) – Beamter des *Criminal Investigation Department* der *Palestine Police*

Davaris (Vorname unbekannt) – griechischer Reeder

David (Nachname unbekannt) – Willy Perls Leibwächter während seiner Anfangszeit in Rumänien

De Vecchi, Cesare Maria – Gouverneur der italienischen Ägäis-Inseln

Deutsch, Erich – Mitglied der Aktion und Perls bester Freund
Diamant, Paul – Jurist sowie Historiker und in der revisionistischen Bewegung aktiv
Dragoner (Vornamen unbekannt) – mit Willy Perl befreundete Familie in Jugoslawien
Duduković, Milana – Bekannte Willy Perls aus Belgrad
Eichmann, Adolf – SS-Offizier und Leiter der *Zentralstelle für jüdische Auswanderung* in Wien, eingerichtet im August 1938
Ellbogen, Paul – Mitarbeiter der *Aktion*
Epstein, Ludmilla, genannt „Mila" – Nichte von Wladimir Zeev Jabotinsky, aktiv in der revisionistischen Bewegung in Rumänien, dort gemeinsam mit Willy Perl an der Organisation von Flüchtlingstransporten nach Palästina beteiligt
Faltyn, Emil – Betar-Funktionär in Prag
Filderman, Wilhelm – rumänischer Politiker und Präsident des *Zentralen Hilfskomitees für Emigranten*
Fink, Ernst – Schweizer Fluchthelfer in Zürich
Fischer, Salomon – Großvater von Willy Perl
Fischer, Valerie – Tante von Willy Perl
Flesch, Hermann – Leiter des revisionistischen Alija-Büros in Brünn
Gildemeester, Frank van Gheel – niederländischer Quäker und Philanthrop sowie Namensgeber der *Aktion Gildemeester*
Gleser, Eliyahu – Leiter des tschechoslowakischen *Betar* sowie des Alija-Zentralbüros in Prag
Goldstein, Karl – Mitarbeiter im Stubenring-Büro der *Aktion*
Graubart, Siegfried – Finanzreferent der *New Zionist Organization*
Gross, František und Karel – beteiligt an der Auswanderungsinitiative von Willy Perls Cousin Robert Mandler in Prag
Haller, Heinrich – Mitarbeiter der *Aktion*, später auch deren Leiter, Bruder von Paul Haller und Hermann Haller

Haller, Hermann – Mitarbeiter der *Aktion*, Bruder von Paul Haller und Heinrich Haller

Haller, Paul – Gründer der *Aktion* und Mitstreiter Perls bei den ersten Transporten, Bruder von Heinrich Haller und Hermann Haller

Hausner, Martha – Büromitarbeiterin der *Aktion*

Hecht, Reuben (auch „Yerushalmy" – der Mann aus Jerusalem) – Vertreter der Revisionisten in Zürich, Freund und Weggefährte Willy Perls

Herrnfeld, Fritz – Mitarbeiter im Stubenring-Büro der *Aktion*

Hertz, Joseph Herman – Oberrabbiner der *United Hebrew Congregations of the British Empire*

Hirschbein, Harry – Kamerad von Willy Perl in der US-Armee

Hopkinson, Henry – britischer Diplomat und Erster Sekretär der britischen Gesandtschaft in Bukarest

Israel (Nachname unbekannt) – mit Willy Perl befreundet

Jabotinsky, Eri – führendes Mitglied der revisionistischen Bewegung, Sohn von Wladimir Zeev Jabotinsky

Jabotinsky, Wladimir Zeev – Begründer des revisionistischen Zionismus

Jacoby, Shlomo – Vertrauter von Wladimir Zeev Jabotinsky und Funktionär der *New Zionist Organization*

Kalman, Imre – Vorsitzender der ungarischen Revisionisten

Kanner, Edgar – Vorsitzender der rumänischen Revisionisten

Kant, Liesel – Tante von Willy Perl, an der Organisation von Transporten in Wien beteiligt

Kareski, Georg – Bankier und revisionistischer Funktionär in Deutschland

Katz, Mordechai – Betar-Funktionär

Katznelson, Yosef – führendes Mitglied der revisionistischen Bewegung und Anfang 1939 mit der Leitung der gesamten revisionistischen *Alija* betraut

Kendrick, Thomas – als Passport Control Officer getarnter Stationsleiter des britischen Auslandsnachrichtendienstes am britischen Konsulat in Wien

Kornfeld, C. (exakter Vorname unbekannt) – Kontaktperson von Paul Haller in Triest

Kornmehl, Berthold (auch „Baruch Dagan") – Mitglied der *Aktion*

Krivoshein, Moses (auch „Moshe Galili") – Organisator der ersten heimlichen Transporte nach Palästina zusammen mit Willy Perl und der *Aktion*

Lange, Rudolf – Gestapo-Beamter in Wien

Lansbury, George – britischer Parlamentarier

Leyla (Nachname unbekannt) – Cousine des Schiffsbesitzers Avni Nuri Meseregi, als Übersetzerin in die Verhandlungen um die *Sakarya* involviert

Löw, Hans – Sekretär von Wladimir Zeev Jabotinsky

Löwenherz, Josef – Amtsdirektor der Jüdischen Gemeinde Wien

MacDonald, Malcolm – britischer Kolonialminister

MacMichael, Harold – Hochkommissar des britischen Mandatsgebiets Palästina

Macrae, Russel – britischer Diplomat und Konsul im rumänischen Galați

Mandler, Hertha – Büromitarbeiterin der *Aktion*

Mandler, Robert – Cousin von Willy Perl und ebenfalls in der jüdischen Auswanderung aktiv, von den Nationalsozialisten gemeinsam mit Ehefrau Martha und Tochter Rita ermordet

Meseregi, Avni Nuri – türkischer Mitbesitzer der *Sakarya*

Minakoulis (Vorname unbekannt) – griechischer Schiffseigner

Mosche (Nachname unbekannt) – Transportkommandant der *Astir*

Nikolopoulos (Vorname unbekannt) – Vertrauter des griechischen Reeders Davaris

Pachtmann, Eduard – Leiter des *Zionistischen Landesverbands* in Wien

Pappenheim, Heinrich – Funktionär des *Zionistischen Landesverbands* in Wien

Pappenheim, Moritz – Funktionär der Wiener *Aguda Israel*

Patlaschenko, Emil – Reiseleiter der in Constanța gestrandeten „China-Gruppe"

Perl, Camilla – Mutter von Willy Perl

Perl, Leonore, genannt „Lore" – Ehefrau von Willy Perl

Perl, Rudolf – Vater von Willy Perl

Perl, Solomon – Großvater von Willy Perl

Perl, Walter – Bruder von Willy Perl

Perutz, Hans – jüdischer Geschäftsmann und zu Beginn Financier der *Aktion*

Popescu, Jonel – nicht-jüdischer Mitarbeiter Willy Perls in Rumänien

Puhr (Vorname unbekannt) – Diplomat der deutschen Gesandtschaft in Belgrad

Rand (Vorname unbekannt) – Besitzer einer rumänischen Schiffsagentur

Rajakowitsch, Erich – Wiener Rechtsanwalt und involviert in die *Aktion Gildemeester*

Raziel, David – Kommandant der Irgun, 1938–1941

Rosenzweig (Vorname unbekannt) – jüdischer Flüchtling aus Wien in Athen und Bekannter Willy Perls

Rothenberg, Alois – Leiter des für die Zertifikatsvergabe zuständigen Wiener *Palästinaamts*

Rothmund, Heinrich – Chef der Schweizer Fremdenpolizei

Saunders, Alan – Chef der *Palestine Police*
Schallinger, Kurt – vermutlich Leiter des *Betar* in Baden bei Wien
Schätz (Vorname unbekannt) – Mitglied des Direktorats der Donaudampfschifffahrtsgesellschaft in Wien
Schieber, Jakob – Leiter des rumänischen *Betar*
Seidmann, Otto – führendes Mitglied des österreichischen *Betar*
Smilansky, Moshe – Mitreisender Willy Perls auf der *Mouzinho*
Stavsky, Avraham – revisionistischer Schiffsorganisator
Steinfeld, Julius – Leiter der Wiener *Aguda Israel*
Stephanopoulos, J. (exakter Vorname unbekannt) – griechischer Reeder
Stock, Max (auch „Mordecai Hacohen") – Teilnehmer des „Arnoldsteiner" Transports
Storfer, Berthold – Leiter des *Ausschusses für jüdische Überseetransporte* in Wien
Tagansky, Schmuel, genannt „Johnny" – Mitglied der *Irgun* und in die Durchführung heimlicher Transporte involviert
Theophanides, Socrates – griechischer Schiffsbesitzer und möglicherweise Waffenschmuggler
Torczyner, Joshua – Funktionär der Wiener Sektion des jüdischen und apolitischen Sportverbands *Maccabi*
Trauttmansdorff, Franz von – Kamerad von Willy Perl in der US-Armee
Turnour, Edward, 6. Earl Winterton – britischer Politiker und Leiter der britischen Delegation bei der Flüchtlingskonferenz von Évian im Juli 1938
Weisl, Wolfgang von – Arzt und Journalist sowie führendes Mitglied der revisionistischen Bewegung in Österreich
Wood, Edward, 1. Earl of Halifax, bekannt als Viscount Halifax – britischer Außenminister
Wolf, Erich – Leiter des österreichischen *Betar*

Abbildungsverzeichnis

Die privaten Fotos stammen aus dem Archiv der Familie Perl, zur Verfügung gestellt von Solomon Perl und Raphael Perl.
Im Falle des Fotos der brennenden Rim von 1939 ist es uns trotz intensiver Nachforschungen mit Hilfe von Yad Vashem, ANU – The Museum of the Jewish People sowie der Central Zionist Archives, in deren Sammlungen sich das Foto digital befindet, nicht gelungen, die Rechteinhaberin oder den Rechteinhaber ausfindig zu machen. Für Hinweise sind wir dankbar, bei etwaigen Rechtsansprüchen wenden Sie sich bitte an den Verlag.

Anmerkungen

Die Hauptquellen für das vorliegende Buch sind Willy Perls Nachlass in der *Gelman Library* der *George Washington University* in Washington, D.C. (GWU) sowie vor allem Bestände im Archiv des *Jabotinsky Institute* in Tel Aviv (JA), der *National Archives* im Londoner Stadtteil Kew (TNA), des Archivs für Zeitgeschichte an der Eidgenössischen Technischen Hochschule in Zürich (ETH) und des *Dokumentationsarchivs des Österreichischen Widerstandes* in Wien (DÖW). Als fortlaufender narrativer Strang dient Perls eigene Darstellung der Ereignisse und Abläufe, wie er sie in seinen 1979 erschienenen Memoiren *The Four-Front War* schildert, die 1983 unter dem Titel *Operation Action* um ein Kapitel erweitert ein zweites Mal veröffentlicht wurden. Darin findet sich unter anderem auch die im Prolog bzw. Epilog beschriebene Schilderung des Verhörs durch Adolf Eichmann und des Wiedersehens mit Lore in Wien.

Zur Zahl der Transporte und der beförderten Passagierinnen und Passagiere – ebenso wie zur Schreibweise der Namen der verwendeten Schiffe sowie zu Abfahrt, Ankunft, Starthafen und Landepunkt in Palästina – finden sich in der Literatur sowie online unterschiedliche Angaben, die teils aufeinander referenzieren. Zu erwähnen sind diesbezüglich neben Perl vor allem Dalia Ofers *Escaping the Holocaust* und Artur Pateks *Jews on Route to Palestine* sowie der Beitrag *Jüdische Flüchtlingsschiffe im Schwarzen Meer (1934–1944)* von Jürgen Rohwer, der wiederum auf eine Erhebung von Paul Silverstone im Abschnitt zur *Alija Bet* auf dessen Website unter *www.paulsilverstone.com/aliyah-bet-project* verweist.

1 *The Moses of the Holocaust* ist der Untertitel einer unveröffentlichten Biografie Willy Perls von Reuven Schlenker und Charles Goolsby; das Manuskript findet sich in Perls Nachlass an der *George Washington University*. Es basiert neben Anfang der 1990er-Jahre geführten Interviews der Autoren mit Willy Perl und seiner Frau Lore vor allem auf Perls Büchern *The Four-Front War* und *Operation Action*. Siehe Charles Goolsby und Reuven Schlenker, The World of Willy Perl. Unveröffentlichtes und undatiertes Manuskript, 1995 bis 1998. GWU, MS 2026, Box 1, Folder 4; William R. Perl, The Four-Front War. From the Holocaust to the Promised Land. New York 1978; William R. Perl, Operation Action. Rescue from the Holocaust. Ann Arbor 1983.

2 Vgl. Albert Lichtblau, Antisemitismus 1900–1938. Phasen, Wahrnehmungen und Akkulturationseffekte, in: Frank Stern und Barbara Eichinger (Hrsg.), Wien und die jüdische Erfahrung 1900–1938. Akkulturation – Antisemitismus – Zionismus. Wien u. a. 2009, 39–58, hier 39 f.

3 Protokoll, 18. April 1929. GWU, MS 2026, Box 1, Folder 6.

4 Theodor Herzl, Der Baseler Congress. Wien 1897, 4.

5 Siehe Schmuel Katz, Lone Wolf. A Biography of Vladimir (Ze'ev) Jabotinsky. New York 1996.

6 Vgl. Zentralbureau der Zionistischen Organisation, Stenographisches Protokoll der Verhandlungen des XVII. Zionistenkongresses und der zweiten Tagung des Councils der Jewish Agency für Palästina. London 1931, 398.

7 Perl datiert diese Rede in seinen Memoiren auf 1930, allerdings fanden in diesem Jahr keine Wahlen statt. Möglicherweise hielt er die Rede also in einem anderen Zusammenhang.

8 Siehe Harriet Pass Freidenreich, Jewish Politics in Vienna. Bloomington u. a. 1991.

9 Vgl. Erika Weinzierl, Das österreichische Judentum von den Anfängen bis 1938, in: Erika Weinzierl und Otto D. Kulka (Hrsg.), Vertreibung und Neubeginn. Israelische Bürger österreichischer Herkunft. Wien u. a. 1992, 17–166, hier 28.

10 Vgl. Gabriele Anderl, Generationskonflikte. Die zionistische Auswanderung aus Österreich nach Palästina in der Zwischenkriegszeit, in: Frank Stern und Barbara Eichinger (Hrsg.), Wien und die jüdische Erfahrung 1900–1938. Akkulturation – Antisemitismus – Zionismus. Wien u. a. 2009, 71–98, hier 71.

11 Siehe Robert Lackner, Training the Ally or the Enemy? Great Britain and the Jewish Underground in Palestine, 1936–1943, in: Journal for Intelligence, Propaganda and Security Studies, Vol. 7, 1/2013, 39–48.

12 Siehe Dietmar Goltschnigg, Wolfgang von Weisl. Der Weg eines österreichischen Zionisten vom Untergang der Habsburgermonarchie zur Gründung des Staates Israel. Wien 2019.

13 Vgl. Willy Perl an die NZO, 8. Juni 1939. JA, G-4 30/1.

14 Vgl. Wolfgang von Weisl, Illegale Transporte, in: Josef Fraenkel (Hrsg.), The Jews of Austria. Essays on their Life, History and Destruction. London 1967, 165–176, hier 175.

15 In einem Brief an Jabotinskys Vertrauten Shlomo Jacoby legt Perl ausführlich dar, wie er Krivosheins Pläne abänderte. Vgl. Willy Perl an Shlomo Jacoby, 20. März 1939. JA, P-124 7/5.

16 Vgl. Weisl, Transporte, 166.

17 Vgl. Passport Control Office in Wien an das Department of Immigration in Jerusalem, 8. Mai 1933. TNA, CO 733/236/4.

18 Vgl. Reuben Hecht an Willy Perl, 29. Dezember 1992. JA, P-124 3/111.

19 Vgl. Anderl, Generationskonflikte, 88 f; Gabriele Anderl, Emigration und Vertreibung, in: Erika Weinzierl und Otto D. Kulka (Hrsg.), Vertreibung und Neubeginn. Israelische Bürger österreichischer Herkunft. Wien u. a. 1992, 167–337, hier 197f.

20 Vgl. Weisl, Transporte, 167.

21 Darauf deuten die verfügbaren Quellen im britischen Nationalarchiv hin, in denen Perl erst 1938 erwähnt wird.

22 Dieser Aussage in Perls Memoiren steht allerdings eine Visitenkarte in seinem Nachlass entgegen, der zufolge er bereits im November 1935 eine Kanzlei in der Wollzeile eröffnet hatte.

23 Von dieser Begebenheit berichtet nicht nur Perl, sondern auch Weisl. Vgl. Weisl, Transporte, 170.

24 Zitat im Original: „Vienna has, of course, been notorious as the centre of Jewish illegal immigration from Germany and German occupied territory since the days of Dr. Willy Perl and the Stubenring office with its Gestapo partner." H. F. Downie an J. E. M. Carvill (Entwurf), 11. April 1940. TNA, CO 733/430/6.

25 In den Akten der NZO findet sich ein Dokument, in dem die Kriterien aufgelistet sind: „Es kommen nur jüdische Männer und Frauen in Frage, die nicht jünger als 16 Jahre und nicht älter als 35 Jahre sind. Bei Revisionisten, Chajalim und Betarim können eventuell Ausnahmen bis zum Alter

von 40 Jahren gemacht werden." Auch wenn es aus Prag stammt, ist davon auszugehen, dass für die Wiener Transporte Ähnliches galt. Anweisungen der Transportleitung zum nächsten Transport, 29. November 1938. JA, G-4 4/12/1.

26 Perl, The Four-Front War, 23.

27 Vgl. Foreign Office, London an Colonial Office, London, 19. Juli 1938. TNA, CO 733/364/5.

28 Perl bezeichnet Lange in seinen Memoiren fälschlicherweise als den Chef der Gestapo in Wien. Die Wiener Gestapoleitstelle, mit 900 Beamten die größte im gesamten Reich, wurde in diesen Jahren von Franz Josef Huber geführt. Siehe Elisabeth Boeckl-Klamper, Thomas Mang und Wolfgang Neugebauer, Gestapo-Leitstelle Wien 1938–1945. Wien 2018.

29 Siehe Theodor Venus und Alexandra-Eileen Wenck, Die Entziehung jüdischen Vermögens im Rahmen der Aktion Gildemeester. Eine empirische Studie über Organisation, Form und Wandel von „Arisierung" und jüdischer Auswanderung in Österreich 1938–1941 (= Veröffentlichungen der Österreichischen Historikerkommission. Vermögensentzug während der NS-Zeit sowie Rückstellungen und Entschädigungen seit 1945 in Österreich, Band 20/2). Wien und München 2004.

30 In einem Brief von Wladimir Zeev Jabotinsky ist von ungefähr 200 Betarim und Revisionisten sowie von 80 Angehörigen der *Aguda Israel*, der Weltorganisation der orthodoxen Juden, die Rede; der Rest verteilte sich auf andere Gruppen. Vgl. Wladimir Zeev Jabotinsky an die Exekutive der NZO in Johannesburg, undatiert, vermutlich Juli oder August 1938. JA, A-1 2/28.

31 Das *Criminal Investigation Department* der britischen *Palestine Police* gelangte später an die Aufzeichnungen Paul Diamants, in denen die genauen Anweisungen und Abläufe festgehalten sind. Vgl. Bericht des CID Jerusalem über die Organisation der illegalen Immigration, 17. Mai 1939, Appendix 1. TNA, CO 733/396/5.

32 Vgl. Weisl, Transporte, 172.

33 Vgl. Passport Control Office in Wien an den Director of Passport Control in London, 11. November 1937. TNA, CO 733/331/1.

34 Siehe Helen Fry, Spymaster. The Man Who Saved MI6. New Haven 2021.

35 Siehe Jochen Thies, Évian 1938. Als die Welt die Juden verriet. Essen 2017.

36 „INFORM RABBI HERTZ IMMEDIATELY [...] FIVE HUNDRED POUNDS OTHERWISE CATASTROPHE STOP [...] REMIT BY TELEGRAPH AN ADDITIONAL SUM TO PALESTINE [...]

OTHERWISE LANDING WILL NOT BE ARRANGED I WILL NOT TELEGRAPH AGAIN OUR BLOOD ON YOUR HANDS." Zitiert in: Wladimir Zeev Jabotinsky an die Exekutive der NZO in Johannesburg, undatiert, vermutlich Juli oder August 1938. JA A-1 2/28.

37 Vgl. Willy Perl an Moses Krivoshein, 12. Juni 1938. JA, G-4 4/12/1.

38 Vgl. Council for German Jewry an die NZO, 26. Juli 1938. JA, G-4 4/12/1.

39 Vgl. Dalia Ofer, Escaping the Holocaust. Illegal Immigration to the Land of Israel, 1939–1944. New York 1990, 13.

40 Vgl. Bericht des CID Jerusalem über die Organisation der illegalen Immigration, 17. Mai 1939, 3. TNA, CO 733/396/5.

41 Zwar wird im Vorwort angemerkt, dass das Dossier Lücken aufweist, und immer wieder stechen Ungenauigkeiten vor allem bei Namen ins Auge. Dennoch zeigt der Abgleich mit Korrespondenzen und Dokumenten aus den Beständen der NZO, dass der Bericht weitgehend den Tatsachen entspricht. Auch Perl, der ihn Jahre später im britischen Nationalarchiv ausfindig machte, bestätigt in seinen Memoiren dessen Authentizität.

42 Vgl. Willy Perl an Shlomo Jacoby, 20. März 1939. JA, P-124 7/5.

43 Vgl. Israel [Nachname unbekannt] an Willy Perl, 20. Juli, 24. Juli und 7. August 1938. GWU, MS 2026, Box 1, Folder 13.

44 Willy Perl an Shlomo Jacoby, 20. März 1939. JA, P-124 7/5.

45 Vgl. Katz, Jabotinsky, 1645.

46 Vgl. Note verbale des griechischen Außenministeriums, 22. Juli 1938. TNA FO 371/21888.

47 Vgl. E. R. Warner an Edward Wood, Viscount Halifax, 25. Juli 1938. TNA, FO 371/21888.

48 Vgl. Bericht von G. D. Cocorempas, 2. September 1938. TNA, CO 733/364/5.

49 Vgl. Willy Perl an Paul Riebenfeld, 31. August 1938. JA, G-4 4/12/1.

50 Vgl. Sidney Waterlow an Edward Wood, Viscount Halifax, 6. September 1938. TNA, CO 733/364/5.

51 Vgl. Willy Perl an Paul Riebenfeld, 31. August 1938. JA, G-4 4/12/1.

52 Vgl. Willy Perl an unbekannt, 31. August 1938. JA; G-4 4/12/1.

53 Vgl. Willy Perl an Paul Riebenfeld, 31. August 1938. JA, G-4 4/12/1.

54 Aus den Quellen geht allerdings nicht eindeutig hervor, ob Perl zu diesem Zeitpunkt überhaupt wusste, dass Haller betrogen worden war, oder ob dieser ihm lediglich gesagt hatte, das Schiff aus Athen würde sich massiv verspäten und er brauche daher jemanden vor Ort, um mit den Behörden zu verhandeln. Vgl. Willy Perl an Paul Riebenfeld, 31. August 1938, sowie

Willy Perl an Paul Riebenfeld und unbekannt, 1. September 1938. JA, G-4 4/12/1.

55 Zitat im Original: „Enquiries made tend to confirm that young jews of both sexes are being sent to Palestine by an organization here but who exactly are behind this move cannot yet be stated with any degree of certainty. Such illegal emigrants it is stated are sent in sealed coaches to Athens where they are transferred to small steamers and taken to Palestine. They then swim ashore and continue their journey on foot." Britisches Generalkonsulat in Wien an das Foreign Office in London, 23. Juli 1938. TNA, CO 733/364/5.

56 Vgl. Harold MacMichael an Malcolm MacDonald, 8. Juli und 12. Juli 1938. TNA, CO 733/364/5.

57 Diese Ungereimtheiten lassen sich vermutlich am ehesten dadurch erklären, dass Stocks Memoiren erst 70 Jahre nach den Ereignissen veröffentlicht wurden. Vgl. Mordecai Hacohen, Homeland. From Clandestine Immigration to Israeli Independence. New York 2008, 57–66.

58 Perls Memoiren stellen den Ablauf der Verhandlungen mit Davaris ein wenig anders dar und lassen den Griechen großzügiger erscheinen, als es vermutlich der Fall gewesen war.

59 In einem nicht unterzeichneten Brief aus Bratislava war bereits im Mai 1938 von einem geplanten Transport über Galați die Rede.
Vgl. Unbekannt an Yosef Katznelson, 27. Mai 1938. JA, G-4 4/12/1.

60 Vgl. Bericht von G. D. Cocorempas, 2. September 1938. TNA, CO 733/364/5.

61 Vgl. A. F. Giles, Bericht über die Beschlagnahmung der Artemisia, 16. Februar 1939. TNA, CO 733/394/1.

62 Vgl. Interview mit Reuben Hecht, Winter 1972. JA, P-124 7/5.

63 Vgl. Ofer, Holocaust, 77f.

64 Vgl. Bericht von G. D. Cocorempas, 2. September 1938. TNA, CO 733/364/5; Henry Hopkinson an Edward Wood, Viscount Halifax, 1. November 1938. TNA, FO 371/21888.

65 Zitat im Original: „After the Anschluss I wanted to leave Austria and come to Palestine. I sent a friend to the Consulate but I was told that no certificates were available, but the man at the Consulate suggested that there were other methods of getting into Palestine. I got in touch with a man called Willy Perl, of 16, Stuberring [sic!], Vienna, to whom I paid the sum of 500 Austrian shillings for a passage to Palestine. This was in

April." Zitiert in: Bericht von Alan Saunders, 3. Januar 1939. TNA, CO 733/394/1.

66 Diese Angabe findet sich im CID-Bericht vom Mai 1939. Einem anderen Dokument zufolge bestand die Transportleitung im November 1938 aus Heinrich Haller, Fritz Herrnfeld und Moritz Pappenheim. Vgl. Gedächtnisprotokoll, 22. November 1938. JA, G-4 4/12/1.

67 Perl, The Four-Front War, 116.

68 „10 Gesetze für die Teilnehmer des Transportes", undatiert. JA, K-6 3/3.

69 Auch von Mila Epstein findet sich eine derartige Darstellung, die sich, obwohl zeitlich passend, auf einen anderen Transport zu beziehen scheint. Vgl. Transkript eines Interviews mit Ludmilla Epstein, undatiert. JA, P-124 7/1.

70 Vgl. Russell Macrae an John H. Le Rougetel, 10. Januar 1939. TNA, FO 371/23246.

71 Zitat im Original: „It was also reported that a Jewish commission, apparently including a certain Dr Perl, was in Bucarest [sic!] arranging the Jewish end of the enterprise." C. W. Baxter an Michael Palairet, 24. November 1938. TNA, FO 371/21866.

72 Vgl. Foreign Office in London an Reginald Hoare, 2. Januar 1939. TNA, CO 733/364/5.

73 Vgl. Britische Gesandtschaft in Bukarest an das Foreign Office in London, 13. Januar 1939. TNA, FI 371/23246.

74 Heinrich Haller an Wladimir Zeev Jabotinsky, 28. November 1938. JA, G-4 4/12/1.

75 Vgl. Russell Macrae an John H. Le Rougetel, 10. Januar 1939. TNA, FO 371/23246.

76 Vgl. Harold MacMichael an Malcolm MacDonald, 9. September 1938. TNA, CO 733/364/5.

77 Vgl. Memorandum des Foreign Office und des Colonial Office, 17. Januar 1940. TNA, CO 733/395/14.

78 In den Beständen des Kolonialministeriums im britischen Nationalarchiv findet sich ein umfangreiches Aktenkonvolut zu diesen Überlegungen.

79 Vgl. Anderl, Emigration, 328f.

80 Vgl. Bericht von Alan Saunders, 3. Januar 1939. TNA, CO 733/394/1.

81 In einem Bericht des britischen Konsuls im türkischen Mersin ist von einem Schiff namens *Ellianayotti* mit jüdischen Flüchtlingen aus Österreich an Bord die Rede, das dort Mitte Dezember Kohle einkaufte; es ist nicht ausgeschlossen, dass es sich bei diesem um die *Elli* handelte. Sollte

dies zutreffen und die Angaben des Konsuls den Tatsachen entsprechen, wäre die *Elli* wesentlich später in Palästina eingetroffen oder hätte eine weitere, in den Quellen nirgends verzeichnete Fahrt unternommen. Vgl. B. J. Catton an Percy L. Loraine, 19. Dezember 1938. TNA, CO 733/394/1.

82 Vgl. Bericht von Alan Saunders, 3. Januar 1939. TNA, CO 733/394/1.

83 Vgl. Memorandum des Foreign Office und des Colonial Office, 17. Januar 1940. TNA, CO 733/395/14.

84 Vgl. Bericht des CID Jerusalem über die Organisation der illegalen Immigration, 17. Mai 1939, Appendix 4. TNA, CO 733/396/5.

85 Zur personellen Zusammensetzung der Transporte erstellte Mila Epstein im Mai 1940 eine genaue Aufstellung. Dass die illegale Immigration als Mittel gesehen wurde, der revisionistischen Partei in Palästina Humanressourcen zuzuführen, zeigt der Umstand, dass darin von „Menschenmaterial" die Rede ist. Ungeachtet dessen besitzt diese Aufstellung hohe Relevanz, weil sie relativ zeitnah zu den Ereignissen verfasst wurde und die darin enthaltenen Angaben zu Personenzahl, Herkunftsländern der Flüchtlinge und Organisatoren, sofern vorhanden, als einigermaßen verlässlich anzusehen sind. Epstein gliedert die Fahrten zudem in drei Kategorien: „Unsere Transporte", „Transporte der alten S. O." sowie „Privattransporte". Vgl. Bericht von Ludmilla Epstein, 7. Mai 1940. JA, P-124 7/5.

86 Vgl. Transkript eines Interviews mit Ludmilla Epstein, undatiert. JA, P-124 7/1.

87 Einige von Mila Epsteins Aktivitäten finden in *The Four-Front War* keine Erwähnung, allerdings war es keinesfalls Perls Intention, ihre Rolle kleinzureden oder gar zu verschweigen. Wie Perl Reuben Hecht in einem Brief versicherte, war Epstein im ursprünglichen Manuskript wesentlich prominenter vertreten, das jedoch von seinem Verleger um gut die Hälfte gekürzt wurde. Perl hatte diesen Schritt bedauert, der Veröffentlichung willen aber zustimmen müssen. Vgl. Willy Perl an Reuben Hecht, 14. Mai 1984. JA, P-124 7/6.

88 Vgl. Ludmilla Epstein an Edgar Kanner, undatiert. JA, K-6 3/2/1.

89 Epstein datiert diese Ereignisse in einem auf Kassette aufgezeichneten Interview irrtümlich auf Ende Dezember 1938. Vgl. Transkript eines Interviews mit Ludmilla Epstein, undatiert. JA, P-124 7/1.

90 Vgl. Ludmilla Epstein über die Katina und die Chepo, undatiert. JA, P-124 7/5.

91 Vgl. Willy Perl an Shlomo Jacoby, 20. März 1939. JA, P-124 7/5.

92 Vgl. Reginald Hoare an Edward Wood, Viscount Halifax, 16. Dezember 1938. TNA, FO 371/21888.

93 Vgl. Walter Cawthorn an N. F. S. Andrews, 17. Dezember 1938. TNA, CO 733/364/5.

94 Vgl. Morgens Pelt, Tobacco, Arms, and Politics. Greece and Germany from World Crisis to World War 1929–41. Kopenhagen 1998, 163.

95 Vgl. Harold Farquhar an das Foreign Office in London, 23. Juli 1938. TNA, FO 371/21888.

96 Perl erwähnt in seinen Memoiren weder Bodosakis noch Theophanides; ob Waffen auch mit den von ihm organisierten Transporten nach Palästina kamen, geht aus den Quellen nicht hervor. Der CID-Beamte Cocorempas verdächtigte jedoch Krivoshein des Waffenschmuggels, der angeblich über ein Guthaben von 120.000 britischen Pfund bei griechischen Banken verfügte und im Safe eines Athener Hotels eine halbe Million Drachmen sowie eine große Anzahl von Juwelen aufbewahrte. Diese gut gefüllte Kriegskasse in Verbindung mit der gleichzeitigen Anwesenheit von Männern wie Krivoshein und dem zu diesem Zeitpunkt noch für einen britischen Financier gehaltenen Perl sowie eines bekannten Waffenhändlers namens Richard in Athen ließen Cocorempas vermuten, an Bord des nächsten Schiffes könnten neben illegalen Einwanderern auch Kisten mit Gewehren und Ähnlichem transportiert werden. Vgl. Bericht von G. D. Cocorempas, 2. September 1938. CO 733/364/5.

97 Vgl. Bericht von Alan Saunders, 3. Januar 1939. TNA, CO 733/394/1.

98 Perl scheint in seinen Memoiren allerdings die Abfahrtshäfen der *Katina* und der *Chepo*, die angeblich in Constanţa in See stach, vertauscht zu haben. Mila Epstein zufolge trat die *Katina* ihre Reise von Constanţa aus an. Vgl. Ludmilla Epstein über die Katina und die Chepo, undatiert. JA, P-124 7/5.

99 Die Anzahl der Passagiere variiert in den Quellen leicht. Perl selbst teilte Jabotinskys Sekretär Hans Löw per Telegramm mit, er habe „720 Kilogramm abgefertigt". Vgl. Willy Perl an Hans Löw, 22. Januar 1939. JA, G-4 4/12/2.

100 Vgl. Harold MacMichael an Herbert Richmond Palmer, Sidney Waterlow und Reginald Hoare, 12. Januar 1939. TNA, CO 733/394/1.

101 Vgl. Bericht von G. D. Cocorempas, 2. September 1938. TNA, CO 733/364/5; Russell Macrae an John H. Le Rougetel, 10. Januar 1939. TNA, FO 371/23246; Bericht von Alan Saunders, 3. Januar 1939. TNA,

CO 733/394/1; Harold MacMichael an Malcolm MacDonald, 12. Januar 1939. TNA, CO 733/394/1.

102 Perl nennt in seinen Memoiren an dieser Stelle vermutlich irrtümlich anstelle von Chasan einen anderen Irgun-Mann namens Josef Kremin, den er zuvor noch als den Kommandanten der *Chepo* bezeichnete.

103 Vgl. Moritz Pappenheim an Willy Perl, 1. Februar 1939. JA, P-124 7/6.

104 Der aus der hebräischen Bibel stammende Begriff *Alija*, übersetzt „Aufstieg", bezeichnet die Rückkehr von Juden in das Land Israel und bezieht sich seit dem Entstehen des Zionismus allgemein auf die jüdische Einwanderung nach Palästina und später in den Staat Israel. In der Literatur wird die *Alija* in mehrere Phasen unterteilt, das Bet als zweiter Buchstabe des hebräischen Alphabets kennzeichnet dabei die illegale Einreise ab den frühen 1930er-Jahren bis 1948.

105 Vgl. Katz, Lone Wolf, 1698.

106 Das zitierte Dokument stammt zwar aus Prag, es ist jedoch anzunehmen, dass auch in Wien und anderswo ähnlich vorgegangen wurde.
Vgl. Revers-Formular, undatiert. JA, G-4 4/12/1.

107 Vgl. Anderl, Emigration, 328 und 330.

108 Vgl. Yehuda Benari an Reuben Hecht, 13. Oktober 1938. JA, P-124 4/27.

109 Vgl. Yehuda Benari an Paul Riebenfeld, 20. Dezember 1938. JA, P-38 3/2.

110 Vgl. Reuben Hecht an den Waad Hamorschim der NZO in Palästina, 16. Januar 1939. JA, P-124 4/27.

111 Vgl. Ofer, Holocaust, 342.

112 Vgl. Yehuda Benari an Edgar Kanner, 22. Januar 1939. JA, P-124 4/27.

113 Vgl. Ofer, Holocaust, 71.

114 Yehuda Benari an Jahn Bader, 9. Februar 1939. JA, G-4 4/12/2.

115 Vgl. Yehuda Benari an Isaac Remba, 13. Dezember 1938. JA, P-38 3/2.

116 Vgl. Ofer, Holocaust, 71.

117 Vgl. Bericht des CID Jerusalem über die Organisation der illegalen Immigration, 17. Mai 1939, Appendix 1. TNA, CO 733/396/5.

118 Vgl. Hans Löw an Julius Steinfeld, 10. März 1939. JA, G-4 4/12/2; Siegfried Graubart an Julius Steinfeld, 3. Mai 1939. JA, G-4 4/12/2.

119 Vgl. Bericht des CID Jerusalem über die Organisation der illegalen Immigration, 17. Mai 1939, Appendix 1. TNA, CO 733/396/5.

120 Vgl. Yehuda Benari an Jahn Bader, 9. Februar 1939. JA, G-4 4/12/2.

121 Vgl. Eri Jabotinsky an Edgar Kanner, undatiert, vermutlich Januar 1939. JA, G-6 1/2/3.

122 Vgl. Bericht von Hans Löw, 20. Februar 1939. JA, G-4 4/12/2.

123 Vgl. Heinrich Haller an Wladimir Zeev Jabotinsky, 28. November 1938. JA, G-4 4/12/1.

124 Heinrich Haller an die NZO in London, 31. Dezember 1938. JA, G-4 4/12/1.

125 Vgl. Willy Perl an Hans Löw, 6. Dezember 1938. JA, G-4 4/12/1.

126 Vgl. Bericht von Hans Löw, 20. Februar 1939. JA, G-4 4/12/2.

127 Tagesrapport der Gestapo-Leitstelle Wien Nr. 12, 28.–30. Januar 1939. DÖW.

128 Heinrich Haller an die NZO in London, 6. März 1939. JA G-4 4/12/2.

129 Bericht von Hans Löw, 20. Februar 1939. JA, G-4 4/12/2.

130 Vgl. Ludmilla Epstein über die *Katina* und die *Chepo*, undatiert. JA, P-124 7/5.

131 In Epsteins Erinnerungen findet sich auch folgende handschriftliche Notiz: „Diese Gruppe hat alle Reisespesen in Wien bezahlt. Katznelson wollte es nicht anerkennen und sagte, dass er wird die Leute nicht wegschicken bis sie ihm [sic!] nicht bezahlen. Empörung und kein Geld." Ludmilla Epstein, „Ankunft der 150 Wiener", undatiert. JA, P-124 7-5.

132 Julius Steinfeld an Wladimir Zeev Jabotinsky, 9. Februar 1939. JA, G-4 4/12/2.

133 Vgl. Julius Steinfeld an Siegfried Graubart, 14. März 1939. JA, G-4 4/12/2.

134 Vgl. Willy Perl an Shlomo Jacoby, 20. März 1939. JA, P-124 7/5.

135 Vgl. Edgar Kanner an Benjamin Citron, 3. März 1939. JA, K-6 3/2/1.

136 Vgl. Julius Steinfeld an Siegfried Graubart, 7. Februar 1939. JA, G-4 4/12/2.

137 Vgl. Julius Steinfeld an Siegfried Graubart, 7. März 1939. JA, G-4 4/12/2.

138 Ebda.

139 Julius Steinfeld an Siegfried Graubart, 7. Februar 1939. JA, G-4 4/12/2; Julius Steinfeld an Willy Perl, 7. Februar 1939. TA, G-4 4/12/2.

140 Vgl. Isaac Remba an Julius Steinfeld, 9. März 1939. JA, G-4 4/12/2.

141 Vgl. Siegfried Graubart an Julius Steinfeld, 3. Mai 1939. JA, G-4 4/12/2.

142 Vgl. Transkript eines Interviews mit Ludmilla Epstein, undatiert. JA, P-124 7/1.

143 Emil Patlaschenko an Wladimir Zeev Jabotinsky, 23. März 1939. JA, G-4 4/12/2.

144 Vgl. Willy Perl an Shlomo Jacoby, 20. März 1939. JA, P-124 7/5.

145 Vgl. Ludmilla Epstein über die *Katina* und die *Chepo*, undatiert. JA, P-124 7/5.

146 Vgl. Willy Perl an Shlomo Jacoby, 20. März 1939. JA, P-124 7/5.

147 Vgl. Ludmilla Epstein über die *Katina* und die *Chepo*, undatiert. JA, P-124 7/5.

148 Vgl. Willy Perl an Shlomo Jacoby, 20. März 1939. JA, P-124 7/5.

149 Laut Perl lief die *Chepo* am 26. Februar 1939 auf das Riff auf. Hätte sich der Unfall allerdings so knapp nach der Abfahrt ereignet, wäre nicht genug Zeit geblieben, um mehrmals nach Palästina zu fahren und wieder umzudrehen. Der 10. März, den Silverstone angibt, erscheint daher plausibler. Diesem zufolge ereignete sich der Schiffbruch nicht an der Süd-, sondern an der Nordküste Kretas, zudem wurde die *Katina* beim Landeversuch in Netanya von der *Royal Navy* beschossen, sodass nur 600 Personen den rettenden Strand erreichen konnten – der Rest folgte erst im April. Ofer datiert den Schiffbruch überhaupt auf den 16. April.

150 Vgl. Willy Perl an Shlomo Jacoby, 20. März 1939. JA, P-124 7/5.

151 Vgl. Julius Steinfeld an Siegfried Graubart, 8. Februar 1939. JA; G-4 4/12/2.

152 Vgl. Eduard Pachtmann an Willy Perl, 13. Oktober 1938. GWU, MS 2026, Box 1, Folder 13.

153 Vgl. Israel [Nachname unbekannt] an Willy Perl, 28. Juli und 7. August 1938. GWU, MS 2026, Box 1, Folder 13.

154 Vgl. Bericht des CID Jerusalem über die Organisation der illegalen Immigration, 17. Mai 1939, 9. TNA, CO 733/396/5.

155 Vgl. Passport Control Office in Wien an den Director of Passport Control in London, 13. Dezember 1938. TNA, CO 733/394/1; Passport Control Office in Wien an das Foreign Office in London, 13. Januar 1939. TNA, CO 733/394/1.

156 Willy Perl an Shlomo Jacoby, 20. März 1939. JA, P-124 7/5.

157 Vgl. Julius Steinfeld an Siegfried Graubart, 22. Februar 1939. JA, G-4 4/12/2.

158 Schon zuvor waren mit Perls Transporten Mitglieder des *Maccabi* nach Palästina ausgewandert, ebenso wie Angehörige der linkszionistischen Jugendverbände *Gordonia*, *Blau-Weiß* und *Hashomer Hatzair*. Vgl. Bericht von Ludmilla Epstein, 7. Mai 1940. JA, P-124 7/5.

159 Vgl. Gedenkprotokoll, 2. April 1939. ETH, AfZ NL Ernst Fink 33.

160 Vgl. Anderl, Emigration, 282–284.

161 Vgl. Bericht des CID Jerusalem über die Organisation der illegalen Immigration, 17. Mai 1939, Appendix 6. TNA, CO 733/396/5.

162 Zitat im Original: „In the matter of travel opportunities we have interested our friend Dr. W. P., at present in Bucharest.“ Zitiert in: Bericht von Alan Saunders, 3. Januar 1939. TNA, CO 733/394/1.
163 Bericht von Hans Löw, 20. Februar 1939. JA, G-4 4/12/2.
164 Im CID-Bericht vom Mai 1939 ist von 200 Personen die Rede.
165 Vgl. Bericht über illegale Immigration, 26. Mai 1939. TNA, CO 733/294/2.
166 Vgl. Reginald Hoare an das Foreign Office in London, 12. Mai 1939. TNA, CO 733/294/2; Reginald Hoare an Edward Wood, Viscount Halifax, 14. Juni 1939. TNA, FO 371/24091.
167 Die Angaben über den Abreisehafen divergieren in den Quellen. Die Zahlen wiederum gehen aus Mila Epsteins Aufstellung vom Mai 1940 hervor, die die *Liesel* unter „Transporte der alten S. O.“ listet. Vgl. Bericht von Ludmilla Epstein, 7. Mai 1940. JA, P-124 7/5.
168 Vgl. Harold MacMichael an Malcolm MacDonald, 10. Juni 1939. TNA, CO 733/394/2.
169 Vgl. Richard Schick, Die Geschichte der Aghia Zioni, unpaginiert und undatiert (vielleicht Mai 1939). JA, K-6 4/10/1.
170 Vgl. Unbekannt an Reuben Hecht, 20. März 1939. JA, P-124 2/1.
171 Vgl. Joshua Torczyner an Gusty Bornstein-Fink, 12. Januar 1988. ETH, AfZ, NL Gusty Bornstein-Fink 7.
172 Dass es sich bei den Landungshelfern um Angehörige einer „linken Organisation“ gehandelt haben soll, wie Steinfeld ein anderes Mal an Siegfried Graubart schrieb, ist wenig wahrscheinlich. Vgl. Julius Steinfeld an Siegfried Graubart, 23. April 1939. JA, G-4 4/12/2.
173 Vgl. Unbekannt an Julius Steinfeld, 3. Mai 1939. JA, G-4 4/12/2.
174 Vgl. Bericht des CID Jerusalem über die Organisation der illegalen Immigration, 17. Mai 1939, Appendix 6. TNA, CO 733/396/5.
175 Vgl. Willy Perl an Yosef Katznelson, 23. Januar 1939. JA, G-4 4/12/2.
176 Vgl. Bericht über illegale Immigration, 26. Mai 1939. TNA, CO 733/394/2; Anderl, Vertreibung, 286.
177 Vgl. Hermann Flesch an Erwin Vielgut, 20. Mai 1939. JA, K-6 4/8/6.
178 Vgl. Erwin Vielgut und andere an Hermann Flesch, 18. Mai 1939. JA, K-6 4/8/6.
179 Willy Perl an Shlomo Jacoby, 20. März 1939. JA, P-124 7/5.
180 Ebda.
181 Vgl. Willy Perl an Shlomo Jacoby, 20. März 1939. JA, P-124 7/5; Siegfried Graubart an Yosef Katznelson, 12. März 1939. JA, G-4 4/12/2.

182 Willy Perl an Shlomo Jacoby, 12. April 1939. JA, G-4 30/1.

183 Willy Perl an Yehuda Benari, 25. April 1939. JA, G-4 30/1.

184 Vgl. Sidney Waterlow an das Foreign Office in London, 25. April 1939. TNA, FO 371/24089; Bericht des Foreign Office über mögliche Handlungen gegen die illegale Migration nach Palästina, undatiert. TNA, FO 371/24092.

185 Auch wenn diese Anekdote aus Perls Memoiren fantastisch anmutet und sich in den britischen Akten keine direkten Belege dafür finden, wurden im Rahmen der von ihm organisierten Transporte tatsächlich oft liberische Visa verwendet; das *Criminal Investigation Department* hatte Beweise, dass neben dem liberischen Konsul in Wien vor allem die chinesischen Konsulate in Wien und Rom sowie der Konsul von Santo Domingo in London Visa an die Organisatoren der illegalen Transporte verkauften, und vermutete, dass viele andere diplomatische Vertretungen es ihnen gleichtaten. Auch waren tatsächlich gefälschte Visa eines nicht existenten liberischen Konsuls in Paris im Umlauf. Vgl. Bericht des CID Jerusalem über die Organisation der illegalen Immigration, 17. Mai 1939, Appendix 13. TNA, CO 733/396/5; Bericht des Foreign Office über mögliche Handlungen gegen die illegale Migration nach Palästina, undatiert. TNA, FO 371/24092; Foreign Office in London an die britische Gesandtschaft in Monrovia, 6. April 1940. TNA, FO 371/25241.

186 Vgl. Yehuda Benari an die NZO in Rumänien sowie an Willy Perl, jeweils 17. Mai 1939. JA, G-4 30/1.

187 Willy Perl an Yehuda Benari, 22. Mai 1939. JA, G-4 30/1.

188 Vgl. Wladimir Zeev Jabotinsky, National Sport, undatiertes Manuskript. JA, A-1 7/211.

189 Vgl. Yehuda Benari an Willy Perl, 23. Mai 1939. JA, G-4 30/1.

190 Vgl. Yehuda Benari an Willy Perl, 30. Mai 1939. JA, G-4 30/1.

191 Vgl. Yehuda Benari an Willy Perl, 6. Juni 1939. JA, G-4 30/1.

192 Willy Perl an Yehuda Benari, 9. Juni 1939. JA, G-4 30/1.

193 Willy Perl an Yehuda Benari, 8. Juni 1939. JA, G-4 30/1.

194 Willy Perl an Yehuda Benari, 9. Juni 1939. JA, G-4 30/1.

195 Vgl. Notiz von Mila Epstein, undatiert. JA, P-124 7-5.

196 Zitiert in: Bericht über die Vorgänge auf dem Flüchtlingsschiff Astir, undatiert. JA, K-6 4/11.

197 Willy Perl an Reuben Hecht, 25. Februar 1991. JA, P-124 3/111.

198 Vgl. Willy Perl an Ludmilla Epstein, 13. Juli 1976. JA, A-6 2/3.

199 Vgl. Willy Perl an Reuben Hecht, 25. Februar 1991. JA, P-124 3/111; Anderl, Emigration, 329.

200 Vgl. Yehuda Benari an Willy Perl, 19. Juni 1939. JA, G-4 30/1.

201 Vgl. Anderl, Vertreibung, 288.

202 Ofer und Silverstone zufolge soll es sich bei den Organisatoren der unter panamaischer Flagge fahrenden *Las Perlas* um Hermann Flesch und einen der Haller-Brüder gehandelt haben, allerdings ohne auf Quellen zu verweisen.

203 Vgl. Chartervertrag für die Bute, 22. Mai 1939. JA, G-4 4/13/1.

204 Mila Epstein spricht in ihrer Aufstellung von 724 Personen, Perl von 800, Silverstone wie Ofer gar von 850 Personen.

205 Vgl. Bericht über die Parita, undatiert. JA, G-4 4/13/1.

206 Vgl. Interview mit Reuben Hecht, 7. März 1982. JA, P-124 3/2.

207 Perl berichtet von insgesamt drei Transporten, die von März bis Juni 1939 privat mit der *Aghios Nicolaos* durchgeführt wurden, nennt allerdings nur bei zwei Fleschs Namen. Überhaupt ist unklar, wie viele Fahrten tatsächlich stattfanden, wer die Organisatoren waren und ob es unter Umständen zwei Schiffe mit dem gleichen Namen gab. Auch wurde der Name der *Aghios Nicolaos* zumindest zweimal geändert. Vgl. Anderl, Emigration, 284–290.

208 Laut dem Bericht in den Akten der NZO war die *Parita* erst nach Iskenderun gefahren, wo schließlich auch das Landungsboot nach wenigen Tagen aufgetaucht war. Die lokalen Hafenbehörden hatten jedoch jeden Kontakt zwischen den beiden Schiffen verhindert. Erst danach hatte die *Parita* Kurs auf Rhodos genommen.

209 Vgl. Willy Perl an Yehuda Benari, 9. Juni 1939. JA, G-4 30/1.

210 In Perls Nachlass findet sich ein Presseausweis, der auf einen in England lebenden Korrespondenten des *International Press-Photo-Service* namens William Perl ausgestellt ist.

211 Reuben Hecht an Eri Jabotinsky, 24. November 1939. JA, A-4 4/9.

212 Ebda.

213 Vgl. Memorandum von Heinrich Rothmund, 10. August 1939. JA, P-124 7/2.

214 Reuben Hecht an Eri Jabotinsky, 24. November 1939. JA, A-4 4/9.

215 Vgl. Britische Gesandtschaft in Bukarest an das Foreign Office in London, 2. Februar 1940. TNA, FO 371/25239; Britische Gesandtschaft in Bukarest an das Foreign Office in London, 30. März 1940. TNA, FO 371/25241.

216 Vgl. Interview mit Reuben Hecht, 7. März 1982. JA, P-124 3/2.
217 Vgl. Ofer, Holocaust, 80.
218 Vgl. Reuben Hecht an Abraham Abrahams, 3. Oktober 1939. JA, P-124 7/2; Eri Jabotinsky an Shlomo Jacoby, 4. Oktober 1939. JA, G-4 4/13/2.
219 Vgl. Information der Banque Cantonale de Zurich, 20. September 1939. JA, G-4 4/12/2.
220 Vgl. Ofer, Holocaust, 81.
221 Ofer, die sich auf Eri Jabotinskys Darstellung von 1945 bezieht, stellt die Abläufe etwas anders dar als Perl. Aufgrund der Quellenlage sowie der unterschiedlichen und teils widersprüchlichen Berichte der involvierten Personen gestaltet sich eine definitive Bewertung der Vorgänge rund um die *Sakarya* generell schwierig. Vgl. Eri Jabotinsky, The Sakarya Expedition. A story of extra-legal immigration into Palestine. Johannesburg 1945, 20–25; Ofer, Holocaust, 82f.
222 Da sich die zeitliche Abfolge aus Perls Memoiren nicht eindeutig herauslesen lässt, ist es möglich, dass das Fälschen der Visa erst bei diesem Besuch stattfand.
223 Willy Perl an Ernst Fink, 17. Januar 1940. ETH, AfZ NL Ernst Fink 33.
224 Vgl. Ernst Fink an Willy Perl, 5. Dezember 1939. ETH, AfZ NL Ernst Fink 33.
225 Vgl. Willy Perl an Ernst Fink, 17. Januar 1940. ETH, AfZ NL Ernst Fink 33.
226 Vgl. Vereinbarung zwischen Ernst Fink und Wilhelm Kanturek als Vertreter Willy Perls, 17. November 1939. ETH, AfZ NL Ernst Fink 33.
227 Vgl. Chartervertrag zwischen Lola Bernstein und Avni Nuri Meseregi sowie Aslan Sadikoglu, undatiert. JA, K-6 4/14/2.
228 Vgl. Erklärung von Eliyahu Gleser, 22. Januar 1940. JA, K-6 3/2/1.
229 Vgl. Jabotinsky, Sakarya, 23–25.
230 Zitat im Original: „We fell into the hands of the worst criminals, Revisionists. This transport is also to serve as a transport of arms, and one says that also part of the (emigration) organisation will come with us. You cannot imagine what dirt, hunger and cold we have had to stand, and last but not least, terror, brute-force, and lies. Inform our party about this ‚Faltin' transport, the leaders of which must be punished." Zitiert in: Middle East Intelligence Centre, Auszug aus Summary No. 8, 19. bis 26. Dezember 1939. TNA, CO 733/396/5.
231 Vgl. Foreign Office in London an Reginald Hoare, 7. Januar 1940. TNA, FO 371/25238.

232 Willy Perl an Ernst Fink, 17. Januar 1940. ETH, AfZ NL Ernst Fink 33.

233 Vgl. Lola Bernstein an Avni Nuri Meseregi und Aslan Sadikoglu, undatiert. TNA, K-6 3/2/1.

234 Vgl. Reginald Hoare an das Foreign Office in London, 28. November 1939. TNA, CO 733/395/13; Foreign Office in London an Hugh Knatchbull-Hugessen, 13. Dezember 1939. TNA, CO 733/395/13.

235 Vgl. Willy Perl an Ernst Fink, 17. Januar 1940. ETH, AfZ NL Ernst Fink 33.

236 Vgl. Vertrag zwischen Aslan Sadikoglu sowie Avni Nuri Meseregi und Lola Bernstein sowie Robert Mandler, 22. Januar 1940. JA, K-6 4/14/2.

237 Vgl. Reuben Hecht über seine Arbeit, undatiert. JA, P-124 7/3.

238 Willy Perl an Ernst Fink, 17. Januar 1940. ETH, AfZ NL Ernst Fink 33.

239 Vgl. Harold MacMichael an Malcolm MacDonald, 17. Februar 1940. TNA, FO 371/25240.

240 Vgl. Bericht über die Reise der Sakarya nach Haifa, 16. Februar 1940. TNA, FO 371/25240.

241 In einem Bericht eines namentlich nicht genannten britischen Agenten vom Dezember 1939 ist von einem Leoni die Rede, der eine große Gruppe illegaler Einwanderer nach Palästina vorbereitete. Dieser könnte ident mit Carpi sein. Im selben Bericht wird auch Krivoshein erwähnt, den die Briten immer noch beobachteten und der sich seit seiner Entlassung aus der Haft in Wien wieder in Italien aufgehalten zu haben scheint. Vgl. Anonymer Bericht, 7. Dezember 1939. TNA, CO 733/396/5.

242 Vgl. Ships engaged illegal immigration 1939/40, undatiert. TNA, CO 733/429/9.

243 Vgl. Michael Palairet an Edward Wood, Viscount Halifax, 20. März 1940. TNA, FO 371/25241.

244 Perl gab gegenüber Ernst Fink an, bis zur *Sakarya* 25 Transporte durchgeführt zu haben, was sich jedoch nicht mit der Aufstellung in seinen Memoiren deckt – möglicherweise war er daher auch an kleineren Reiseunternehmungen beteiligt, die dort nicht gelistet sind. Vgl. Willy Perl an Ernst Fink, 17. Januar 1940. ETH, AfZ NL Ernst Fink 33.

245 Vgl. Willy Perl an Reuben Hecht, 22. Januar 1990. JA, P-124 3/111.

246 Tagesrapport der Gestapo-Leitstelle Wien Nr. 6, 17.–19. November 1942. DÖW.

247 Siehe Robert Lackner, Camp Ritchie und seine Österreicher. Deutschsprachige Verhörsoldaten der US-Armee im Zweiten Weltkrieg. Wien u. a. 2020.

248 Vgl. Lieutenant Colonel Burton F. Ellis, Letter of Recommendation for First Lieutenant William R. Perl, 30. Juli 1946. GWU, MS 2026, Box 4, Folder 20.

249 Laut Silverstone verließ nach der *Sakarya* bis zum Kriegseintritt Italiens im Juni 1940 nur mehr ein weiteres Flüchtlingsschiff mit knapp 400 Personen Europa in Richtung Palästina. Danach machten sich kriegsbedingt bis Ende 1941 nur mehr sieben größere Transporte auf den Weg. In dieser ersten Phase der *Alija Bet* waren seit dem ersten Transport der *Aktion* im März 1937 ungefähr 36.000 Menschen gerettet worden. Im Frühjahr 1944 wurden die Fahrten wieder aufgenommen, kamen jedoch bereits im darauffolgenden Sommer erneut zum Erliegen, doch zumindest waren weitere 4500 Menschen dem Holocaust entkommen. Nach einer Anlaufphase im Herbst 1945 sollte die *Alija Bet* erst im Frühjahr 1946 wieder richtig in Gang kommen. Siehe auch Jürgen Rohwer, Jüdische Flüchtlingsschiffe im Schwarzen Meer (1934–1944), in: Ursula Büttner (Hrsg.): Das Unrechtsregime. Band 2. Verfolgung – Exil – Belasteter Neubeginn. Hamburg 1986, 197–248; Artur Patek, Jews on Route to Palestine. Sketches from the History of Aliyah Bet – Clandestine Jewish Immigration. Krakau 2012.

250 Vgl. Paul G. Edwards, Court Upholds Two Convictions of JDL Activist, in: The Washington Post, 26. September 1978.

251 Vgl. George M. White an Willy Perl, undatiert; Ronald Reagan an Willy Perl, 28. Mai 1987. JA, P-124 3/111.

252 Vgl. Helmut Zilk an Willy Perl, 9. Januar 1990. JA, P-124 3/111.

253 Zitiert in Weisl, Transporte, 175.

Außerdem aus dem Programm des Verlags Kremayr & Scheriau

Evelyn Steinthaler
Schau nicht hin
Kunst als Stütze der Macht – die Geschichte der Diven des NS-Kinos

208 Seiten
978-3-218-01338-3

Wie weit sind KünstlerInnen bereit, für ihren Erfolg zu gehen? Vier Film-Diven werden in der fesselnden Analyse Teil der aktuellen Debatte um die Trennung von Künstler:in und Kunstwerk.

Was ist eine Künstlerin ohne Aufmerksamkeit? Die renommierte Autorin Evelyn Steinthaler untersucht die Geschichten von vier Diven des NS-Films. Lida Baarova, Zarah Leander, Marika Rökk und Kristina Söderbaum entschieden sich für Karrieren im Deutschen Reich und erlangten weitreichenden Ruhm. Auch nach Kriegsende wurden sie jahrzehntelang von der immensen Verehrung des deutschen Publikums begleitet.
Diesen und anderen Stars begegnen wir, konfrontiert mit der Frage, wie Öffentlichkeit mit politisch problematischer Kunst umgeht. Inwieweit tragen Künstler:innen ein System mit? Wer beginnt, sich zu verantworten?

Mit freundlicher Unterstützung von:
Zukunftsfonds der Republik Österreich, Projektnummer P21-4369
Stadt Graz

GRAZ ZukunftsFonds der Republik Österreich

In diesem Buch werden grundsätzlich weibliche und männliche Formen verwendet, an manchen Stellen jedoch nur das generische Maskulinum – wenn es sehr wahrscheinlich ist, dass nur Männer in der betreffenden Gruppe waren oder wenn eine nicht zählbare Personengruppe gemeint ist.

www.kremayr-scheriau.at

ISBN 978-3-218-01432-8

Umschlag, Typografie und Satz: Silvia Wahrstätter, buchgestaltung.at
Cover-Foto: Robert Capa/Magnum Photos/picturedesk.com
Lektorat: Clara Schermer, vielseitig.co.at
Herstellung: vielseitig.co.at
Druck und Bindung: Florjančič tisk d.o.o., Maribor